neukirchener
theologie

Kerstin Lammer

Beratung mit religiöser Kompetenz

Beiträge zu pastoralpsychologischer Seelsorge und Supervision

Neukirchener Theologie

MIX
Papier aus verantwortungsvollen Quellen
FSC® C016439

Dieses Buch wurde auf FSC-zertifiziertem Papier gedruckt.
FSC (Forest Stewardship Council) ist eine nichtstaatliche, gemeinnützige Organisation, die sich für eine ökologische und sozialverantwortliche Nutzung der Wälder unserer Erde einsetzt.

Bibliografische Information der Deutschen Nationalbibliothek

Die Deutsche Nationalbibliothek verzeichnet diese Publikation in der Deutschen Nationalbibliografie; detaillierte bibliografische Daten sind im Internet über http://dnb.d-nb.de abrufbar.

Umschlaggestaltung: Andreas Sonnhüter, Düsseldorf
Lektorat: Ekkehard Starke
DTP: Yvonne Schönau
Gesamtherstellung: Hubert & Co., Göttingen
Printed in Germany
ISBN 978-3-7887-2527-3
www.neukirchener-verlage.de

Inhalt

Dank

Dieses Buch kann mit aufwändigen Grafiken und zu einem erschwinglichen Preis erscheinen. Für das Entgegenkommen bei Planung, Konzeption und Kalkulation danke ich der Neukirchener Verlagsgesellschaft, für großzügige Druckkostenzuschüsse der Deutschen Gesellschaft für Pastoralpsychologie, der Deutschen Gesellschaft für Supervision, der Evangelischen Kirche in Deutschland, der Evangelischen Landeskirche in Baden sowie dem Vorstand und dem Pfarramt des Evangelischen Stifts Freiburg.
Für ihre Anregung zur Veröffentlichung dieses Sammelbands danke ich Frau Dr. habil. Andrea Günter, für regen Austausch zum Thema »Burnout« Frau Ina Rosenthal.

Gewidmet ist das Buch meinen Engeln des vergangenen Jahres:
Anke und Armin Lammer,
Engelbert Braun, Theo und Uli Oehler,
Anja Lukas-Larssen, Mane Essmann und Ernst Mutter.

Freiburg, im November 2011 Kerstin Lammer

Vorwort

Dieses Buch ist aus dem Nachdenken über die pastoralpsychologische Beratung entstanden, die ich seit bald 25 Jahren erlerne, praktiziere und lehre. Es ist ein wissenschaftliches Fachbuch für TheologInnen, die pastoralpsychologische Weiterbildungen anstreben, absolviert haben oder leiten, und für interessierte KollegInnen aus anderen Beratungsprofessionen, die genauer wissen wollen, was wir PastoralpsychologInnen tun.
Besondere Akzente des Buches liegen auf neueren konstruktivistischen und systemischen Zugängen zur Beratung, auf der Wiederentdeckung biblisch-christlichen Traditionsguts für die Beratung, auf Ritual- und Symbolarbeit. Als Praxisbeispiele sind enthalten: Beratung in Trauerfällen, bei Traumatisierung und Burnout, Segnen. Es handelt sich nicht um eine aufeinander aufbauende Kapitelfolge mit durchgehendem Argumentationsgang, sondern um eine Sammlung von in sich abgeschlossenen Aufsätzen und Vorträgen, die ich für verschiedene Gelegenheiten erarbeitet habe. Jeder Beitrag ist gut einzeln für sich lesbar. Gelegentliche Redundanzen sind dabei weder vermeidbar, noch scheint es mir schädlich, Kernaussagen mehrmals in Erinnerung zu bringen.

Im Kern möchte ich *Pastoralpsychologie* als eine (gegenüber anderen Konzepten von Seelsorge, Beratung und Supervision) erweiterte, interdisziplinäre Hermeneutik und Methodik profilieren, *pastoralpsychologische Beratung* als Beratung mit psychotherapeutischer und religiöser Kompetenz. Damit gehe ich über andere, gängige Definitionen hinaus, die das Spezifikum pastoralpsychologischer *Seelsorge* nur im psychologisch-therapeutischen Profil sehen und pastoralpsychologische *Supervision* nur als eine Art kircheninterne Supervision von PastorInnen an PastorInnen (und anderen kirchlichen Berufsgruppen), deren Spezifikum nur in einer besonderen *Feldkompetenz* für Kirche, Diakonie und Caritas liege.

Den Begriff »Beratung« verwende ich gelegentlich i.S. von Lebensberatung, überwiegend aber als Oberbegriff für die verschiedenen Beratungsformate Seelsorge, psychologische Beratung / Psychotherapie und Supervision.

Teil I: Der kleine Unterschied

Was pastoralpsychologische Beratung ausmacht

PastoralpsychologInnen sind PfarrerInnen und andere TheologInnen bzw. ReligionspädagogInnen mit psychologischer und beraterischer Zusatzausbildung. Wie arbeiten sie seelsorglich anders als andere SeelsorgerInnen? Arbeiten sie supervisorisch anders als andere SupervisorInnen, und, wenn ja, wie? Zur Beantwortung dieser Fragen wird hier ein zusammenfassender Überblick gegeben, der in den folgenden Beiträgen vertieft und konkretisiert wird.

Pastoralpsychologie wird oft als eine Art »Psychologie für PastorInnen« verstanden, pastoralpsychologische Supervision im Wesentlichen als pastorale, kirchen*interne* Supervision (vorwiegend von PastorInnen an PastorInnen). Das ist in der Genese auch richtig, heute aber überholt. Inzwischen haben sich pastoralpsychologische Seelsorge und Supervision, so behaupte ich, zu Beratungen mit psychologischer und religiöser Kompetenz gemausert, hinter denen eine interdisziplinär erweiterte Hermeneutik und Methodik steht.

Allgemeine Merkmale

Der hermeneutische Schwerpunkt bedingt, dass PastoralpsychologInnen in allen von ihnen angebotenen Beratungsformen generell einen Fokus auf *Sinnarbeit* und auf die Sinndimension der Fragestellungen legen, die KlientInnen in die Beratung einbringen.

In diesem Zusammenhang sind sie besonders daran interessiert, mit *Geschichten* zu arbeiten – sowohl mit den Geschichten der KlientInnen als auch mit Symbolgeschichten, die sie selbst den KlientInnen erzählen.
Das *story-telling* (Anthony Giddens), d.h. kollektive und individuelle Narrative von Menschen werden dabei pastoralpsychologisch als Versuche verstanden, Erlebnisinhalte durch symbolisierende Deutung in Sinn tragende Erfahrung zu transformieren. Dabei handelt es sich um subjektive und intersubjektive, vom geschichtlichen und sozialen Kon-

text abhängige Interpretationsprozesse, d.h.: Es gibt keine »objektive« Wahrheit (auch keine »objektive« Glaubenswahrheit, wie schon die vielen verschiedenen Theologie*en* – Plural! – innerhalb der Bibel zeigen), sondern alle Narrative sind verschiedene Facetten von Näherungsversuchen an ein Erkennen der Wirklichkeit. Gleichzeitig werden Aussagen über die Wirklichkeit damit nicht beliebig, sondern müssen sich der Plausibilitätsprüfung durch andere (im Fall der Theologie: durch die Glaubensgemeinschaft) unterziehen.

Diese Erkenntnis gehörte zum Revolutionären an Martin Luthers reformatorischer Theologie: Er kritisierte den Absolutheitsanspruch der päpstlichen Auslegungshoheit über den wahren Glauben, indem er das Lesen und Auslegen der Bibel jedem einzelnen Christen und seinem Gewissen überantwortete. Gleichzeitig führte er (um der Beliebigkeit zu wehren) als Urteilskriterium die Frage nach dem ein, »was Christum treibet«, d.h. nach der »Mitte« der Schrift oder dem zentralen Gehalt des christlichen Wirklichkeitsverständnisses. Diese Mitte ist allerdings hinter allen zeit- und kontextbedingten Glaubensaussagen immer wieder neu zu suchen und kann von jeder/jedem einzelnen Glaubenden nur individuell und subjektiv angeeignet werden (denn »wäre Christus tausend Mal gestorben, und nicht für mich, so wär' ich doch verloren«).

Die Frage danach, welchen *existentialen Gehalt* zeit- und kontextbedingt-geprägte Aussagen über die Wirklichkeit haben, hat die historisch-kritische Bibelexegese konsequent verfolgt, und dieselbe Frage ist auch in Beratungsprozessen erhellend. In der Exegese (d.h. bei der Auslegung von Bibeltexten) versucht man den »garstigen Graben der Geschichte« zu überwinden, indem man hinter dem Text dessen geschichtlichen *Sitz im Leben* aufsucht und so die zu Formeln geronnenen existentiellen Erfahrungsgehalte der Texte wieder verflüssigt.[1] In der pastoralpsychologischen Beratung »liest« man (mit Anton T. Boisen[2]) Menschen wie Texte und fragt (mit Klaus Winkler[3]) nach dem *Sitz im Erleben* hinter den wirklichkeitsdeutenden Aussagen von KlientInnen: Welche Erlebnisse haben dich zu dieser Betrachtungsweise geführt? In welchem Kontext macht diese Betrachtungsweise Sinn? Was davon ist zeitgebunden, was für den aktuell relevanten Kontext noch passend und was nicht? Ist das, was in einer anderen Phase und in einem anderen Kontext deines Lebens Sinn gemacht hat, jetzt und hier genauso sinnvoll? Dadurch macht man die Selbstaussa-

1 Der Begriff »Sitz im Leben« entstammt den exegetischen Wissenschaften und ist dort ein Fachbegriff der Gattungs- und Formgeschichte. Dieser geht auf den Alttestamentler *Hermann Gunkel* zurück, der zuerst im Blick auf die biblischen Psalmen einen »Sitz im Leben der Gemeinschaft« aufzuzeigen suchte.

2 Vgl. u. *Anton T. Boisen*s Schlüsselbegriff des »living human document«.

3 Vgl. *Winkler, Klaus,* Pastoralpsychologische Aspekte der Rede von Gott, in: ThLZ 107 (1982), 866–876, hier 874. S.a. *ders.,* Grundmuster der Seele. Pastoralpsychologische Perspektiven, posthum herausgegeben und mit einem Vorwort versehen von Elisabeth Hölscher und Michael Klessmann, Göttingen 2003, Kap. III, Religionskritische Perspektiven, Abschnitt: »Was hat die Theologie von Freud gelernt«, 123 u.ö.

gen der KlientInnen einem besseren Verständnis zugänglich. Und man kann im Bedarfsfall evtl. alternative Deutungsmöglichkeiten als Perspektiverweiterungen anregen.

Damit ist nicht gesagt, dass SupervisorInnen anderer »Schulen« nicht auch Sinnarbeit leisten könnten oder wollten. Gerade philosophisch, insbesondere konstruktivistisch vorgebildete SupervisorInnen werden dazu kompetent und geneigt sein. Es ist jedoch klar zu sehen, dass die Auseinandersetzung mit der Bedeutung von Sinnfragen, Weltanschauungen und Wirklichkeitsverständnissen sowie deren kommunikativen Symbolisierungen in der allgemeinen Supervisionsliteratur nur sehr vereinzelt vorkommt – meist nur in Form von allgemeinen Hinweisen darauf, dass Weltanschauung resp. »mentale Programme« zu berücksichtigen seien, aber fast nirgendwo in Form ausdifferenzierter Diskurse.[4] Allenfalls die Stichwörter »Anthropologie« und neuerdings »Spiritualität« werden gelegentlich verhandelt.

Geschichte und Leitkonzept

Die *Geschichte* der Pastoralpsychologie[5] ist eng mit der Seelsorgebewegung verkoppelt. Diese nahm seit den zwanziger und dreißiger, in den Niederlanden und in Deutschland seit den sechziger und siebziger Jahren des 20. Jahrhunderts ihren Ausgang und leitete die »empirische Wende« der Praktischen Theologie ein, d.h. die Rezeption der Humanwissenschaften bzw. den Dialog mit ihnen. Insbesondere die Psychologie avancierte zur Partnerwissenschaft der Theologie.[6] Treibende Kraft dieser Bewegung war die Clinical Pastoral Education (CPE), die der Pfarrer Anton T. Boisen und der Arzt Richard C. Cabot in den USA am Worcester State Hospital in Worcester, Massachusetts entwickelten und die in Deutschland als Klinische Seelsorge-Ausbildung (KSA) fortgesetzt wurde.

Die ersten CPE-Kurse begannen im Jahr 1925. Rasch bildeten sich regionale CPE-Organisationen; sie wurden im Jahr 1967 zur nationalen Association for Clinical Pastoral Association (ACPE) zusammengefasst. In der ACPE sind heute ca. 2.600 CPE-graduierte Personen und ca. 350 akkreditierte CPE-Ausbildungszentren Mitglieder. Inzwischen

4 Die drei großen von *Harald Pühl* herausgegebenen Handbücher zur Supervision z.B. enthalten keinen Beitrag zum Thema; auch die Webseiten und Broschüren der Deutschen Gesellschaft für Supervision berücksichtigen es kaum.

5 Sie wird im nachstehenden Absatz in groben Zügen nachgezeichnet nach: *Stollberg, Dietrich,* Therapeutische Seelsorge, München 1969, 27–82; *Klessmann, Michael*, Pastoralpsychologie. Ein Lehrbuch, Neukirchen-Vluyn 2004, 46.109; *Herman Andriessen,* Pastorale Supervision. Praxisberatung in der Kirche, Mainz 1978, 72; *Association for Clinical Pastoral Education, Inc (ACPE)* (2006). A Brief History of ACPE. [Online Dokument] URL: www.acpe.edu/cpehistory.htm; Homepage der Association for Clinical Pastoral Education, Inc (ACPE) (2006) [Online Dokument], URL: www.acpe.edu.htm.

6 Später traten die Soziologie, die Medienwissenschaften, die Hirnforschung etc. dazu.

haben ca. 65.000 Personen die Grund- und Aufbauausbildung in CPE erfolgreich abgeschlossen (das sind mindestens ein bis zwei dreimonatige Grundkurse und mindestens zwei vierteljährige Aufbaukurse zzgl. Abschlussprüfungen). Jährlich werden heute ca. 7.000 weitere Ausbildungsabschnitte durchgeführt.
In Deutschland wurde 1970 als erstes KSA-Ausbildungszentrum das Pastoralklinikum in Hannover unter Leitung von Hans Christoph Piper gegründet, kurz darauf unter Leitung von Dietrich Stollberg das Seelsorgeinstitut der Evangelischen Kirche in Deutschland (EKD)[7] in Bielefeld-Bethel. 1972 wurde auf nationaler Ebene die Deutsche Gesellschaft für Pastoralpsychologie (DGfP) gegründet, ein ökumenischer Fachverband für Seelsorge und Beratung. Die DGfP zählt heute ca. 700 graduierte pastoralpsychologische SupervisorInnen und zahlreiche Ausbildungsstätten zu ihren Mitgliedern. Über die KSA hinaus hat sich die DGfP inzwischen in vier weitere fachlich verschieden ausgerichtete Sektionen ausdifferenziert: Gruppe – Organisation – System (GOS), Tiefenpsychologie (T), Personzentrierte Psychotherapie und Seelsorge (PPS) sowie Gestaltseelsorge und Psychodrama in der Pastoralarbeit (GPP); die KSA stellt mit weit über der Hälfte der Mitglieder immer noch den größten Teil der Graduierten. Aufgrund der fachlichen Ausdifferenzierung und der dezentralen Organisation der Ausbildungsgänge liegt keine Statistik über die Zahl der bundesweit erbrachten Ausbildungsabschnitte vor.

Die *konzeptionelle Leitidee* der Pastoralpsychologie ist *nach Boisen* die, dass theologische und seelsorgliche Kompetenz nicht nur akademisch, d.h. aus Büchern, sondern aus *Erfahrung* entwickelt werden sollen:

»Die Aufmerksamkeit verschiebt sich von der Vergangenheit zur Gegenwart, von Büchern zum Rohstoff des Lebens. Erfahrung wird nicht länger dem System angepasst, sondern das System der Erfahrung. (…) Wenn wir die menschliche Persönlichkeit in Gesundheit und Krankheit, im Glück und im Elend studieren, wenn wir geduldig und systematisch die Motiv-Kräfte und ihren Verlauf erforschen und die Gesetze, die sie regieren, formulieren, dann sind wir vielleicht in der Lage, die Grundlagen für eine neue Theologie zu legen.«[8]

SeelsorgerInnen sollen die Biografien und Lebenserfahrungen von Menschen, insbesondere von Menschen in Krisensituationen, wahrnehmen und kennenlernen. Die biografischen Erfahrungen und lebens-

[7] Bis heute sind in der DGfP mehrheitlich evangelische Mitglieder vertreten, und in der evangelischen Kirche werden pastoralpsychologische Ausbildungen und pastoralpsychologische Supervision sehr viel stärker nachgefragt als in der katholischen.

[8] Zitiert nach *Hall, Charles E.*, Head and Heart. The Story of the Clinical Pastoral Education Movement, in: Journal of Pastoral Care Publications, Decatur, Georgia 1992, 10.

deutenden Selbstaussagen von Menschen haben als »Texte«, die man in Casestudies »lesen« lernen soll, ebenso große Bedeutung für die Theoriebildung und für die Handlungsorientierung in Theologie und Seelsorgelehre wie die Texte der Bibel. Nach Boisen ist in der Seelsorge »the living human document« sorgfältig zu studieren, wahrzunehmen und zu verstehen. Ebenso haben SeelsorgerInnen ihre Selbstwahrnehmung zu schulen und sich bewusst zu machen, wie sie die eigenen psychischen Strukturen und die eigene Theologie aus ihrer lebensgeschichtlichen Erfahrung entwickelt haben und wie beides miteinander integriert bzw. integrierbar sei (Näheres zum pastoralpsychologischen Verständnis von Biografiearbeit vgl. im Kap. »Was ist pastoralpsychologische Supervision?«).
In CPE und KSA wird SeelsorgerInnen daher nach der akademischen Ausbildung eine zweite Ausbildungsphase angeboten, in der man (vergleichbar der Assistenzarztzeit in Krankenhäusern) »klinisch« lernt, d.h. nach dem Prinzip »learning by doing« oder »training on the job« – also in *Praxisfeldern* der Seelsorge wie z.B. in Krankenhäusern, Justizvollzugsanstalten, Heimen etc. Zum Curriculum gehören neben der Arbeit im Praxisfeld und einigen fachdidaktischen Lehreinheiten gleichrangig die Arbeit in einer Lerngruppe unter Supervision: Analyse von protokollierten Seelsorgegesprächen und Fallberichten sowie Gruppendynamik und Selbsterfahrung in der Gruppe.
In diesem Rahmen von CPE und KSA ist die pastoralpsychologische Supervision ursprünglich als Ausbildungssupervision für Seelsorgerinnen entstanden. Insofern war sie, historisch betrachtet, zunächst tatsächlich vorwiegend *interne, pastorale* Supervision. Seither hat sie sich aber weiterentwickelt (vgl. u. im Abschnitt b).

Propriumsfrage – was ist das Besondere?

a) Pastoralpsychologische Seelsorge

Die *Propriumsfrage*, d.h. die Frage nach dem unterscheidend Besonderen der Pastoralpsychologie, ließ sich viel leichter für die *seelsorgliche* als für die *supervisorische* Beratung beantworten: Pastoralpsychologische *Seelsorge* unterscheidet sich von Seelsorgekonzepten anderer Provenienzen dadurch, dass in Seelsorge-Ausbildung und Seelsorgepraxis konsequent psychologische Paradigmen und psychotherapeutische Verfahren angewendet werden. Damit wird eine methodisch kontrollierte Qualität der Beratung gesichert. Frühe pastoralpsychologische Seelsorgeentwürfe betonen therapeutische Qualitätsansprüche (vgl. z.B. Dietrich Stollbergs These, Seelsorge sei »Psychotherapie im kirchlichen Kontext«) und empfehlen größte Zurückhaltung beim Einbringen christlicher Verkündigungsinhalte oder Traditionsformen (wie Bibelgeschichten und -lesungen, Gebet, Segen oder anderen Ritualen). Das Evangelium von der bedingungslosen Annahme des Menschen solle den KlientInnen durch die Gesprächs-Atmosphäre, die Haltung der SeelsorgerInnen und den befreienden Prozess des helfenden Gesprächs vermittelt werden, aber nicht, indem man Not und Anliegen der Ratsuchenden zum missionarischen Zweck der Vermittlung christlicher Traditionen benutzte. Stattdessen sollten KlientInnen in ihrem Beratungsanliegen sorgfältig wahr- und angenommen und ihnen nach allen Regeln psychotherapeutischer Beratungskunst geholfen werden.

Fast schamhaft wurde in den Anfängen der Seelsorgebewegung teilweise die theologische Seite der Kompetenz von PastoralpsychologInnen hintangestellt. Theologisches und Religiöses galten als *implizit* enthalten: in befreienden und heilsamen Beratungsprozessen, in Rolle, Wirklichkeitsauffassung und Glauben der Beratenden.

Heute gilt es, die Seite der theologischen resp. religiösen Kompetenz für die pastoralpsychologische Seelsorge wieder zu entdecken und stärker auszugestalten – was auch zunehmend geschieht und wozu in diesem Buch einige Beiträge beigesteuert werden sollen.
Symbol-, Ritual- und Auslegungskompetenz sind besondere Stärken pastoralpsychologischer Beratung – die Expertise für Sinn- und Bedeutungsgebungsprozesse sowie für die Rekonstruktion von deren Sitz im Leben und im Erleben. Auch was die christlich-theologische Tradition *materialiter* einzubringen hat, kann in Beratungsprozessen hilfreich sein – z.B. wenn ethische Fragen oder Fragen des Menschenbildes zum Thema werden; oder wenn man KlientInnen einladen will, ihre Perspektive über gewohnte, private Denkfiguren hinaus zu erweitern und zu diesem Zweck biblische Geschichten oder theologische Denkfiguren als alternative Betrachtungsweisen anbietet. (Näheres dazu vgl. in den Beiträgen »Ich sehe was, was du nicht siehst« und »Systemische Seelsorge«.)

b) Pastoralpsychologische Supervision

Das unterscheidend Besondere der pastoralpsychologischen *Seelsorge* ist also ihr psychologischer Anteil. Pastoralpsychologische *Supervision* aber steht neben anderen Supervisionsschulen, die selbstverständlich *alle* auf psychologischen Paradigmen fußen. Was also ist ihr Proprium?
Längst ist pastoralpsychologische Supervision über das Feld der internen Ausbildungssupervision für SeelsorgerInnen und andere Mitarbeitende in Kirche, Diakonie und Caritas hinausgegangen. PastoralpsychologInnen supervidieren inzwischen in allen Supervisionsfeldern. Die Qualität pastoralpsychologischer Supervisionsausbildungen ist sehr hoch, sodass die Deutsche Gesellschaft für Supervision (DGSv) die bei der Deutschen Gesellschaft für Pastoralpsychologie (DGfP) graduierten SupervisorInnen übernimmt (umgekehrt ist die Übernahme

von DGSv-SupervisorInnen durch die DGfP nicht ohne Weiteres möglich, weil die DGfP-Graduierung zusätzlich eine theologische Ausbildung erfordert). Die theoretische und methodologische Entwicklung sind vorangeschritten. Heute sind es aus meiner Sicht drei Faktoren, die das Besondere der pastoralpsychologischen Supervision ausmachen:

- Pastoralpsychologische SupervisorInnen haben von der Genese der Pastoralpsychologie insgesamt und von den Grundberufen pastoralpsychologischer Supervisorinnen her naturgemäß die o.a. ***besondere Feldkompetenz für die Arbeitsfelder von Kirche, Diakonie und Caritas*** – die in Deutschland nach der Öffentlichen Hand den größten Arbeitgeber und damit den größten Supervisionsmarkt bilden.
- Pastoralpsychologische SupervisorInnen bringen neben dem für jede Art von Supervision üblichen Verfügungswissen (z.B. Fähigkeiten und Fertigkeiten, Feldkenntnisse und methodische Kenntnisse der SupervisorInnen) von ihrer *pastoralen bzw. theologischen Identität* her ein ***spezifisches Orientierungswissen*** in die Supervision ein[9]: Die »Weltansicht«, d.h. die Sinnannahmen, »Typisierungen, Deutungsschemata und Verhaltensschemata«, die uns leiten und die der Soziologe Thomas Luckmann auch »unsichtbare Religion« nennt,[10] sind bei TheologInnen klar durch eine »offizielle« Religion geprägt, durch das System der christlichen Theologie ausdifferenziert sowie durch persönliche Auseinandersetzung und kritische Aneignung bewusst reflektiert. Das schließt philosophische Orientierungen über Menschenbilder, Sozialitätsbilder und Kriterien ethischer Urteilsbildung ein. Die Urteilsfähigkeit etwa über die Schlüssigkeit und Leistungsfähigkeit verschiedener Sinn- und Wertesysteme ist weit überdurchschnittlich entwickelt. Zu ergänzen ist m.E., dass pastoralpsychologische SupervisorInnen in der Regel als zusätzliches Orientierungswissen eine hervorragende Menschenkenntnis entwickelt haben. Denn sie haben in ihren kirchlichen Grundberufen mit Menschen aller sozialen Milieus, aller Altersgruppen und in allen Wechselfällen des Lebens (einschließlich Leid, Tod, Verlust- und Gewalterfahrungen) gearbeitet, und es gehört dabei zum Kern ihrer beruflichen Aufgabe, mit den Betroffenen auch re-

[9] Darauf hat mein Kollege *Michael Klessmann* verschiedentlich aufmerksam gemacht, vgl. zuletzt in *ders.*, Pastoralpsychologische Supervision – was ist das und was bringt sie?, in: *Ehmer, Susanne / Lammer, Kerstin* (Hg.), Supervision in und aus der Kirche, 3/2010, 37–42; hier insbes. 37. Vgl. a. *ders.*, Die Sinndimension in der Supervision, in: Verbändeforum Supervision (Hg.). Die Zukunft der Supervision zwischen Person und Organisation. Neue Herausforderungen – Neue Ideen. Vorträge der Tagung des Verbändeforums Supervision am 26./27.11.2004 in Montabaur. [Online Dokument] URL: www.dgsv.de/pdf/Verbaendeforum.pdf.

[10] Vgl. *Luckmann, Thomas*, Die unsichtbare Religion, Frankfurt a.M. 1991, 92.

flexiv über deren Lebenswelten und Lebenslagen zu kommunizieren (vgl. das volkstümliche Klischee des Pfarrers, dem »nichts Menschliches fremd« ist).

Von ihrer theologischen und psychologischen Ausbildung her zeichnet PastoralpsychologInnen schließlich – das ist der Punkt, den ich in den fachwissenschaftlichen Diskurs eingebracht habe[11] und der mir am wichtigsten ist – eine ***interdisziplinär erweiterte Hermeneutik und Methodik*** aus, also die Verschränkung theologischer und psychologischer Zugänge (insofern wäre Pastoralpsychologie m.E. treffender als »Theopsychologie« bezeichnet). Ich meine damit dreierlei:

- ein erweitertes *Wirklichkeitsverständnis*, insbesondere ein erweitertes Menschenbild, das aus theologischen und psychologischen Quellen und deren gegenseitiger Kritik aneinander gespeist wird[12] (vgl. o. zum theologischen Orientierungswissen);
- erweitertes hermeneutisches *Material*: z.B. mythische Symbolgeschichten und Musterlebensläufe, die zur Lebens- und Erfahrungsdeutung i.S. symbolischer Verdichtungen, Perspektiverweiterungen und Perspektivwechseln angeboten werden können (theologischerseits aus der Bibel und aus Legenden, psychologischerseits z.B. aus der griechischen Mythologie, vgl. z.B. den Narzissus- und den Ödipus-Mythos, etc.);
- ein erweitertes hermeneutisches *Verfahren*: Sinnarbeit als Auslegungs- und Übersetzungsarbeit; Berücksichtigung der Sinndimension des Supervisionsgegenstands; Aufmerksamkeit für die individuell spezifische Art der Sinnkonstruktion des Klienten; Expertise für die Exploration von Bedeutungsgebungsprozessen und deren Hintergründen im Leben und im Erleben der Beratenen. Hier geht

[11] Vgl. hierzu in diesem Buch das Kapitel »Was ist pastoralpsychologische Supervision?« sowie meinen Text »Pastoralpsychologische Supervision als erweiterte Hermeneutik«, in: *Klessmann, Michael / Lammer, Kerstin* (Hg.), Das Kreuz mit dem Beruf. Supervision in Diakonie und Kirche, Neukirchen-Vluyn 2007, 52–62.

[12] Z.B. unterscheidet sich die christliche Anthropologie von der humanistischen, insofern sie den Menschen nicht als ungebrochen gut ansieht, sondern
– immer als ambivalent und konflikthaft und
– als begrenzt und darin gleichermaßen angelegt auf Selbstüberschreitung wie angewiesen auf Ergänzung von außen.
Angesichts dieser Spannung der menschlichen Konstitution legen sich beraterisch sowohl emanzipatorische Impulse zur Entfaltung von Individualität, Kreativität und Gemeinschaftsfähigkeit nahe als auch eine Kritik gegenüber allen Machbarkeitsideologien und die Anregung, die eigenen Brüche und Grenzen (wie auch die anderer Menschen) zu akzeptieren.
Zu den Implikationen der christlichen und besonders der *evangelischen* Anthropologie vgl. ausführlich bei *Lammer,* in: *Klessmann/Lammer* 2007, 70–78. Zum christlichen und besonders zum *evangelischen* Verständnis von Arbeit und Arbeitsethik (beide für Fragen der pastoralpsychologischen Supervision relevant) vgl. *dies.*, a.a.O., 66–70.

es nicht darum, den Beratenen die Sinndeutungsangebote der Beratenden nahezubringen, sondern sie bei der Re-, De- und Neukonstruktion ihrer *eigenen* tragenden Sinnsysteme zu unterstützen. Das haben PastoralpsychologInnen durch ihre intensive exegetische und homiletische Ausbildung gelernt.

Zusammengefasst lautet meine These:

Pastoralpsychologie ist m.E. eine (gegenüber anderen Konzepten von Seelsorge, Beratung und Supervision) erweiterte, interdisziplinäre Hermeneutik und Methodik. Dabei liegt die pastoralpsychologische Erweiterung gegenüber anderen Seelsorge-Konzepten eher im *psychologischen* Anteil, die pastoralpsychologische Erweiterung gegenüber anderen Supervisions-Konzepten eher im *theologischen* Anteil. Pastoralpsychologische Beratung ist Beratung mit psychotherapeutischer und religiöser Kompetenz.

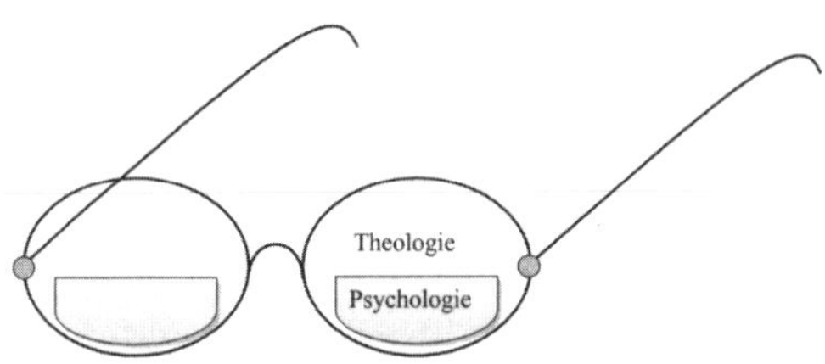

Wie dies näher zu verstehen ist und in der Praxis Gestalt gewinnt, soll aus den einzelnen Beiträgen des Buches deutlicher werden.

Teil II: Seelsorge und Beratung

A. Grundlegendes

Was ist Seelsorge?

Seelsorge ist die »Muttersprache der Kirche«, so titelt treffend eine Schrift der Evangelischen Kirche in Deutschland.[13] Bis heute werden im Volksmund die Begriffe »PfarrerIn« und »SeelsorgerIn« synonym gebraucht. Das ist sachgemäß, denn die ***cura animarum*, die Sorge um bzw. die Fürsorge für die Seele** ist die Aufgabe *alles* kirchlichen und pastoralen Handelns.[14] Von alters her wird unterschieden zwischen der *cura animarum generalis*, der *allgemeinen* Seelsorge, und der *cura animarum specialis*, der *speziellen* Seelsorge. Die *cura animarum generalis* bezeichnet den Auftrag des kirchlichen Amtes insgesamt. Die *cura animarum specialis* bezeichnet den Auftrag, die allgemeine kirchliche Sorge um die Seele zu konkretisieren und sie individuellen Menschen zuteilwerden zu lassen, wenn sie sie brauchen: in besonderen Lebenslagen und in den üblichen Wechselfällen des Lebens. Die Kirchenmitgliederbefragungen zeigen, dass es vor allem *das* ist (die seelsorgliche Begleitung in den Wechselfällen des Lebens), was die Leute von der Kirche erwarten und was die stärkste Bindekraft entfaltet.

Seelsorgliche Zuwendung wird bedingungslos und zweckfrei gewährt. Das unterscheidet die Seelsorge von allen anderen Formen der Beratung (Therapie, Supervision, Coaching etc.): Sie ist an keinerlei zu erfüllende Voraussetzungen oder zu erreichende Ziele und Erfolgsaussichten gebunden. Man muss nicht therapie-, besserungs-, veränderungs- oder bekehrungswillig oder -fähig sein, um Seelsorge in An-

[13] Vgl. *Kirchenamt der EKD* (Hg.), Seelsorge – Muttersprache der Kirche, Dokumentation eines Workshops der Evangelischen Kirche in Deutschland, Hannover, 16. November 2009, epd-Dokumentation 17/2010. Der Titel ist gewählt in Anlehnung an den folgenden Beitrag der Evangelischen Kirche im Rheinland, Petra Bosse-Huber, Seelsorge – die Muttersprache der Kirche, in: *Kramer, Anja / Schirrmacher, Freimut* (Hg.) Seelsorgliche Kirche im 21. Jahrhundert. Modelle – Konzepte – Perspektiven, Neukirchen-Vluyn 2008, 11ff.

[14] Zur Begriffsgeschichte vgl. *Steiger, Johann Anselm*, Art. Seelsorge 1. Kirchengeschichtlich, in: TRE 31, Berlin / New York 2000, 7–31, insbes. 8.

spruch zu nehmen. Therapeutische Effekte sind in der Seelsorge erwünscht, aber nicht erforderlich.

Therapeutische, d.h. *heil*same Effekte sind deshalb erwünscht, weil sie einen Vorschein des kommenden Heils bzw. einen Abglanz des Heils- und Erlösungswillen Gottes darstellen, auf den ChristInnen hoffen (vgl. auch die Heilungsgeschichten im Neuen Testament). Sie versetzen Menschen besser in die Lage, die Möglichkeiten ihres gottgegebenen Mensch- und Personseins zu ergreifen. Aber:

Auch ohne dass therapeutische Effekte oder andere »Erfolge« eintreten, ist Seelsorge schon dann vollgültig und sinnvoll, wenn sie nur die schlichte Erfahrung von zwischenmenschlicher Mit-Sorge und seelischem Beistand vermittelt. In diesem Sinne ist Seelsorge voraussetzungs- und ziellos – aber nicht grundlos. Sie ist begründet durch die Haltung und die Inhalte des christlichen Glaubens (d.h. in evangelischer Zuspitzung: durch den Glauben an die Rechtfertigung allein aus Gnade). Dieser Glaube motiviert, qualifiziert, trägt und prägt die Seelsorge. Seelsorge ist Repräsentanz und Kommunikation christlicher Theologie (d.h. Gotteslehre) sowie Vollzug christlicher Anthropologie (d.h. Lehre vom Menschen). Die Inhalte des christlichen Glaubens thematisieren SeelsorgerInnen teils explizit, teils machen sie sie implizit durch die seelsorgliche Beziehung erfahrbar.

Seelsorge als Repräsentanz und Kommunikation christlicher Theologie
Weil ChristInnen an einen Gott glauben, der die Menschen ins Leben ruft, in nachgehender Sorge nach ihnen sucht und fragt, gehen ChristInnenen einander suchend und fragend nach. »Adam, wo bist du?«, ruft Gott in der Sündenfallgeschichte nach dem verschwundenen Menschen. Wo bist du? Wo stehst du? Was ist los mit dir? Was hast du getan? Was ist dir passiert? Wie geht es dir? Wie geht es mit dir weiter? – so fragt christliche Seelsorge.

Weil ChristInnen an einen Gott glauben, der die Menschen liebt, bedingungslos annimmt und sich im gekreuzigten Christus solidarisch mit ihren Leiden gezeigt hat, wenden sie sich einander sorgend zu, nehmen Anteil aneinander und an ihren Geschichten und stehen einander solidarisch im Leiden bei.

Weil ChristInnen an einen Gott glauben, der Trost, Heil und Erlösung bringt, lassen sie Mitmenschen nicht allein, denen Trostlosigkeit, Unheil und Leid widerfährt.

Seelsorge bietet bedingungslos Zuwendung, Gemeinschaft und solidarische Beziehung an. Sie repräsentiert und kommuniziert dadurch die von Christen geglaubte Zuwendung des menschenfreundlichen und solidarischen Gottes zum Menschen. Sie verweist damit auf die Relationalität des Lebens – oder, religiös gesprochen: auf die Relationalität Gottes: Wir verdanken uns nicht uns selbst. Der Grund unseres Seins liegt jenseits unserer selbst, er ist uns nicht verfügbar – aber das Leben wird uns geschenkt. Wir erlösen und vollenden uns nicht selbst. Unser Leben bleibt immer gebrochen und fragmentarisch. Aber wir werden durch Bezogenheit erlöst und vollendet: indem uns Teil gegeben wird an der Ganzheit des Lebens, die über uns hinausgeht – oder, religiös gesprochen: am Ewigen Leben Gottes. Seelsorge macht diese Teilhabe erfahrbar und stärkt das Vertrauen in die Bezogenheit, die uns geschenkt wird.

Seelsorge als Vollzug christlicher Anthropologie
Weil ChristInnen glauben, dass der Mensch Gottes Ebenbild ist und seine Würde und seinen Wert ausschließlich aus der Liebe und Gnade Gottes erhält, ist ihnen jeder Mensch der Zuwendung wert. Diese Zuwendung muss für aus christlicher Sicht keinen »Zweck« haben, weil der Menschen als selbstzwecklich anzusehen ist. Seelsorge bietet deshalb Raum zur Selbstthematisierung und zur Entwicklung von Selbst-Bewusstsein (i.S. einer realistischen Selbsteinschätzung).
Weil ChristInnen glauben, dass der Mensch nicht ganz und heil, aber gesegnet ist, stärkt Seelsorge Menschen solidarisch im Tragen ihrer Begrenztheiten, ihrer Unvollkommenheiten, ihrer Konflikthaftigkeit und ihrer Ambivalenzen, ihrer Leiden und aller Spannungen, in denen geschöpfliches Leben steht, und in ihrer Hoffnung auf den Zuspruch, den sie sich nicht selbst sagen können.
Weil ChristInnen glauben, dass der Mensch begrenzt, aber begabt ist, ermutigen sie einander zur Gestaltung ihrer endlichen Freiheit. Seelsorge ermutigt Menschen zur Akzeptanz ihrer Grenzen und zugleich zur Entwicklung ihrer Persönlichkeit, zur Entfaltung ihrer Begabungen und zur Übernahme von Verantwortung (das schließt auch die Übernahme von Schuld ein).
Weil ChristInnen glauben, dass der Mensch fragmentarisch, aber relational, d.h. über-sich-selbst-hinaus angelegt ist, setzen sie sich in Beziehung zu Mitmenschen, zur Umwelt und zu Gott. Seelsorge bietet Beziehung an und stärkt Menschen in ihrer Beziehungsfähigkeit und in ihrem Vertrauen in Gott, der das Leben selbst ist.
Evangelische ChristInnen glauben, dass der Mensch allein aus Glauben gerettet wird. Das heißt, dass der Inhalt des Glaubens nur für denjenigen erlösend wirkt, der ihn *selbst* mit Verstand und Gemüt begreifen und sich aneignen kann (»… und wäre Christus tausendmal gestorben, und nicht für mich, so wär' ich doch verloren«). Deshalb gibt evangelische Seelsorge nicht ungefragt theologische Antworten auf Fragen, die die GesprächspartnerInnen nicht gestellt haben, sondern sie unterstützt Menschen dabei, die existentiellen Fragen zu stellen, die sie in ihrer aktuellen Lebenssituation haben, und Antworten darauf zu suchen, die sie glauben können.

Seelsorge als Dienst der Kirche an Gott, am Mitmenschen, an der Gesellschaft und an sich selbst
Mit ihrem seelsorglichen Handeln tut die Kirche Dienst an Gott, am Mitmenschen und an sich selbst. Letzteres, weil Seelsorge die Seelsorgenden immer wieder herausfordert, existentielle und theologische Fragestellungen zu klären, die Relevanz- und Plausibilitätsfrage zu beantworten und ihre ***Theologie am Leben*** *zu* ***bewähren***. Seelsorge entwickelt die theologische und pastorale Identität der Seelsorgenden. Seelsorge macht die Relevanz und Kraft des christlichen Glaubens erfahrbar.
Um ein technisches Bild zu benutzen: Würde man die Organisation Kirche insgesamt mit einem Auto vergleichen, so wäre die spezielle Seelsorge mit den Reifen vergleichbar. Durch sie entsteht der Kontakt mit der Straße, durch sie wird die Kraft des Fahrzeugs übertragen und in Bewegung umgesetzt. An ihnen darf der Fahrzeughalter nicht sparen.

Auftrag und Kompetenzen
Alle ChristInnen sind zur Seelsorge aneinander beauftragt; sie sollen sich wechselseitig beraten und trösten (»per mutuum colloquium et consolationem fratrum«, wie Luther es in den Schmalkaldischen Artikeln nennt). Die Dignität der Seelsorge als einer schlichten gegenseitigen Anteilnahme am Ergehen der Anderen wurde oben beschrieben. Für *professionelle*, insbesondere für *spezialisierte* Seelsorge sind jedoch professionelle Qualitätsstandards geltend zu machen.
Professionelle, fachlich ausgebildete SeelsorgerInnen haben folgende Kompetenzen:[15]

a) die poimenisch-hermeneutische Kompetenz
Die poimenisch-hermeneutische Kompetenz enthält Auslegungs- bzw. Deutungs- und Übersetzungskompetenz. Es handelt sich um die Fähigkeit,
- existentielle Betroffenheiten von PastorandInnen existential und symbolisch zur Sprache zu bringen;
- die Erlebnisinhalte von Versprachlichungen bzw. Symbolisierungen existentieller Betroffenheiten der PastorandInnen zu entschlüsseln.

  Die PastorandInnen werden dabei innerhalb ihres *eigenen Referenzrahmens* verstanden und bei Sinnkonstruktionsprozessen unterstützt. Christliches Traditionsgut kann sinnvollerweise *dann* explizit in Seelsorgegespräche eingebracht werden,
  – wenn PastorandInnen sich innerhalb des christlichen Referenzrahmens bewegen und die gemeinsame Referenz der Bekräftigung, Vergewisserung oder Entwicklung des Glaubens dient, oder

15 Vgl. dazu ausführlicher *Lammer, Kerstin*, Den Tod begreifen – Neue Wege in der Trauerbegleitung«, Neukirchen-Vluyn, 5. Aufl. 2010, Kap. III, 234–258.

– wenn PastorandInnen sich nicht innerhalb des christlichen Referenzrahmens bewegen, ihnen aber der Dialog mit alternativen Wirklichkeitsdeutungen i.S. einer Perspektiverweiterung (vgl. die systemische Beratung) willkommen ist.

Voraussetzungen für diese Arbeit sind: kommunikative Kompetenz, Beziehungskompetenz (Arbeit mit der eigenen Person) und methodische Kompetenzen.

b) Die systematisch-theologische Kompetenz

Diese schließt ein:

- Klarheit über die eigene Theologie der Seelsorge (theologische Begründung und Zielstellung, Menschenbild etc.);
- dogmatische Auskunftsfähigkeit über die Ansichten der evangelische Theologie zu den in der Seelsorge verhandelten Existenzfragen[16] (z.B. Wo komme ich her / wo gehe ich hin?; Umgang mit begrenzter Leistungsfähigkeit/Lebenszeit; Krankheit und Leiden; Alter; Demenz; Konflikte; Sinnfragen etc.); Diskurs- und Anschlussfähigkeit im Gespräch mit anderen Auffassungen dazu;
- Klarheit über die eigene Ethik der Seelsorge (Selbstverpflichtungen, Rollenklarheit, Tabu von interdependenten und missbräuchlichen Seelsorge-Beziehungen etc.);
- Kompetenz zur (ergebis*offenen*!) Hilfestellung bei der Urteilsbildung in ethischen Fragen, Bereitstellung von Kriterien (z.B.: Vorzugsregeln), Kommunikation über gutes und schlechtes Leben, Dilemmata-Diskussion etc.

c) Die liturgisch-rituelle Kompetenz

Damit ist die Fähigkeit gemeint, in der Seelsorge Ausgedrücktes symbolisch und performativ zur Darstellung zu bringen (mit Texten, Ritualen, Gebeten, Segenshandlungen und unter Einbeziehung der situativen Erfordernisse sowie der Ritualtradition und der Ritualkompetenz der PastorandInnen). Im Kern geht es hier darum, dass die beteiligten Subjekte sich mit dem Fragment des eigenen Lebens in einem größeren Zusammenhang bergen können.

[16] Vgl. dazu ausführlicher den Beitrag »Das Glaubensbekenntnis anthropologisch gelesen« in diesem Band.

Ich sehe was, was du nicht siehst: Wahrnehmung und Perspektivwechsel in der systemischen Beratung[17]

Im Folgenden werden zunächst einleitend grundlegende Prinzipien (1.), dann epistemologische Voraussetzungen (2.) und schließlich Konsequenzen für die Haltung und Rolle der Systemischen Beraterin sowie einige methodische Standardinterventionen (3.) der Systemischen Beratung dargestellt. Unter »Beratung« verstehe ich hier sowohl die psychologische als auch die seelsorgliche als auch die supervisorische Beratung. Psychotherapie und Seelsorge unterscheiden sich dabei von der Supervision durch den *Gegenstand* der Beratung: In Psychotherapie und Seelsorge steht die Rat suchende *Person* im Mittelpunkt, in der Supervision dagegen die *Arbeit* der Rat suchenden Person.[18]

1. Prinzipien Systemischer Beratung

Bitte schauen Sie sich das nachstehend abgedruckte Bild an und versuchen Sie, zu erkennen, worum es sich handeln könnte. Was sehen Sie dort vor sich?

Erst wenn Sie lange genug geschaut haben und Ihnen bewusst ist, was genau Sie in diesem Bild sehen, blättern Sie bitte die Seite um und schauen Sie sich ein weiteres Bild an:

[17] Bei diesem Beitrag handelt es sich um Ausarbeitungen eines bisher unveröffentlichten Vortrags, den ich im April 2008 im Rahmen des »Forums Seelsorge« an der Evangelischen Fachhochschule Rheinland-Westfalen-Lippe in Bochum gehalten habe.

[18] Vgl. dazu in diesem Band den Beitrag: Was ist pastoralpsychologische Supervision?

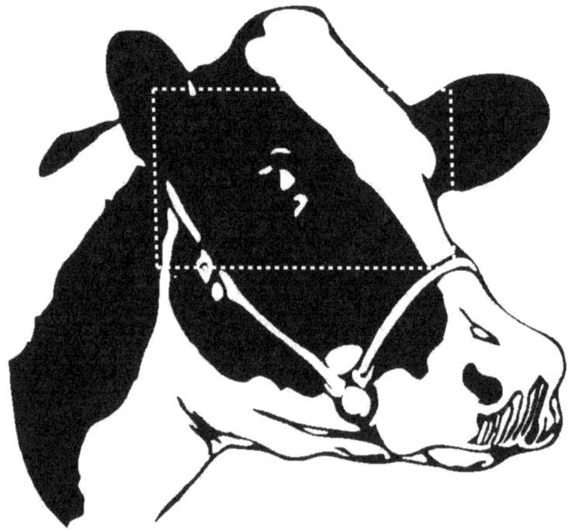

Was Sie jetzt in diesem Bild sehen, unterscheidet sich wahrscheinlich deutlich von dem, was Sie vorhin gesehen haben. Das liegt am *Kontext*. Indem der betrachtete Ausschnitt in einem zuvor nicht sichtbaren Kontext gezeigt wird, ergänzt sich das Bild zu einem sinnvollen Ganzen:

Blättern Sie jetzt bitte noch einmal zurück zum ersten Bild, also zum ursprünglich betrachteten Ausschnitt, und versuchen Sie, ob Sie darin wieder sehen können, was Sie zuerst gesehen haben. Wenn Ihnen das nicht oder nur schwer gelingt, geht es Ihnen wie der Mehrheit derjenigen, die diesen Selbstversuch anstellen: Die meisten erkennen in dem Bildausschnitt kaum noch wieder, was sie ursprünglich darin gesehen haben, als sie ihn für sich allein betrachteten. Sondern sie sehen jetzt immer die Kuh – obwohl sie im Ausschnitt gar nicht zu sehen ist.

Die Quintessenz aus dieser Erfahrung lautet nicht einfach: »Das Bild entsteht im Auge des Betrachters« – natürlich entsteht es dort, aber hier bildet sich nichts 1:1 ab –, sondern:
Welches Bild im Auge des Betrachters entsteht, ist abhängig von dem Rahmen oder dem *Kontext* der Betrachtung, also von dem *größeren* Bild, in dem es gesehen wird.

Wenn Sie in dem, was ich Ihnen zuerst gezeigt habe, nicht erkannt haben, welchen Sinn es aus meiner Sicht hatte, dann lag das daran, dass Sie den *Kontext* nicht kannten, aus dem ich es übernommen habe. Sobald Sie diesen Kontext mit in Ihre Betrachtung einbeziehen, erkennen Sie den Sinn, den das gezeigte Bild für mich hat.
Wenden wir diesen Grundsatz auf den Beratungskontext an, so heißt das:

> Jedes Verhalten oder Symptombild, das Ihnen eine Klientin zeigt, und scheint es Ihnen (und anderen) auch noch so verrückt, ist innerhalb des Kontextes, in dem es ausgebildet wurde, sinnvoll.

Wenn wir diesen Sinn nicht erkennen, haben wir seinen Kontext noch nicht genügend kennen gelernt und verstanden. Wir können den Sinn von Ideen und Verhalten verstehen, wenn wir ihren *Entstehungskontext* betrachten. Dafür ein Beispiel aus einer systemischen Familienberatung:

Ein Elternpaar möchte Beratung für seine 7-jährige Tochter, denn diese verweigert seit einiger Zeit die Schule, obwohl sie eine sehr gute Schülerin ist. Die Beraterin arbeitet auf der Basis der Hypothese »Probleme sind Lösungen«, d.h. sie nimmt an, dass das Verhalten des Kindes einen positiven Sinn hat. Das Erstgespräch ergibt: Das Kind will nicht mehr zur Schule gehen, seit die Eltern sich oft streiten; es hat die Idee, dass es wichtiger ist, zu Hause zu bleiben, um aufzupassen, dass dort zwischen den Eltern nichts Schlimmes passiert. Die Beratung wird nun nicht mit dem Kind, sondern mit den Eltern fortgesetzt. Sobald diese begonnen haben, ihre Probleme miteinander zu lösen, kann das Kind beruhigt wieder in die Schule gehen.

Sie sehen:

> Es macht Sinn, die Kontexte, in denen KlientInnen Probleme entwickelt haben, in die Beratung einzubeziehen (Kontextualisierung).

Dies ist ein erster wesentlicher Grundsatz, den die Systemische Beratung im Unterschied zu früheren Beratungskonzepten etabliert hat. Dieser Grundsatz – Kontextualisierung – wird übrigens nicht nur deshalb angewandt, weil man durch Einbeziehung des Kontextes das Individuum, das das Problem(verhalten) zeigt, besser verstehen und ihm besser helfen kann. Sondern auch deshalb, weil man in der Systemischen Beratung davon ausgeht, dass der Kontext immer Teil des Problems ist, bzw. umgekehrt, dass Probleme immer in Wechselwirkungen entstehen.

Nicht das Individuum, das das Problem(verhalten) zeigt (im eben gehörten Fall das Kind), hat das Problem generiert, sondern das System, das den Kontext bildet (in diesem Fall die Kleinfamilie). Der auffällig werdende Teil des Systems weist nur darauf hin, dass es im System *insgesamt* ein zu lösendes Problem gibt. Ich komme darauf noch zurück.
Es macht Sinn, den Kontext eines Problems in die Beratung einzubeziehen. Dieser Grundsatz ist allerdings auch umkehrbar: Wenn der Kontext die Ausbildung des Problems gefördert hat, können Veränderungen am Kontext[19] auch die Problemlösung fördern.

> Es kann neuen Sinn machen, Kontexte, in denen KlientInnen Probleme entwickelt haben, in der Beratung zu erweitern, zu verändern oder ggf. zu verlassen (Re-Kontextualisierung / Reframing).

Diesen zweiten Grundsatz: Re-Kontextualisierung / Reframing, möchte ich Ihnen kurz veranschaulichen. Bitte betrachten Sie die unten abgebildete Reihe. Was bedeutet die mittlere Figur?

I2

I3

I4

Die Vermutung liegt nahe, dass Sie die mittlere Figur als eine »13« angesehen haben, weil Sie sie in einen Zusammenhang zu 12 und 14 gesetzt haben. Nehmen wir nun an, Sie hätten mit der »13« irgendwelche Probleme, z.B. verbänden Sie mit der Zahl 13 die Idee, dass sie Ihnen Unglück brächte. Dann würden Sie womöglich erleichtert sein, wenn Sie sehen, dass die mittlere Figur auch etwas ganz anderes bedeuten kann. Sehen Sie sich bitte die Reihe in der nächsten Darstellung an – bekommt die mittlere Figur dort nun eine andere Bedeutung für Sie, und wenn ja, wodurch?

A I3 C

Dieses kleine Experiment soll folgenden Sachverhalt illustrieren: Um die Verfestigung von Problemen zu vermeiden, arbeitet man in der Systemischen Beratung oft mit Perspektivwechseln und Umdeutungen. Man versucht gezielt, Unterschiede zur bisherigen Betrachtungsweise herzustellen.

[19] Gemeint sind sowohl Veränderungen innerhalb des Kontextes / des Systems als auch Veränderungen durch einen kompletten Wechsel des Kontextes/Systems – oder der Sicht auf den Kontext.

Ein Fallbeispiel:
Der Pfarrer hat ein Gemeindeglied bei der Entscheidung unterstützt, sich aus einer belastenden Arbeitssituation zu lösen und eine attraktivere Arbeitsstelle anzustreben. Bei der ersten Bewerbung ist der Klient in die Endauswahl gekommen, aber knapp gescheitert; ein ihm bekannter Kollege wurde ihm vorgezogen. Er hat das schwer verkraftet und längere Zeit gebraucht, einen neuen Anlauf zu nehmen. Als er die neue Bewerbung zur Post bringt, trifft er in der Eingangstür ausgerechnet den Kollegen, dem er beim ersten Bewerbungsversuch unterlegen ist. Dieser erzählt ihm gut gelaunt, wie er gerade die Umzugskisten packt, um zum neuen Arbeitsort aufzubrechen. Aufgewühlt ruft der Klient den Pfarrer an: Diese Begegnung könne ja nichts Gutes bedeuten. Auf der Türschwelle das déjà vu der schlechten Vergangenheit – der Mann habe ihm ja quasi noch einmal gezeigt, dass ihm die Tür in eine bessere Zukunft versperrt sei. Der Pfarrer sagt: »Nein, der Mann hat Ihnen an der Schwelle noch einmal gezeigt, dass er jetzt weg geht. *Er* geht in Ihre *Vergangenheit* und *Sie* gehen in Ihre *Zukunft*.« Diese Umdeutung beruhigt den Klienten. Er entspannt sich und ist kurz darauf im Vorstellungsgespräch erfolgreich.

Der Berater hat im obigen Beispiel alle drei Bildelemente des Ratsuchenden: Vergangenheit, Zukunft, die Schwelle dazwischen, aufgenommen und – recht direktiv, aber wirksam – in einen neuen Zusammenhang gebracht. Mit dem Wörtchen »quasi« hatte der Klient den Hinweis gegeben, dass er auf eine Umdeutung hoffte, und es war ihm hilfreich, eine positive angeboten zu bekommen. Man nennt eine solche Änderung der Betrachtungsweise in der Systemischen Beratung auch: »Reframing«. Dabei kommt es nicht darauf an, welche Bedeutungsgebung die »richtige« ist, sondern welche für den Klienten annehmbar und hilfreich ist.

2. Epistemologische Grundlagen, oder: Was ist das »Systemische« an der Systemischen Therapie und Beratung?

a) Konstruktivismus:

Wie kommen wir zu unserem Wissen über uns selbst und über unsere Wirklichkeit? Wir konstruieren es. So lautet die Antwort des Konstruktivismus, als dessen Begründer Heinz von Foerster, Humberto Maturana und Ernst von Glasersfeld gelten.[20] Es gibt nicht »*die* Wirklichkeit«, sondern nur »*meine* Wirklichkeit« – wie wir in unserem Eingangs-Experiment gemerkt haben, ist Erkenntnis »Ansichtssache«. Es gibt keine »objektive« Erkenntnis über eine »objektive« Wirklichkeit, sondern nur »Erfahrungswirklichkeiten«[21]. D.h., wir haben Erlebnisse,

[20] Grundlegende Beiträge der Genannten sind gesammelt in: *Schmidt, Siegfried J.* (Hg.), Der Diskurs des radikalen Konstruktivismus, Frankfurt a.M. 1987. In theologischen und sozial-wissenschaftlichen Diskursen sind als Vertreter des Konstruktivismus stärker Werke von *Paul Watzlawick* und *Niklas Luhmann* rezipiert worden.
[21] Vgl. *Schmidt*, a.a.O., 7.

wir machen Beobachtungen und geben diesen eine Bedeutung. Dieser Vorgang der *Bedeutungsgebung* ist es, der unsere Sicht auf die Wirklichkeit (wesentlich durch Sprache, Geschichten, Diskurse und interaktive Konversation) konstituiert. Wir kommen zu Annahmen. Wir machen uns Bilder. Diese Bilder sind subjektive oder intersubjektive Konstrukte. Das gilt auch für unsere Annahmen darüber, wie Ereignisse zusammenhängen. Wir konstruieren z.B. Zusammenhänge von Ursachen und Wirkungen.

Einige Beispiele:
Ein Hofhund bellt den Briefträger an, den Nachbarhund, den Mond. Früher oder später verschwinden sie alle. »Ich habe gut gebellt«, sagt sich der Hund, »ich habe sie verjagt«. – Es könnte auch ganz anders sein.
Der Vater macht ein böses Gesicht. »Er hat sich über mich geärgert«, sagt sich die Tochter. »Er hat wieder einen Rüffel vom Chef bekommen«, sagt sich der Sohn. – Es könnte auch ganz anders sein.
Die Patientin bekommt ihre Diagnose: Krebs. »Gott straft mich«, sagt sie sich. – Es könnte auch ganz anders sein.

»Es könnte auch ganz anders sein« – so lautet das Credo des Konstruktivismus. Was wir zu wissen glauben, haben wir selbst so konstruiert, wir haben uns ein Bild gemacht.

Im Rahmen meines Kontextes als Theologin fällt mir dazu das Bilderverbot des Dekalogs ein: Du sollst dir kein Bildnis noch irgendein Gleichnis machen, weder des, das oben im Himmel, noch des, das unten auf Erden, oder des, das im Wasser unter der Erde ist.« (2Mose 20,4) – vielleicht gar nicht so weit vom Credo des Konstruktivismus entfernt.

Wir können nicht anders, als Bilder von uns selbst, voneinander und von der Wirklichkeit im Ganzen zu konstruieren. Aber es ist unrealistisch und nicht hilfreich, uns darauf festzulegen. Wenn unsere Konstruktionen nicht mehr passend sind oder sich negativ auswirken, müssen wir sie immer wieder in Frage stellen, erweitern und verändern. Dabei will die systemische Beratung helfen. Sie macht Angebote, nicht mehr hilfreiche Konstrukte in Frage zu stellen und neue Perspektiven auf die Wirklichkeit zu erproben. Dabei stellt sich nicht die Frage, welche Sicht die »richtige« sei, sondern welche für die jeweiligen KlientInnen annehmbar und hilfreich ist.

Wir haben aber immer noch zu klären, was das »Systemische« an der systemischen Beratung ist.

b) Systemtheorie:
Systemische Beratungskonzepte heißen so, weil sie auf Systemtheorien basieren. Diese suchen, vereinfacht gesagt, zu erklären, nach welchen *Steuerungsregeln* die oben beschriebenen Vorgänge der Konstruktion von Wirklichkeit verlaufen. Nach welchen Systematiken konstruieren Einzelne Ideen über *sich selbst* und über ihre *Beziehungen zu anderen* Menschen? Wie steuern Gruppen von Menschen *gemeinschaftlich* ihre Beziehungen zueinander bzw. ihre Ideen über deren Spielregeln?

Solche Steuerungs- oder Spielregeln beschreiben Systemtheorien.
Sie wurden in den zwanziger- bis fünfziger Jahren des 20. Jahrhunderts zunächst in den Naturwissenschaften als kybernetische Modelle entwickelt, d.h. als Theorien über die Regelung und Steuerung von Verhalten in Systemen unterschiedlichster materieller Beschaffenheit; als Begründer gelten u.a. der Biologe Ludwig von Bertalanffy, der Mathematiker Norbert Wiener und der Hirnforscher W. Ross Ashby.
Wenn man diese Steuerungs- und Spielregeln von Systemen kennt und beachtet, kann man sie sich auch zunutze machen, sie unterbrechen oder verändern – so die Idee der Systemischen Beratung. Nachstehend sind einige der Steuerungsregeln von Systemen genannt:

Systeme regeln sich *übersummarisch*, d.h., das Ganze *ist* mehr als die Summe seiner Teile, und es *funktioniert* komplexer und anders als die Summe seiner Teile. Deshalb sind starre Rollenzuschreibungen in sozialen Systemen (z.B. in Gruppen oder Familien) problematisch. Jemand »ist« nicht schwierig, er/sie zeigt vielmehr, dass er/sie es im Kontext dieses Systems schwer *hat* (und jede/r andere hätte es an derselben Stelle womöglich ähnlich schwer).
Systeme regeln und entwickeln sich *autopoietisch*, d.h. eigengesetzlich. Deshalb ist es nicht möglich, sie von außen zu steuern, sondern nur, zu Lösungen etwas *bei*zusteuern, vorzugsweise, indem man gewohnte, nicht hilfreiche Abläufe leicht »verstört«, sodass das System in die Lage versetzt wird, sie neu zu regeln.
Systeme regeln sich *homöostatisch*, d.h. sie haben eine starke Tendenz, ihr Gleichgewicht zu halten, und können das in der Regel auch. Darum kann es einerseits für das System eher schädlich als hilfreich sein, wenn man einzugreifen versucht – »Bitte nicht helfen, es ist auch so schon schwer genug«, lautet daher der programmatische Buchtitel eines systemischen Beraters.[22] Und andererseits ist es für BeraterInnen riskant, gegen Kräfteverhältnisse in Systemen vorzugehen – weil es als

[22] Vgl. *Hargens, Jürgen*, Heidelberg ^{7}2009. Die beraterischen Grundsätze von Hargens lauten: Regel Nr. 1: Wenn etwas nicht kaputt ist, dann repariere es auch nicht! Regel Nr. 2: Wenn du weißt, was funktioniert, mach' mehr davon! Regel Nr. 3: Wenn etwas nicht funktioniert, höre auf damit. Mach' etwas ander(e)s!

Störung erlebt wird, kann es gegensteuernden BeraterInnen leicht passieren, dass sich vorher miteinander streitende Kräfte im System plötzlich gegen sie verbünden.
Systeme regeln sich *selbstreferentiell bzw. rekursiv, d.h. selbstbezüglich:* Wir gleichen neue Informationen mit unseren bisherigen Erfahrungen ab und versuchen, sie so einzuordnen, wie es sich mit unseren bisher angenommenen Prämissen verträgt.

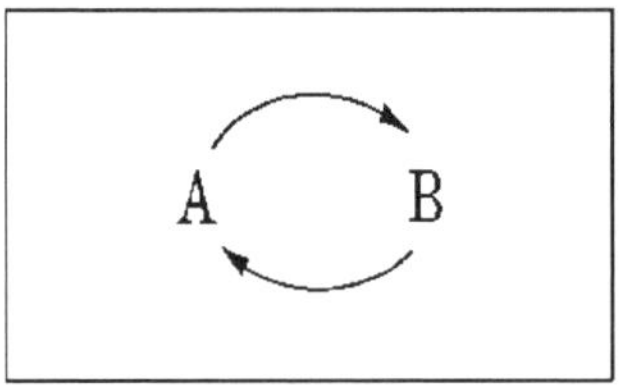

Zwei Beispiele:
Jemand macht eine Reise und tauscht unterwegs einen Klumpen Gold gegen ein Pferd, das Pferd gegen eine Kuh, die Kuh gegen ein Schwein, das Schwein gegen eine Gans, die Gans gegen einen Schleifstein und lässt den Schleifstein schließlich in den Brunnen fallen, aus dem er trinkt. Ob er sich bei jedem dieser Ereignisse als Pechvogel sieht, der immer mehr verliert, oder als Hans im Glück, der immer unbelasteter seines Weges zieht, hängt von seinen Prämissen ab. Und ob Sie seine Einschätzung für zutreffend oder unzutreffend, für dumm oder weise halten, hängt von Ihren Prämissen ab.
Jemand tritt als religiöser Führer auf, begeistert die Massen und wird als Erlöser seines unterdrückten Volkes gefeiert. Dann wird er vom herrschenden Regime wie ein Verbrecher hingerichtet. Ob man ihn als Inkarnation eines das Schicksal der Menschen teilenden Gottes sieht oder als einen samt seiner Anhänger gescheiterten Schwärmer, hängt von den eigenen Prämissen ab.

3. Konsequenzen: Haltung und Rolle Systemischer BeraterInnen, Ziele und Methoden

a) Für die beraterische *Haltung* ergibt sich aus dem oben Gesagten:

- Wenn Systeme ihre Wirklichkeit(ssicht) selbst konstruieren, sind prinzipiell alle Sichtweisen gleich gültig. Daher ist es weder sinnvoll, einer von mehreren im System vertretenen Sichtweisen »Recht« zu geben, noch als BeraterIn mit der eigenen Sichtweise selbst »Recht« haben zu wollen oder gemeinsam zu einer »richtigen« i.S. von objektiv wahren Sichtweise zu kommen. Sinnvoll ist vielmehr, *passende* Sichtweisen zu finden. Die Definitionshoheit darüber, was passende Deutungen des Problems sowie passende Lösungen dafür sind, liegt bei den KlientInnen
- Wenn Systeme dazu tendieren, Homöostasen aufrechtzuerhalten, müssen alle beteiligten Personen und Subsysteme sowie alle vor-

handenen Impulse (z.B. Beharrungsimpuls vs. Veränderungsimpuls) aufgegriffen und miteinander in Kommunikation gebracht werden. Daraus folgt als Haltung der BeraterInnen: *Allparteilichkeit resp. Interpathie* (C. Morgenthaler).
- Wenn Systeme sich autopoietisch und rekursiv weiterentwickeln, liegt die Expertise für Lösungen in ihnen selbst). Das heißt für den Zugang der BeraterInnen zum zu beratenden System: *Kooperation statt Intervention, beisteuern statt steuern.* Die systemische Beraterin arbeitet nicht nach einem Arzt-Patienten-Modell, sondern gesellt sich nach einem Team-Player-Modell zu den Ratsuchenden (»Joining«). Sie arbeitet lernend und studierend mit den KlientInnen, d.h sucht sich in deren Sprache, Verhalten, Konstruktionen und (verborgene) Schätze hineinzufinden. Sie zeigt sich selbst als »dumm, faul und neugierig«, d.h. sie stellt viele Fragen, um sich bei den Mitgliedern des Systems nach deren Definition der Probleme, deren Entwicklungswünsche und Lösungsideen zu erkundigen (denn die »Kunden« sind die »Kundigen«); sie gibt Anregungen, mit denen die KlientInnen selbst an der Klärung ihrer Anliegen und der Entwicklung von Lösungen weiter arbeiten können.

b) Für die *Zielstellungen* der Beratung ergibt sich:
Wenn Wirklichkeit *konstruiert* wird, ist es auch möglich, die Veränderung von Wirklichkeit zu konstruieren. Systemische Beratung zielt darauf:
- nicht hilfreiche Wahrnehmungs-, Denk-, Handlungs- und Lösungsmuster zu unterbrechen, zu (ver)stören und zu verflüssigen;
- Wahrnehmungs-, Deutungs- und Handlungsmöglichkeiten zu vermehren, indem sie Perspektivwechsel und Kreativität anregt;
- die Konstruktion erwünschter Zukunft anzuregen;
- Entscheidungs-, Ziel- und Lösungsfindungsprozesse anzuregen;
- den Glauben an die eigene Lösungskompetenz zu stärken (vgl. Lk 18,42: »Dein Glaube hat dir geholfen«).

Als all dem übergeordnetes Ziel kann der *ethische Imperativ* der systemischen Beratung nach Heinz von Foerster gelten: *»Handle stets so, dass die Zahl der Wahlmöglichkeiten größer wird.«*[23] Angestrebt wird also im Kern ein emanzipatorischer und kreativer Befreiungsprozess. Deren Katalysator zu sein, ist die Rolle der systemischen Beraterin. Die Fragerichtung ist dabei nicht problem- oder defizit-, sondern lösungsorientiert, nicht vergangenheits-, sondern zukunftsorientiert. Systemische Beratung geht somit den umgekehrten Weg wie die Psychoanalyse. Zielte die Psychoanalyse mit einer Art archäologischem Inte-

[23] Von *Foerster, Heinz*, Über das Konstruieren von Möglichkeiten [1973], in: *ders.*, Wissen und Gewissen: Versuch einer Brücke, Frankfurt a.M. 1993, 25–49, hier 49.

resse auf das Ausgraben des in der Vergangenheit (meist in der frühen Kindheit) vermuteten Ursprungs des Problems, fragt die systemische Beratung im Anschluss an Steve de Shazer nach den Ressourcen, die KlientInnen zur Verfügung stehen und die sie nutzen können, um gewünschte Veränderungen zu erreichen. Sie fragt nicht nach *Ursachen*, sondern nach *Auswirkungen* von Wahrnehmung und Verhalten. Dabei ist nie nur das Individuum im Blick, sondern auch der Kontext bzw. die Kontextbedingungen, in denen es sich bewegt. Das System wirkt auf das Individuum zurück und umgekehrt. Stellen wir uns das System wie ein Mobile vor: Jede Veränderung an einer Stelle im System wird sich auf das gesamte System auswirken.

c) Für die *Methodik* der Beratung ergeben sich folgende Grundsätze:

Musterbeobachtung und Impulse zur Beibehaltung, Erkennung oder Verstörung von Mustern:
Wenn Systeme sich autopoietisch und homöostatisch regeln, gilt es, ihre Muster einerseits zu beobachten und andererseits Fragen und Hypothesen zu Problemmustern und Auswirkungen des Problems (sowie zu Auswirkungen des *Fehlens* des Problems) beizusteuern sowie alternative Ideen zur Problemlösung anzuregen. Damit soll dazu beigetragen werden, die Ressourcen des Systems zu stärken und das System zur Nutzung seiner Selbststeuerungskräfte anzuregen. Dies kann z.B. in den nachfolgend beschriebenen Schritten geschehen.

Schritt 1: Zwischen Veränderung und Beharrung abwägen

Gute Gründe für das Problem: Ehe voreilig auf eine Veränderung von Problemmustern hingearbeitet wird, ist es sinnvoll, nach guten Gründen für die Beibehaltung des Problems zu fragen. Denn Veränderungen wollen (weil sie sich auf das ganze System auswirken) gut überlegt sein. Wir erinnern uns an das oben beschriebene schulverweigernde Kind: Jedes Verhalten oder Symptombild, das Ihnen eine Klientin zeigt, und scheint es auch noch so verrückt, ist innerhalb des Kontextes, in dem es ausgebildet wurde, sinnvoll (vgl. o.) – das führt zu der paradoxen Annahme: Probleme sind Lösungen! Das »Problem«-Verhalten des Kindes war seine Lösung für ein sehr viel schwerer wiegendes Problem (nämlich die befürchtete Trennung der Eltern). Es kann sinnvoller sein, ein Problem beizubehalten, als sich durch dessen Lösung ein größeres »Problem hinter dem Problem« einzuhandeln.

Ausnahmen vom Problem, Gutes neben dem Problem: In keinem System, auch in keinem Problemfall ist *alles* schlecht. Um einer Problemtrance zu entgehen und vorhandene Ressourcen zu stärken, empfehlen sich immer auch die Fragen nach *Ausnahmen* vom Problem (es ist nicht *immer* da – *wann* nicht, *wo* nicht, *bei wem* nicht, *unter welchen Umständen* nicht, was ist *statt dessen* da, wenn das Problem nicht da ist, etc.)? Weiterhin empfiehlt sich i.S. der Lösungsorientierung generell danach zu fragen, was *gut* läuft und was unbedingt so weitergehen soll wie bisher, und was jetzt schon besser gelingt als Anderes.

Preis-/Gewinn-Bilanz: Ob Veränderungen wirklich wünschenswert sind, können KlientInnen für sich herausfinden, indem man sie zu einer Preis-/Gewinn-Bilanz anregt, z.B. so: »Angenommen, das Problem wäre nicht nur schlecht, sondern auch für irgendetwas gut – was könnte das sein? Angenommen, das Problem wäre nicht mehr da – was wäre dann stattdessen? Woran würden Sie es merken? Wer würde es noch merken, und woran? Wie muss ich mir das genau vorstellen?

Schritt 2: Musterbeobachtung, Musterverstärkung, Musterunterbrechung und -verstörung

In der systemischen Beratung bildet man Hypothesen über die Spielregeln oder »Muster«, nach denen die KlientInnen ihr Problemverhalten herstellen und versucht, diese durcheinander zu bringen, z.B. durch folgende Methoden:

»Paradoxe Intervention«:[24] Bei der so genannten paradoxen Intervention handelt es sich um die beraterische Anregung, das Problem zu verstärken. Diese Methode zielt darauf ab, dass KlientInnen das Problem in seinen Auswirkungen deutlicher erleben und sowohl ihre eigenen Beiträge zur Problementstehung als auch ihre möglichen Beiträge zur Problemlösung sinnenfällig erkennen können. Der Einsatz solcher paradoxer Interventionen ist besonders dann sinnvoll, wenn KlientInnen sich noch nicht zwischen ihren Beharrungs- und Veränderungswünschen entscheiden konnten, z.B. weil sie befürchten, es könnte zu schwierig sein, ihr Problem zu lösen.

Beispiele:
Eine Mutter lässt ihre hilflose Wut auf ihren Mann immer wieder am ältesten Sohn aus. Der Berater verordnet ihr, den Sohn eine Woche lang nur noch mit dem Vornahmen ihres Ehemannes anzusprechen. Die Frau erlebt, dass sie den Sohn nicht anstelle des Mannes ansprechen möchte.
Ein Klient möchte seit Jahren an Gewicht abnehmen und schafft es nicht, obwohl das Übergewicht mittlerweile starke Gesundheitseinschränkungen verursacht. Die Beraterin verordnet ihm, innerhalb der nächsten drei Wochen genau zwei Kilogramm zuzunehmen. Der Klient erlebt bei der intentionalen Gewichtszunahme, dass er sein Gewicht kontrollieren (also auch intentional reduzieren) kann.

24 Nach der o.a. Regel »Kooperation statt Intervention« sollte dieser Methodenschritt vielleicht eher »Paradoxe Anregung«, »Paradoxer Beitrag« o.ä. genannt werden. Die Systemische Beratung übernimmt hier aber Begriff und Methode, wie sie von Viktor Frankl schon 1929 eingeführt wurden, vgl. *Frankl, Viktor E.*, Theorie und Therapie der Neurosen, in: Der Mensch vor der Frage nach dem Sinn, München [11]1999, 118ff.

Dekonstruktion nicht hilfreicher und Konstruktion hilfreicher Muster: Ein häufig verwendetes Problem-Muster in Beziehungskonflikten sind Schuldzuweisungen in Gestalt linearer Ursache-Wirkung-Erklärungen: Weil du so bist, wie du bist, kann ich nicht sein, wie ich sein will; weil du dich so verhältst, wie du dich verhältst, kann ich mich nicht so verhalten, wie ich mich verhalten will; etc. Aus Sicht von Systemtheorie und Konstruktivismus sind derartige lineare Kausalketten unsinnig und nicht hilfreich, weil die Teile eines Systems sich immer in Wechselwirkungen gegenseitig beeinflussen. Beraterisch bietet sich an, solche nicht hilfreichen Konstruktionen zu unterbrechen und alternative Konstruktionen anzuregen.

Beispiel:
In eine Paarberatung sagt der Partner: »Immer bist du so mürrisch«, die Partnerin: »Nie hast du Zeit für mich, immer ist dir alles Andere wichtiger.« Sie erklärt: »Ich bin so mürrisch, weil du dich mir immer entziehst.« Er erklärt: »Ich entziehe mich dir, weil du immer so mürrisch bist.«
In diesem Fall könnte es hilfreich sein, das nicht hilfreiche Muster vorwurfsvoller Kausalverknüpfung zu unterbrechen und zum alternativen Gebrauch der »VW-Regel« anzuregen: Verwandle deinen *V*orwurf in einen *W*unsch.[25] Die Partnerin könnte z.B. sagen: »Ich möchte, dass du dir Sonntags Zeit dafür nimmst, dass wir zusammen etwas unternehmen.« Der Partner könnte z.B. sagen: »Ich brauche ab und zu Zeit für mich selbst. Ich möchte am Samstagnachmittag allein in meinem Hobbykeller werkeln.«

> Merke: Wenn etwas nicht funktioniert, tu' nicht mehr desselben, sondern entdecke, unterbrich und (ver)störe Problemkreisläufe.

Eine weitere Methode, die der Verstörung unsinniger, linear-kausal konstruierter Problemdefinitionen dient, ist die zirkuläre Fragetechnik, durch die in immer neuen Schleifen die Sichtweisen anwesender oder nicht anwesender Dritter einbezieht (»Was glauben Sie, wie würde X das sehen? Was würde Y dazu sagen? Was meinen Sie, denkt A, wie B das sieht? Etc.)

Schritt 3: Konstruktion erwünschter Zukunft

Wenn- und Wunder-Fragen:
Wird eine Veränderung angestrebt, helfen »Wenn- und Wunderfragen«, die Konstruktion der erwünschten Zukunft anzuregen und deren Erreichung bereits im (vorweggenommenen) Erleben zu verankern – einen ähnlichen Vorgang können wir neutestamentlich in Mt 9,29 beobachten, wo Jesus sagt: »Dir geschehe, wie du geglaubt hast«.

[25] Die VW-Regel ist eine der 15 Interventionsregeln nach *Prior, Manfred*, Mini-Max-Interventionen. 15 minimale Interventionen mit maximaler Wirkung, Heidelberg ^{8}2009.

Beispiele für Fragen, die zur Konstruktion erwünschter Zukunft und zu deren antizipierter Verankerung im Erleben anregen, sind: Wenn das Problem gelöst ist, was ist dann anders? (Ersatzweise bietet sich die »Wunder-Frage« an: Stellen Sie sich vor, Sie wachen übermorgen auf und stellen fest, ein Wunder ist geschehen, eine Fee war da, und das Problem ist verschwunden – wie wird das sein?) Woran werden Sie das merken? Wer wird es noch merken und woran? Wie wird es sich anders anfühlen als jetzt? Wie werden Sie innerlich zu sich sprechen? Was werden Sie anders machen?«, etc. Eine ähnliche Funktion haben religiöse Utopien und Verheißungen (vgl. etwa Ps 126 oder Offb 21,21ff).

Symbolische Kommunikation:
Da Wirklichkeitssichten rekursiv und kommunikativ konstruiert werden (vgl. o.), liegt es nahe, an wichtigen Stellen im Beratungsprozess Geschichten und Symbole etc. kommunikativ einzusetzen, die dazu anregen, Perspektiven zu wechseln und Wirklichkeit neu zu konstruieren (Morgenthaler nach White/Epston).[26] Hier haben pastoralpsychologische BeraterInnen besondere Stärken, denn sie haben mit der biblisch-christlichen Tradition einen großen *materiellen* Fundus paradigmatischer Symbolgeschichten zur Verfügung; und sie sind – was m.E. der bedeutendere Bestandteil pastoralpsychologischer Kompetenz ist – *methodisch* in der kommunikativen Verwendung dieser und anderer symbolischer und narrativer Materialien geschult, d.h. sie können hermeneutisches Material aus dem christlich-jüdischen und aus jedem anderen Referenzrahmen methodisch einsetzen, um lebensvergewissernde und hilfreiche Wirklichkeitskonstruktionen anzuregen.

Beispiel:
Die Klientin ist missbraucht und misshandelt worden. Sie schämt sich. Sie sieht sich selbst als beschmutzt und wertlos an. Die Beraterin nimmt einen 100-Euro-Schein aus ihrer Geldbörse und legt sie vor der Klientin auf den Tisch. »Was ist der Wert dieser Banknote?«, fragt sie die Klientin. Nach dem diese geantwortet hat, nimmt die Beraterin den Schein, zerknüllt ihn, wirft ihn auf den Fußboden und trampelt darauf herum. Sie hebt ihn wieder auf, entfaltet ihn, streicht ihn auf dem Tisch vor der Klientin glatt und fragt sie erneut: »Was ist der Wert dieser Banknote?«

Grundschritt Kontraktbildung:
Vorgängig und immer wieder begleitend zu allen genannten methodischen Schritten ist in der systemischen Beratungsarbeit Auftragsklärung bzw. die Kontraktbildung. Wobei genau soll die Beraterin behilflich sein? Für den Beratungsprozess sollen realistische und überprüfbare Ziele für den Beratungsprozess vereinbart werden: Was wollen

26 Vgl. *Morgenthaler, Christoph*, Systemische Seelsorge. Impulse der Familien- und Systemtherapie für die kirchliche Praxis, 2., durchges. und erg. Aufl., Stuttgart 2000, 20ff.

die KlientInnen mit der Hilfe der Beratung erreicht haben, wenn die Beratung erfolgreich abgeschlossen sein wird? Was soll sich wie (qualitativ) und um wie viel (quantitativ) verändern? Wo auf einer Skala von 1–10 sieht die Klientin sich mit ihrer Zielsetzung jetzt, wie weit will sie auf einer Skala von 1–10 mit Hilfe der Beratung kommen, und woran wird sie den Erfolg messen? Im Verlauf des Beratungsprozesses ist immer wieder zu evaluieren, ob man sich noch auf dem angestrebten Weg befindet, wie weit man gekommen ist und ob die Richtung noch stimmt oder neu vereinbart werden muss – denn die systemische Beraterin arbeitet *nie ohne Auftrag und Mandat* ihrer KlientInnen. Da hält sie es ganz mit der Frage Jesu: »Was willst du, das ich dir tue?« (Mk 10,46).

Literatur

Foerster, Heinz von, Über das Konstruieren von Möglichkeiten [1973], in: *ders.*, Wissen und Gewissen: Versuch einer Brücke, Frankfurt a.M. 1993, 25–49

Gerkin, Charles V. / Schibler, Gina, Religiös-existentielle Beratung. Eine Einführung, Stuttgart/Berlin 2002

Luhmann, Niklas, Soziale Systeme. Grundriss einer allgemeinen Theorie, Frankfurt a.M. 1984

Morgenthaler, Christoph, Systemische Seelsorge. Impulse der Familien- und Systemtherapie für die kirchliche Praxis, 2., durchges. und erg. Aufl., Stuttgart 2000

Prior, Manfred, MiniMax-Interventionen. 15 minimale Interventionen mit maximaler Wirkung, Heidelberg ^{8}2009

Schlippe, Arist v. / Schweitzer, Jochen, Lehrbuch der systemischen Therapie und Beratung, Göttingen 1996, ^{9}2003

De Shazer, Steve, Patterns of Brief Family Therapy. An Ecosystemic Approach, New York 1982, deutsche Ausgabe: Muster familientherapeutischer Kurzzeit-Therapie. Aus dem Amerikanischen von Theo Kierdorf, Paderborn ^{2}1997

Satir, Virginia / Stachowiak, James / Taschman, Harvey A., Praxiskurs Familientherapie. Die Entwicklung individuellen Gewahrseins und die Veränderung von Familien, Paderborn 2000

Watzlawick, Paul (Hg.), Die erfundene Wirklichkeit. Wie wissen wir, was wir zu wissen glauben? Beiträge zum Konstruktivismus, München, Neuausgabe 1985

Welker, Michael, Theologie und fundamentale Systemtheorie: Luhmanns Religionssoziologie in theologischer Diskussion, Frankfurt a.M. 1985

Schmidt, Siegfried J., Der Diskurs des radikalen Konstruktivismus, Frankfurt a.M. 1987

Systemische Seelsorge[27]

Systemische Seelsorge orientiert sich an Paradigmen systemischer Therapie und Beratung. Anders als die großen Beratungsmodelle früherer Generationen fußen diese nicht auf dem Gedankengut einzelner Gründer-Väter, sondern auf vielfältigen Beratungsansätzen, die seit etwa Mitte der achtziger Jahre im Anschluss an Systemtheorie und Konstruktivismus[28] parallel zueinander in verschiedenen Therapie-Zentren in aller Welt entwickelt wurden. Einige der HauptvertreterInnen aus USA sind u.a. Virginia Satir, Paul Watzlawik und Steve de Shazer; aus Deutschland sind u.a. Kurt Ludewig, Helm Stierlin und Arist von Schlippe zu nennen.[29]

Dass SeelsorgerInnen sich therapeutische Methoden zu Eigen machen, ist nicht neu. Schon seit den späten sechziger und den siebziger Jahren des 20. Jahrhunderts hatte die aus USA und NL importierte *Seelsorgebewegung* die Poimenik (d.h. die Seelsorgelehre) in Deutschland do-

27 Bei diesem Beitrag handelt es sich um Ausarbeitungen eines unveröffentlichten Vortrags, den ich im April 2008 im Rahmen des »Forums Seelsorge« an der Evangelischen Fachhochschule Rheinland-Westfalen-Lippe in Bochum gehalten habe.

28 Als Begründer des Konstruktivismus gelten *Heinz von Foerster, Humberto Maturana* und *Ernst von Glasersfeld;* im sozial- und beratungswissenschaftlichen Bereich sind als Vertreter des Konstruktivismus vor allem rezipiert worden: *Watzlawick, Paul,* Wie wirklich ist die Wirklichkeit?, München [12]1984; *Luhmann, Niklas,* Soziale Systeme. Grundriss einer allgemeinen Theorie, Frankfurt a.M. [13]2005; *Varela, Francisco,* Der mittlere Weg der Erkenntnis. Die Beziehung zwischen Ich und Welt in der Kognitionswissenschaft – der Brückenschlag zwischen wissenschaftlicher Theorie und menschlicher Erfahrung, Bern u.a. 1992. Weitere grundlegende Beiträge der Genannten sind gesammelt in: *Schmidt, Siegfried J.*, Der Diskurs des radikalen Konstruktivismus, Frankfurt a.M. 1987.

29 *Satir, Virginia* , Kommunikation. Selbstwert. Kongruenz. Konzepte und Perspektiven familientherapeutischer Praxis, Paderborn [7]2004; *de Shazer, Steve,* Patterns of Brief Familiy Therapy. An Ecosystemic Approach, New York 1982 (dt. Ausgabe: Muster familientherapeutischer Kurzzeit-Therapie, Paderborn [2]1997); *ders.*, Wege der erfolgreichen Kurztherapie, Stuttgart 1989. *Ludewig, Kurt,* Einführung in die theoretischen Grundlagen der systemischen Therapie, Heidelberg 2005; *Schlippe, Arist von / Schweitzer, Wolfgang,* Lehrbuch der systemischen Therapie und Beratung, Göttingen, 3., durchges. Aufl. 1997; *Stierlin, Helm,* Ich und die anderen. Psychotherapie in einer sich wandelnden Gesellschaft, Stuttgart 1994.

miniert. Dieser Entwicklung ist es zu verdanken, dass SeelsorgerInnen heute oft sehr gut beraterisch ausgebildet sind und ihre Arbeit eine professionelle Qualität hat, die dem Vergleich mit anderen helfenden Berufen standhält.[30] Auf dem Weg eines psychotherapeutischen Qualifizierungsschubs für die Seelsorge waren programmatische Buchtitel wie »Seelsorge als Gespräch« (Joachim Scharfenberg, 1972) oder »Wahrnehmen und Annehmen« (Dietrich Stollberg, 1978) sowie die Gründung der Deutschen Gesellschaft für Pastoralpsychologie als Fachverband für Seelsorge, Beratung und Supervision (1972) Meilensteine. Immer wieder wurden neue psychotherapeutische Verfahrensweisen in die pastoral-psychologische Seelsorge und Supervision übernommen: zuerst gesprächspsychotherapeutische Verfahren nach Carl Rogers in die »Klienten-« bzw. »Personenzentrierte« oder »Beratende« Seelsorge, dann tiefenpsychologische Paradigmen und psychoanalytische Verfahren nach Sigmund Freud und Carl Gustav Jung in die »Analytische« Seelsorge, weiter psychodramatische und gestaltpsychotherapeutische Ansätze nach Jacob Levy Moreno und Fritz Perls in die »Gestalt«-Seelsorge.[31] SeelsorgerInnen sind heute in der Regel psychologisch versiert; zu den Minimalstandards ihrer Ausbildung gehören Basismethoden der Gesprächspsychotherapie wie z.B. aktives Zuhören, Empathie, Spiegeln sowie psychoanalytische Grundtechniken wie gleichschwebende Aufmerksamkeit, Anregung zum freien Assoziieren, Arbeit mit Übertragungen, Erinnern-Wiederholen-Durcharbeiten nach Sigmund Freud.

Seelsorge soll nach den Konzepten der Seelsorgebewegung die bedingungslose Annahme des Menschen durch Gott im Seelsorgegeschehen erfahrbar machen. Sie soll emanzipatorisch, befreiend wirken. Sie soll die Subjektwerdung, die Rekonstruktion von Lebensgeschichten und die Identitätsentfaltung ihrer KlientInnen befördern.

Aber, und hier setzen Kritik und Neuerungen systemischer Seelsorgeentwürfe an:

Die Beratungskonzepte der Seelsorgebewegung waren einseitig und fast ausschließlich auf das Individuum orientiert. Wenn Seelsorge sich aber ausschließlich als Sorge um den einzelnen Menschen versteht, lässt sie die Wechselwirkungen von Subjekt und System außer Acht;

30 Das gilt mindestens für diejenigen, die ein spezielles Seelsorge-Pfarramt in Krankenhäusern, Heimen, Gefängnissen, Polizei-, Militär- oder Notfallseelsorge haben – ihnen wird in der Regel eine pastoralpsychologische Zusatzausbildung abverlangt. In vielen evangelischen Landeskirchen sind pastoralpsychologische Seelsorgekurse inzwischen aber auch als Pflichtbestandteile des Vikariats (also der zweiten Ausbildungsphase von PfarrerInnen) obligatorisch und als Bausteine von Fort- und Weiterbildungen im Amt üblich, so dass auch GemeindepfarrerInnen oft über eine solide Gesprächsführungsausbildung verfügen.

31 Die verschiedenen Fachrichtungen sind in den verschiedenen Sektionen der Deutschen Gesellschaft für Pastoralpsychologie (DGfP)abgebildet.

sie verkennt, dass Problemlagen oft durch familiäre, milieu- oder arbeits- oder gesellschaftlich bedingte Strukturen beeinflusst und deshalb nicht auf der individuellen Ebene zu lösen sind. Sie vernachlässigt, dass Einzelne immer in mannigfachen sozialen und gesellschaftlichen Kontexten stehen und von deren Mechanismen rückbetroffen sind. Arbeiten nicht SeelsorgerInnen an Scharnierstellen sozialer Systeme wie Familien, kirchlichen und politischen Gemeinden und Einrichtungen wie Krankenhäusern, Heimen, Gefängnissen? Müssen sie nicht die Beziehungsgeflechte und die strukturellen Kontextbedingungen in diesen Systemen beachten?

Neuere systemische Seelsorgeansätze beziehen sie ein. Ihre erkenntnistheoretischen Voraussetzungen und methodischen Grundsätze wurden im voranstehenden Beitrag in diesem Band bereits erläutert; ebenso einige methodische Grundsätze systemischer Beratung im Allgemeinen. Nachstehend werden einige Ansätze neuerer, systemisch orientierter *Seelsorge*entwürfe kritisch würdigend erörtert (ausschließlich zusammenhängende Monografien aus dem deutschsprachigen Raum, keine Aufsätze und Sammelbände). Abschließend wird in Konzeption und Methodik des seelsorglichen Kurzgesprächs nach Timm Lohse (Seelsorge in 10 bis 20 Minuten) eingeführt, die mir für viele Standardsituationen alltäglicher Seelsorgepraxis besonders geeignet erscheint.

1. Isolde Karle, heute Professorin für Praktische Theologie an der Ruhr-Universität Bochum, war 1996 in Deutschland meines Wissens die erste, die in Form einer Monografie einen systemischen Seelsorgeentwurf vorgelegt hat. Das Verdienst ihrer Dissertation mit dem Titel »Seelsorge in der Moderne. Eine Kritik der psychoanalytisch orientierten Seelsorgelehre«[32] liegt darin, dass sie über *psychologische* Paradigmen hinaus nun *soziologische* Erkenntnisse für die Seelsorgelehre rezipiert, nämlich die systemtheoretische Gesellschaftsanalyse Niklas Luhmanns. Karle betreibt also quasi eine »soziologische Aufklärung« der Seelsorge:
Die einseitige Fokussierung der psychoanalytisch orientierten Seelsorge auf die Lebensgeschichte und auf die Identität eines Menschen sei problematisch, denn:

- Biografien seien ständig (im Moment der Erzählung) neu hergestellte *Konstrukte* von Realität, nichts Gegebenes oder Konstantes.
- Das hochbürgerliche Persönlichkeitsideal der gut integrierten Persönlichkeit sei in einer funktional ausdifferenzierten Gesellschaft mit segmentierter und widersprüchlicher Alltagswelt immer weni-

32 *Karle, Isolde*, Seelsorge in der Moderne. Eine Kritik der psychoanalytisch orientierten Seelsorgelehre, Neukirchen-Vluyn 1996. Vgl. auch *dies.*, Pastorale Kompetenz, in: Pastoraltheologie 89, 2000, 508–523.

ger realistisch und lebbar; vielmehr sei eine multiple Persönlichkeit gefordert (und gesundheitsförderlicher), die sich in den verschiedensten Rollen bewegen könne. Durch multiple Ansprüche aus verschiedenen Teilsystemen der Gesellschaft sei das Individuum immer wieder anders gefordert. Es sei nicht mehr eindeutig, wer man sei – stattdessen solle man einen schöpferischen Pluralismus bejahen (»Patchwork-Identität«).

- Die Psychoanalyse führe alles Soziale auf Psychisches zurück und verstärke eine ständige Selbstthematisierung – die mache aber gerade »krank«. Stattdessen solle das Individuum von narzisstischen Fixierungen entlastet werden.
- Das archäologische Vorgehen der Psychoanalyse und deren einlinige Kausalverknüpfungen (frühkindliche Konflikte als Ursachen späterer psychischer Störungen) seien aus systemtheoretischer Sicht abzulehnen.
- Nicht Mutter und Vater seien lebenslängliche Schicksale, sondern Strukturen der Gesellschaft. Man habe stärker die gesellschaftsstrukturelle Seite individueller Problemlagen zu berücksichtigen.

Die Stärke der Arbeit liegt in den analytischen und rezeptiven, nicht aber in den praxisbezogenen Teilen. Hier gerät Karles Buch zum Generalangriff auf eine psychotherapeutisch qualifizierte Seelsorge, und sie konstruiert m.E. falsche Alternativen: Seelsorge dürfe sich nicht länger einer unkritischen Subjektbezogenheit hingeben und sich nicht mehr an der Individualität der Ratsuchenden orientieren, sondern *statt dessen* am christlichen Glauben. Die Seelsorge solle wieder, wie schon von D.F.E. Schleiermacher (1768–1834) empfohlen, auf Kirche und Gemeinde als Ganze *anstatt* auf einzelne Menschen bezogen werden. Seelsorge habe religiöse Kommunikation zu sein, *anstatt* sich an andere, säkulare Angebote anzulehnen (gemeint sind psychologische Beratungsangebote); von diesen habe sie sich vielmehr möglichst stark zu unterscheiden.[33]
Diese Polarisierungen scheinen mir in die Irre zu führen. Die von Karle geforderte Perspektiverweiterung, nämlich hin zu einer Einbeziehung soziologischer und systemtheoretischer Erkenntnisse in die Seelsorgelehre, ist sinnvoll. Aber Psychologie und Soziologie bieten sich als einander ergänzende und nicht als einander ausschließende Partnerwissenschaften der Praktischen Theologie an. Individualität und Sozialität, Text und Kontext, Säkularität und Religiosität sind komplementäre und nicht alternative Perspektiven der Praktischen Theologie und ihrer Teildisziplin, der Poimenik.

33 *Karle* übersieht dabei, dass es sich auch bei den von ihr rezipierten systemischen Interventionsstrategien zur Musterunterbrechung in dysfunktionalen Familien um solche säkularen Angebote psychologischer Beratung handelt.

Im konzeptionellen Ausblick ihrer Arbeit kommt Karle zu überraschend traditionalistisch wirkenden Empfehlungen: Pastorale Hausbesuche seien zu fördern. Jedes »zufällige« Gespräch auf der Straße könne auch Seelsorge sein. SeelsorgerInnen sollten sich an den sozialen Erwartungen orientieren, die die Gemeinde an ihre Berufsrolle stellt: nämlich, dass der Pfarrer / die Pfarrerin als GesprächspartnerIn vor Ort erreichbar, verlässlich, glaubwürdig und bereit zur Übernahme von Verantwortung für gesellschaftlich relevante, anspruchsvolle Sachthematiken sein soll. Dabei bildeten *»kommunikative Kunstregeln* für die vielen verschiedenen Begegnungssituationen und Kontaktsteuerungsmöglichkeiten des Gemeindelebens« die notwendigen seelsorglichen *Kompetenzen:* nämlich die schon von Schleiermacher benannten Tugenden *»Takt, Güte und Höflichkeit«*, die »von grundlegender Bedeutung für das Entstehen von Vertrauen« seien.[34]
Karles Empfehlung eines im vorvergangenen Jahrhundert sozial erwarteten Kommunikationsstils kann man nur bedingt als ein methodisch reflektiertes Seelsorgekonzept bewerten. Im Vergleich zu den methodisch qualifizierten Gesprächsführungskonzepten der Seelsorgebewegung (und übrigens auch im Vergleich zu systemischen Beratungskonzepten) handelt es sich hier eher um einen Rückschritt als um eine bessere Alternative.
Weiterführend scheint mir dagegen eine Anregung, die Karle eher am Rande gibt: dass nämlich in der Seelsorge biblische Geschichten und Symbole als Potential genutzt werden können, um unsere Voorannahmen über die Welt produktiv zu (ver)stören, Perspektivwechsel und alternative Sichtweisen einzuführen – man denke etwa an die Umwertung der Werte in messianischen Weissagungen im AT oder an überraschende Wendungen in Wundererzählungen und Gleichnissen des NT. Leider entfaltet Karle diese Anregung sehr wenig.

2. Peter Held, erst Klinikpfarrer, dann selbstständiger Organisationsberater in Darmstadt, rezipiert in seiner Monografie »Systemische Praxis in der Seelsorge« aus dem Jahr 1998 (es handelt sich ebenfalls um eine Dissertation) Helm Stierlins Heidelberger Modell der Systemischen Familienberatung für die Seelsorge. Dabei liegt sein Schwerpunkt auf der Darstellung der systemischen Hermeneutik und auf der Frage, wie kompatibel diese mit seelsorglicher resp. christlich-theologischer Hermeneutik ist. Überschneidungen sieht er in der Anthropologie und in der Ekklesiologie, also im Menschen- und im Kirchenbild:

»Seelsorge ist eine ... Dienstleistung im Kontext der Kirche, um Menschen in ihrem Prozeß der ›bezogenen Individuation‹ (diesen Begriff übernimmt Held von Stierlin, Anm. der Vf.in) zu unterstützen und zu begleiten. Mit der biblischen Metapher vom Leib Christi zeigt sich die christliche Kirche exemplarisch als Organi-

[34] Vgl. *Karle*, 2000, 214f.

sation, in der Menschen als individuelle Persönlichkeiten mit unterschiedlichen Begabungen friedlich koexistieren und füreinander und für Menschen in der Gemeinschaft sorgen. Kirche kann darüber hinaus … als offenes System verstanden werden, das sich weiterentwickelt und von Menschen weiter aufgebaut werden kann.«

Nach Held verkoppeln sich im Seelsorgegespräch also zwei Aspekte: Der Seelsorger als Agent des Systems Kirche unterstützt das Rat suchende Individuum dabei, sich als unverwechselbares Geschöpf Gottes zu entwickeln. Umgekehrt wird der so unterstützte Mensch das System Kirche durch den Beitrag seiner Persönlichkeit dabei unterstützen, sich als Organisation weiter zu entwickeln. Das Ziel des Beratungsprozesses ist nach Held »bezogene Individuation«, d.h.: Der Einzelne kann sich in der ihm angemessenen Weise zu *demjenigen* unverwechselbaren Glied des Leibes Christi entwickeln, das seiner Individualität entspricht.
Helds Arbeit zeichnet sich durch ihre theologische Redlichkeit aus, lässt aber ebenfalls (wie die von Karle) den Praxisbezug vermissen. Sie liest sich eher wie der Versuch, die Systemische Familientherapie theologisch zu rechtfertigen, salopp gesagt: zu »taufen«. Als *einziges* Anwendungsbeispiel beschreibt Held den Hausbesuch eines Pfarrers bei der Familie einer Konfirmandin: Dort versucht der Pfarrer angesichts der Magersucht ihres Bruders kleine familientherapeutische Interventionen. Ich beschreibe das nicht näher, weil Held mit der Methode des Genogramms arbeitet, die ich hier nicht eingeführt habe.

3. Christoph Morgenthaler hat im Jahr 1999 das umfangreichste Werk zur Systemischen Seelsorge vorgelegt. Morgenthaler, inzwischen Professor für Praktische Theologie an der Universität Bern, erzählt, wie er als Schweizer Gemeindepfarrer quasi ein systemisches Bekehrungserlebnis hatte: In seiner Gemeinde erschoss ein Familienvater seine beiden Töchter, seine Frau und sich selbst. Morgenthaler hatte zuvor als Gemeindepfarrer mit allen Familienmitgliedern zu tun gehabt. Er kümmert sich nach dem tragischen Ereignis seelsorglich um den Polizisten, der als erster am Tatort war, um den Vater des Täters und die Eltern der erschossenen Ehefrau, spricht mit Nachbarn, sucht in der Familiengeschichte und in der Firma des Täters nach Ursachen – wie konnte es zu der Tat kommen? Hätte er, hätte die Gemeinde eingreifen und sie verhindern können?
Nach diesem Ereignis wendet Morgenthaler sich der systemischen Familientherapie zu. Er sieht seine Aufgabe als Gemeindepfarrer fortan darin, Familiensysteme über mehrere Generationen hinweg familientherapeutisch zu begleiten, und zwar vorwiegend im Rahmen der Kasualseelsorge, also anlässlich von Taufen, Trauungen, Konfirmationen und Bestattungen.

Er verpflichtet sich keiner bestimmten systemischen Schule, sondern führt eklektisch die verschiedensten Ansätze und Methoden zusammen. Als spezifisch seelsorgliches Element führt er das Gespräch über das jeweilige »Familiencredo« der KlientInnen ein. Dieses will er jeweils mit biblischen Gerechtigkeitsvorstellungen konfrontieren. Sein Ziel ist, Familien zu einem generationenübergreifend »beziehungsgerechten« Verhalten zu inspirieren.
Morgenthalers Buch ist erfahrungsgesättigt: Es bietet eine Fülle von möglichen Methoden der Familienseelsorge; es beschreibt ganze Serien von z.T. über Jahre verteilten Besuchen in Familien. Es handelt sich um den methodisch am stärksten ausdifferenzierten Entwurf einer systemischen Seelsorgelehre. Diese Stärke ist zugleich die Schwäche des Ansatzes: Wer keine umfangreiche systemisch-therapeutische Ausbildung hat, wird den komplexen methodischen Verästelungen von Morgenthalers pastoraler Familientherapie kaum folgen, geschweige denn sie in eigene pastorale Praxis umsetzen können. Für Seelsorgerinnen, die in systemischer Therapie und Beratung vorgebildet sind, ist dieses Buch aber ein wertvolles Kompendium seelsorglicher Anwendungsbezüge.

4. Timm Lohse: Methodisch klar fokussiert und daher leicht nachvollziehbar ist der jüngste zusammenhängende Ansatz systemischer Seelsorge, nämlich »Das Kurzgespräch in Seelsorge und Beratung – eine methodische Anleitung« (2003) nach Timm Lohse, Pastor in Bremen.[35] Lohse hat ihn gemeinsam mit dem Freiburger Seelsorge-Professor Christoph Schneider-Harpprecht entwickelt. Die beiden bauten dabei auf ihre Erfahrungen in der Seelsorge-Ausbildung von Studierenden und VikarInnen auf und haben das Konzept in zahlreichen Fort- und Weiterbildungslehrgängen am Evangelischen Zentralinstitut für Familienberatung in Berlin erprobt. Heute vermitteln MultiplikatorInnen diesen Ansatz weiter; z.B. schult die Badische Landeskirche ihre ehrenamtlichen und ihre hauptamtlichen SchulseelsorgerInnen flächendeckend nach dem Konzept des seelsorglichen Kurzgesprächs.

Lohse und Schneider-Harpprecht gehen (ähnlich wie schon Eberhard Hauschildt mit seinem Konzept der Alltagsseelsorge[36]) von der Beobachtung aus, dass im pfarramtlichen Alltag viele Seelsorgegespräche nicht den Idealen der »hohen«, psychotherapeutisch ambitionierten Gesprächsführung entsprechen. Es handelt sich also nicht um längere,

35 *Lohse, Timm*, Das Kurzgespräch in Seelsorge und Beratung – eine methodische Anleitung, Göttingen 2003, ^{2}2006. *Ders.*, Das Trainingsbuch zum Kurzgespräch. Ein Werkbuch für die seelsorgliche Praxis, Göttingen, 2., überarbeitete und erweiterte Aufl. 2006.
36 Vgl. *Hauschildt, Eberhard*, Alltagsseelsorge. Arbeiten zur Pastoraltheologie, Band 29, Göttingen 1996.

prozessorientierte Gespräche oder Gesprächsreihen zur verabredeten Zeit am verabredeten Ort, sondern um kurze Tür- und Angel-Gespräche bei Gelegenheit. Bei solchen beiläufigen und einmaligen Gesprächen sei keine umfassende, psychologisch vertiefende Beratung angezeigt, sondern eine kurze Hilfestellung bei einem klar abgegrenzten Problem. M.E. ist diese Grundidee überzeugend: Ein methodisches Konzept für eine Seelsorge in zehn oder 20 Minuten anzubieten, ist sinnvoll – nicht, weil »kurz«, »beiläufig« und »einmalig« *besser* wäre als »ausführlich«, »hoch« und »wiederholt«. Auch nicht, weil dadurch die »hohe« (beratende) Seelsorge abgelöst oder ersetzt werden könnte. Sondern deshalb, weil das Kurzgespräch eine häufig nachgefragte und zunehmend auch die den heutigen Bedingungen des pastoralen Dienstes[37] geschuldete *Standardsituation* der Seelsorge in Gemeinden, Krankenhäusern, Gefängnissen, diakonischen Einrichtungen, in der Schul- und Urlauberpastoral oder in anderen Seelsorgefeldern ist. Es stellt sich also nicht die Frage, *ob* Kurzgespräche ein notwendiges seelsorgliches Angebot sind, sondern *wie* auch sie methodisch so ausgestaltet werden können, dass sie dem Gesprächsanliegen der PastorandInnen und dem professionellen Qualitätsansprüchen der SeelsorgerInnen gerecht werden.

Zu den Voraussetzungen und methodischen Elementen des Konzepts im Einzelnen:
Lohse setzt voraus, dass diejenigen, die ein seelsorgliches Kurzgespräch nachfragen (»Gut, dass ich Sie gerade treffe – kann ich Sie kurz sprechen?«), die Tür- und Angel-Situation bewusst als »günstige Gelegenheit« wählen; sie erhoffen sich gerade jetzt und hier zu einem klar abgegrenzten Anliegen einen konkreten Impuls – und nicht mehr. Nach Lohse muss es in einer solchen Gesprächssituation das Ziel der Seelsorge sein, sich streng auf das benannte Anliegen der Rat suchenden Person zu begrenzen (denn nur dieses Augenblicks-Mandat hat sie erteilt!) und ihr mit möglichst wenigen Interaktionen zur Entdeckung einer selbst gewählten neuen Handlungsperspektive zu verhelfen. Diese soll auf ein von der Rat suchenden Person selbst *klar definiertes Ziel* hin führen, *ausschließlich positiv formuliert* und *realistisch* sein, d.h. innerhalb kurzer Zeit konkret umsetzbar. Dabei wird auf Smalltalk ebenso wie auf ein vertieftes Explorieren des Problems und der damit verbundenen Gefühle verzichtet. »Im Kurzgespräch soll der Klient nicht verstanden und analysiert werden; es geht um einen ersten Schritt in ein wieder befreites Leben.«[38]
Der theologische Leitgedanke dahinter ist, dass Menschen aufgrund der Rechtfertigung aus Glauben zu neuer Hoffnung und neuer Umset-

[37] Ich meine die prekäre Personalsituation besonders der evangelischen Kirchen angesichts ihrer Finanzkrise.
[38] Vgl. *Lohse*, 2003, 40.

zung ihrer geschöpflichen Freiheit und Selbstverantwortung befähigt werden sollen. Der psychologische Leitgedanke dahinter ist die systemische Annahme, dass jede kleine Veränderung des Denkens und Verhaltens dazu beitragen kann, das Problem zu lösen – wenn man an irgendeiner Stelle des Problemsystems irgendetwas *anderes* denkt oder tut als bisher, kann das positive Auswirkungen auf das System im Ganzen haben[39] (vgl. dazu die epistemologischen Ausführungen im vorhergehenden Beitrag in diesem Band).

Seine methodischen Grundsätze entlehnt Lohse der ressourcen- und lösungsorientierten Kurzzeit-Beratung nach Steve de Shazer. Die stärksten Wirksamkeitsfaktoren im Gespräch sind nach Lohse:
1. der ***Glaube der Seelsorgerin*** daran, dass eine andere, befreitere Form des Lebens möglich ist – dabei zeichnen der *Inhalt* (Rechtfertigung und Freiheit der Kinder Gottes) und die *Kraft* des Glaubens der Seelsorgenden die Beratungsform Seelsorge gegenüber anderen Beratungsformen aus;
2. die ***Hoffnung der Klientin***, ihr angesprochenes Problem könne jetzt und hier mit Hilfe der angesprochenen Seelsorgerin gelöst werden – diese Hoffnung soll die SeelsorgerIn bei der KlientIn sprachlich induzieren, stärken und deren operationale Umsetzung in konkrete Handlungsschritte fördern.
Zu arbeiten ist dann an ***Zielformulierungen*** (»Was, meinen Sie, kann Ihnen in einem kurzen Gespräch mit mir weiterhelfen?«; »Was an dieser Frage möchten Sie mit meiner Hilfe besser verstehen?«; etc.) und an ***Lösungsschritten*** (»Was müssten Sie tun, um …?«; »Wann wollen Sie das tun?«; etc.), *nicht aber* an Problemerklärungen. Im Gegenteil: aus Erzählungen über das »Problemkarussell«, in dem sich KlientInnen (und in der Folge auch SeelsorgerInnen) im Kreise drehen können, sollen SeelsorgerInnen konsequent aussteigen; das Drehen neuer Runden sollen sie – anders als in der Gesprächspsychotherapie nach Carl Rogers – direktiv (Lohse bevorzugt das Wort »aktiv«) stoppen. Ebenfalls anders als nach Rogers wird im Kurzgespräch keine Empathie geäußert; die Seelsorgerin soll ***sich erkundigen,*** d.h. im Anschluss an die mäeutische Fragetechnik des Sokrates, die Problem- und Zieldefinition der Klientin sowohl nachvollziehen als auch in Frage stellen und ggf. auf überraschende Weise ***verstören*** (zu dieser Methode vgl. a. das vorige Kapitel in diesem Band). Gefühle soll sie aber weder vertiefen noch bestätigen (»Sie wirken bedrückt«), um emotionale Abhängigkeit und Verwicklung zu vermeiden.
Der Schlüssel zur Lösung ist in den Schlüsselwörtern zu finden, die KlientInnen bei der Gesprächseröffnung benutzen – dieser ***»Sesam öffne dich«***-Code muss von Seelsorgenden sorgfältig erlauscht und

39 Vgl. de *Shazer*, 1989, 24.

möglichst wortwörtlich aufgenommen werden (Beispiele: »Ich *verstehe* das nicht« – »Was daran möchten Sie mit meiner Hilfe besser *verstehen* lernen?«; »Ich möchte nur mal *Ihre Meinung* hören« – »Wobei soll Ihnen *meine Meinung* weiterhelfen?«; »Das Ganze ist ein einziges Chaos!« – »Welchen Teil des Chaos' können Sie als erstes zum Kosmos ordnen?«). Nur so können sie bei KlientInnen ***»andocken«.*** Ebenfalls anders als in der Gesprächspsychotherapie nach Rogers wird nicht die Methode des rückwärts gewandten Feedback angewendet, sondern die des vorwärts, auf die Konstruktion einer besseren Zukuft (z.B. Phantasiereisen etc.) bzw. zukünftige neue Einstellungen und Verhaltensweisen der Klientin ausgerichteten ***»Feedforward«***. Dabei werden gezielt geschlossene ***W-Fragen*** eingesetzt, um die folgenden Schritte zu ***beschleunigen***:

- ***Ziele formen***: Man erarbeitet ein einfaches, anregendes Leitziel, das in naher Zukunft erreicht werden soll und kann; dabei werden zunächst kleinere, handhabbare Zwischenschritte formuliert. Die KlientInnen werden dazu eingeladen, Wichtiges von Unwichtigerem und Mögliches von Unmöglichem zu unterscheiden.
- ***Kraftquellen erschließen***: Wozu ist der Klient (noch) in der Lage, welche Stärken und Unterstützungsquellen materieller, sozialer und spiritueller Art stehen ihm zur Verfügung, in welche Richtung kann er gehen, um diese Ressourcen zu aktivieren?
- ***Lösungen erwirken***: Lösungen zweiter Ordnung (d.h. überraschende Änderungen der Denkrichtungen und des Lösungswegs) können wirksamer sein als Lösungen erster Ordnung, die nach dem Prinzip »mehr desselben« gewohnte Pfade beschreiten.

Die einzusetzenden *W-Fragen* lauten niemals »wieso«, »weshalb«, »warum«, sondern stattdessen:

- **W**as und
- **w**ie *wird* die Klientin / der Klient
- unter Zuhilfenahme **w**elcher Ressourcen
- **w**ann
- **w**elche Schritte unternehmen,
- **w**elche Aufgaben meistern,
- **w**elche Anstrengungen leisten,

um sein/ihr Zukunftsbild Wirklichkeit werden zu lassen?

Die Stärke dieses Ansatzes liegt in der Stringenz von Zielstellung und Methoden. Es handelt sich um ein Konzept eines in kurzer Zeit, aber methodisch qualifiziert durchgeführten und daher wirksamen Seelsorgegesprächs. Die Methodik wird auf wenige, leicht erlernbare Grundregeln der systemischen Kurzzeit-Beratung reduziert. Diese werden anhand zahlreicher Fallbeispiele hervorragend konkretisiert. Zudem bietet ein Ergänzungsband zahlreiche Methodenübungen zu Schulungs- und Trainingszwecken.

Zu Recht wird dieser Ansatz vielfach rezipiert. Bislang bestand eine konzeptuelle Lücke zwischen der methodisch ausgefeilten, aber an häufigen Standardanforderungen des seelsorglichen Berufsalltags vorbeigehenden Modellen der beratenden (also der von Hauschild so genannten »hohen«) Seelsorge einerseits und dem andererseits in der Praxis häufig nachgefragten, aber methodisch unausgereiften Konzept der »Alltagsseelsorge« (nach Hauschild). Diese Lücke hat Lohse geschlossen.

Verwendete und weiterführende Literatur:

Albrecht, Christian, Systemische Seelsorge, Therapie und Beratung im Horizont der Seelsorgekonzeption Friedrich Schleiermachers, in: International Journal of Practical Theology Vol 4, 2000, 213–252

de Shazer, Steve, Patterns of Brief Family Therapy. An Ecosystemic Approach, New York 1982 (dt. Ausgabe: Muster familientherapeutischer Kurzzeit-Therapie, Paderborn ²1997)

– Wege der erfolgreichen Kurztherapie, Stuttgart 1989

– Patterns of Brief Familiy Therapy. An Ecosystemic Approach, New York 1982 (dt. Ausgabe: Muster familientherapeutischer Kurzzeit-Therapie, Paderborn ²1997)

Emlein, Günter, Die Eigenheiten der Seelsorge. Systemtheoretische Überlegungen, in: Familiendynamik 31, Heft 3/2006, 216–239

– Grundlagen für eine systemische Konzeption der Seelsorge, in: WzM 53, 2001, 158–178

– / *Fischer, Hans Rudi*, Editorial: Systemische Seelsorge, in: Familiendynamik 31, Heft 3/2006, 213–215;

Ferel, Martin, Seelsorge als Konstruktion von Biografie, a.a.O., 240–252;

– Das systemische Verständnis von Krankheit und Heilung, in: WzM 46, 1996, 359–374

Götzelmann, Arnd, Seelsorge zwischen Subjekt und System. Die Entdeckung familientherapeutischer Ansätze in der Pastoralpsychologie, in: Praktische Theologie 35, 2000, 209–227

– Seelsorge zwischen Gesundheit und Heil. Systemische Aspekte einer theologisch verantworteten ganzheitlichen Zuwendung zum Menschen, in: *Schwendemann, Wilhelm / Götzelmann, Arnd* (Hg.), Soziale Gesundheit. Evangelische Hochschulperspektiven Band 3, 2007, 70–85

– (Hg.), Seelsorge systemisch gestalten. Konstruktivistische Konzepte für die Beratungspraxis in Kirche, Diakonie und Caritas, Norderstedt 2008

Hauschildt, Eberhard, Alltagsseelsorge. Arbeiten zur Pastoraltheologie, Band 29, Göttingen 1996

Held, Peter, Systemische Praxis in der Seelsorge, Ostfildern/Stuttgart 1998

Hézser, Gabor, Familienrekonstruktion. Eine Methode der systemischen Seelsorge und der Seelsorgeausbildung, in: *Schneider-Harpprecht, Christoph* (Hg.), Zukunftsperspektiven für Seelsorge und Beratung, Neukirchen-Vluyn 2000, 173–176

Karle, Isolde, Seelsorge in der Moderne. Eine Kritik der psychoanalytisch orientierten Seelsorgelehre, Neukirchen-Vluyn 1996

– Pastorale Kompetenz, in: Pastoraltheologie 89, 2000, 508–523

Knögel, Heike, Zwischen allen Stühlen? Möglichkeiten der Klinikseelsorge aus systemischer Sicht, in: Familiendynamik 31, 2006/3, 253–265

Lohse, Timm, Das Kurzgespräch in Seelsorge und Beratung – eine methodische Anleitung, Göttingen 2003, [2]2006
– Das Trainingsbuch zum Kurzgespräch. Ein Werkbuch für die seelsorgliche Praxis, Göttingen, 2., überarbeitete und erweiterte Aufl. 2006
Ludewig, Kurt, Einführung in die theoretischen Grundlagen der systemischen Therapie, Heidelberg 2005
Luhmann, Niklas, Soziale Systeme. Grundriss einer allgemeinen Theorie, Frankfurt a.M. [13]2005
Luther, Henning, Alltagssorge und Seelsorge. Zur Kritik am Defizitmodell des Helfens, in: WzM 21, 1996, 95–115.
Morgenthaler, Christoph, Systemische Seelsorge. Impulse der Familien- und Systemtherapie für die kirchliche Praxis, 2., durchges. und erg. Aufl., Stuttgart 2000
Patton, John / Childs, Brian H., Generationsübergreifende Ehe- und Familienseelsorge, Göttingen 1995
Pompey, Heinrich, Helfen und Heilen aus ökologisch-systemischer Sicht, in: *Deutscher Caritasverband* (Hg.), Caritas, 90. Jahrbuch des DCV, 23–35
Roser, Traugott, Das sich verändernde Selbstverständnis von Seelsorge im Kontext des Krankenhauses. Diskussionspapier für die Konferenz der Evangelischen Krankenhausseelsorge in München, 10.11.2005, www.evang-seelsorge-innenstadt.de/pdfs/konferenz.pdf
Satir, Virginia, Kommunikation. Selbstwert. Kongruenz. Konzepte und Perspektiven familientherapeutischer Praxis, Paderborn [7]2004
Schaab, Rita, Wechselspiel. Seelsorgerliche Kurzkontakte in einer dörflichen Kirchengemeinde, in: Familiendynamik 31, Heft 3/2006, 266–279
Schlippe, Arist von / Schweitzer, Wolfgang, Lehrbuch der systemischen Therapie und Beratung, Göttingen, 3., durchges. Aufl. 1997
Schmidt, Siegfried J., Der Diskurs des radikalen Konstruktivismus, Frankfurt a.M. 1987
Schneider-Harpprecht, Seelsorge als systemische Praxis. Der soziale und politische Auftrag der Seelsorge, in: WzM 55, 2003, 427–443
Stierlin, Helm, Ich und die anderen. Psychotherapie in einer sich wandelnden Gesellschaft, Stuttgart 1994
Varela, Francisco, Der mittlere Weg der Erkenntnis. Die Beziehung zwischen Ich und Welt in der Kognitionswissenschaft – der Brückenschlag zwischen wissenschaftlicher Theorie und menschlicher Erfahrung, Bern u.a. 1992
Watzlawick, Paul, Wie wirklich ist die Wirklichkeit?, München [12]1984

B. Zur Bedeutung und Verwendung von Ritualen: Mehr als Wahrnehmen und Annehmen

Zur Wiederentdeckung von religiöser Kommunikation und Ritualausübung in der pastoralpsychologischen Seelsorge[40]

»Wahrnehmen und Annehmen« und »Seelsorge als *Gespräch*« – so nannten in den siebziger Jahren des letzten Jahrhunderts die Väter der Seelsorgebewegung in Deutschland ihre Programme.[41] Joachim Scharfenberg wurde nicht müde, das kerygmatische Seelsorgekonzept (Seelsorge als Verkündigung am Einzelnen) der Vorgängergeneration zu geißeln: Hier werde, so pflegte er sich in seinen Seminaren oft polemisch auszudrücken, die seelische Not der Ratsuchenden missbraucht, um die ›Haftminen der Verkündigung‹ anzubringen. Stattdessen sollte diese Not nun um Gottes Willen ernst genommen und ihr abgeholfen werden, und zwar mit den Mitteln psychologisch und methodologisch versierter Gesprächsführung. Die pastoralpsychologische Seelsorgebewegung bekehrte sich zum Konzept einer Seelsorge als »Psychotherapie im kirchlichen Kontext« (Dietrich Stolberg) und vermied es fortan beinah schamhaft, GesprächspartnerInnen in der Seelsorge christliches Traditionsgut, religiöse und rituelle Kommunikation aufzudrängen. Wer Gebet oder Segen einsetzte, galt eher als verdächtig, die Sorgen und Nöte des Gegenübers zuzudecken und die Auseinandersetzung mit seinen Konflikten und Gefühlen zu vermeiden. Das Proprium der Pastoralpsychologischen Seelsorge war das *Psychologische*. Doch heute wird es Zeit, das *pastorale* Element der Pastoralpsychologie wieder zu entdecken und die Chancen expliziter religiöser und ritueller Kom-

40 Bei diesem Kapitel handelt es sich um die leicht überarbeitete und erweiterte Fassung eines zuerst unter dem Titel »Endlichkeit und Ewigkeit« erschienenen Beitrags in: *Kramer, Anja / Ruddat, Günter / Schirrmacher, Freimut* (Hg.), Ambivalenzen der Seelsorge. Festschrift für Michael Klessmann zum 65. Geburtstag, Neukirchen-Vluyn 2007, 103–114.

41 *Stollberg, Dietrich*, Wahrnehmen und Annehmen. Seelsorge in Theorie und Praxis, Gütersloh 1978. *Scharfenberg, Joachim*, Seelsorge als Gespräch. Zur Theorie und Praxis der seelsorgerlichen Gesprächsführung, Göttingen 1972.

munikation zu nutzen. Wie sich in einem modernen pastoralpsychologischen Seelsorgekonzept beides sinnvoll verbinden lässt: theoretisch die theologische und die psychologische Reflexion, praktisch das im psychologisch-beraterischen Sinne helfende Gespräch *und* die Verwendung christlicher Traditionen, wird im Folgenden an einem Beispiel reflektiert.

Herr H. liegt zum wiederholten Mal auf der neurochirurgischen Station. »Liegt« ist inzwischen der richtige Ausdruck: Diesmal ist Herr H. bettlägerig und kann sich nur noch mit Mühe und mit Hilfe der über dem Bett hängenden Triangel zum Sitzen aufrichten. Als ich ihn besuche, wartet er gerade auf die nächste bildgebende Untersuchung – sie soll Auskunft darüber geben, wie weit sein Hirntumor fortgeschritten ist und welche Perspektive Herr H. noch hat. Herrn H. leidet unter einem Glioblastom, einem besonders schnell wachsenden Tumor, der von den Stützzellen des Gehirns ausgeht und sich aggressiv in die Gehirnwindungen hinein verbreitet; nach und nach macht er – je nach Lage – die körperlichen und/oder mentalen Fähigkeiten der betroffenen PatientInnen zunichte.
Herr H. erzählt mir zweierlei: Er arbeite sehr hart in der Physiotherapie. Er möchte noch einmal erreichen, dass er aus seinem Bett aufstehen, selbst zur Toilette und (wenn auch gestützt) auf eigenen Füßen ins Freie außerhalb der Klinik gehen könne – wohl wissend, dass der wachsende Tumor ihm jeden Fortschritt bald wieder nehmen werde. Und: Er befürchte, dass seine Frau es nicht wahrhaben wolle. Er selbst aber wisse: Er habe nur noch wenige Monate, vielleicht Wochen zu leben, und die bevorstehende Untersuchung werde die Frist genauer eingrenzen.
Herr H. ergreift meine Hand und bittet mich: »Segnen Sie mich jetzt zum Leben und zum Sterben.«

Die Begegnung mit Herrn H. hat mich vor Jahren stark beeindruckt, weil sie mich schlagartig die Grundtatsachen seiner und meiner menschlichen Existenz und die einzig sinnvolle Konsequenz daraus begreifen ließ:
Unentrinnbar endlich ist das Leben, und früher oder später werden auch mir alle meine Möglichkeiten und Fähigkeiten genommen. Das ist grundsätzlich so, nicht erst im Angesicht des Todes – hier wird nur besonders deutlich, was ich mir sonst nicht bewusst gemacht habe. Und: Unendlich kostbar ist das ach so begrenzte Leben, und ich möchte meine endlichen Möglichkeiten auskosten und ausschöpfen, solange es (noch) geht. Sinnvoll leben heißt, an meine Grenzen gehen (so weit oder eng sie gesteckt sein mögen), um entschlossen zu ergreifen, was mir gegeben ist, bevor und bis es mir wieder genommen wird. Es heißt zugleich, mich in Beziehung zu dem über-mich-hinaus-Gehenden

zu setzen, weil nur so die eigene Begrenztheit überwunden werden kann.

»Lehre uns bedenken, dass wir sterben müssen, auf dass wir klug werden«, heißt es im 90. Psalm – »... auf dass wir ein weises Herz gewinnen«, übersetzt Martin Buber.

Herr H. hat mir das in unvergesslicher Weise vorgelebt. Es scheint paradox: Als die Grenzen seiner Möglichkeiten immer enger wurden, hat er sie am weitesten ausgeschöpft. Nah dem Tod, hat er (mehr als früher, als er weit im Leben stand) im Vollsinne gelebt, denn seine ablaufende Lebenszeit hat er nach Kräften bis zur Neige gestaltet. Mir hat Ehrfurcht eingeflößt, wie er sich in der Physiotherapie abmühte, Lebensmöglichkeiten noch einmal zu ergreifen, obwohl er wusste, dass er sie (und mehr als sie) binnen kürzester Zeit wieder würde hergeben müssen. Seiner Endlichkeit war er sich völlig bewusst. Er hat sie zugleich angenommen und überschritten, indem er sich in den Horizont der Ewigkeit gestellt hat: »Segnen Sie mich zum Leben und zum Sterben.«

Im Unterschied zu Herrn H. können viele andere von lebensbedrohlicher Krankheit erfasste PatientInnen die Situation nicht annehmen, sondern ringen mit der Frage: »Warum gerade ich?« Damit verbunden ist oft die Aussage, das Leben fühle sich nun sinnlos an, und man selbst fühle sich ihm ohnmächtig ausgeliefert.

Seelsorglich ist dann natürlich nichts anderes angemessen, als darauf einzugehen und den Prozess der Auseinandersetzung mit allem, was hier aufbricht, zu begleiten. Der Fokus liegt dabei insbesondere auf:

1. den sich damit verbindenden Gefühlen (z.B. Aufbegehren, Zorn, Depression, Einsamkeit, dem Eindruck, plötzlich isoliert vom Leben und früheren sozialen Gemeinschaften zu sein, von Gott und der Welt verlassen etc.)
2. den Beziehungsbildern (z.B. der Vorstellung, sozialfähig sei nur, wer leistungs- und funktionsfähig sei, man wolle den Zugehörigen nicht zur Last fallen etc.)
3. sowie auf den dahinter stehenden Wirklichkeitsauffassungen (z.B.: Krankheit sei Strafe für Vergehen, man habe zu bekommen, was man »verdiene«, und dies habe man nicht »verdient«, weil man sich keiner entsprechenden Schuld bewusst sei etc.). Dieser Prozess lässt sich nicht umgehen und nicht abkürzen. Das haben Theorie und Praxis der pastoralpsychologischen Seelsorge immer wieder gezeigt.[42]

42 Zu Recht wurde auch darauf verwiesen, dass der klientenzentrierte Seelsorgeansatz die protestantische Rechtfertigungslehre für den modernen Menschen wieder relevant gemacht hat – und zwar vorwiegend *implizit*, nämlich indem SeelsorgerInnen die Botschaft von der bedingungslosen Annahme des Menschen nicht

Nachdem aber die jeweiligen Impulse der PatientInnen aufgenommen und auf ihren emotionalen und wirklichkeitsdeutenden Gehalt sowie auf ihre Beziehungsaspekte hin ausgelotet sind, gehört es auch zur seelsorglichen Aufgabe, ein Gegenüber zu bieten, das Realitätsprüfung und alternative Betrachtungsweisen anregt. Mahnte die pastoralpsychologische Seelsorgebewegung noch zu großer Zurückhaltung gegenüber einer explizit religiösen Kommunikation im Seelsorgegespräch, so erlauben neuerdings systemische Gesprächsführungsansätze unter den Stichwörtern »Perspektivwechsel« bzw. »Perspektiverweiterung« wieder die Einführung spezifisch christlich-theologischer Betrachtungsweisen in den seelsorglichen Dialog.[43] Ich meine, dass es gerade im Angesicht des Todes sinnvoll sein kann, als Seelsorgerin neben psychotherapeutisch geschulter Gesprächsführung auch eine explizit religiöse Kommunikation anzubieten – sowohl i.S. des Explorierens der jeweiligen (Privat-) Theologie der PatientInnen als auch i.S. einer pastoralen Darstellung christlicher Anthropologie. Und zwar aus drei Gründen:

1. Die Kontingenzerfahrung in der Konfrontation mit dem Tod ist *formal* der eigentliche Ort der religiösen Frage. Anders gesagt (nämlich i.S. der Themenstellung »Endlichkeit und Ewigkeit«): An der Erkenntnis der eigenen Endlichkeit entsteht die Frage nach der Ewigkeit.
2. Die christliche Anthropologie ist *inhaltlich* auch heute noch realitätsgerecht und psychologisch plausibel. Anders gesagt (nämlich i.S. der Themenstellung »Endlichkeit und Ewigkeit«): Sie kann ein realistisches Verhältnis von Endlichkeits- und Ewigkeitserwartungen und dazwischen eine realistische Selbstverortung erschließen. Dabei erweist sich m.E. die Frage »Warum gerade ich?« letztlich als falsch gestellt und das Ohnmachtsgefühl als Täuschung (vgl. u.). Dies kann in befreiender Weise sowohl der »Bereitung zum Sterben« als auch dem »klug Werden zum Leben« dienen.

gepredigt, sondern in ihrem Gesprächsverhalten so vollzogen haben, dass sie exemplarisch erlebbar und damit glaubhaft wurde. Vgl. schon *Tillich, Paul,* Der Einfluß der Pastoralpsychologie auf die Theologie, in: *Wintzer, Friedrich* (Hg.), Seelsorge, Stuttgart 1978, 134–144. Zur impliziten Theologie pastoralpsychologischer Seelsorge vgl. exemplarisch auch *Stollberg, Dietrich,* Therapeutische Seelsorge. Die amerikanische Seelsorgebewegung – Darstellung und Kritik, München 1969; *Scharfenberg, Joachim*, Seelsorge als Gespräch. Zur Theorie und Praxis der seelsorgerlichen Gesprächsführung, Göttingen 1972; *Riess, Richard*, Seelsorge. Orientierung, Analysen, Alternativen, Göttingen 1973; *Eschmann, Holger,* Theologie der Seelsorge. Grundlagen, Konkretionen, Perspektiven, Neukirchen-Vluyn 2000.

43 Vgl. exemplarisch *Morgenthaler, Christoph*, Systemische Seelsorge. Impulse der Familien- und Systemtherapie für die kirchliche Praxis, 2., durchges. und erg. Aufl., Stuttgart 2000. Morgenthaler will z.B. als seelsorgliches Proprium die Frage nach dem »Familiencredo« der KlientInnen ins Gespräch einführen und dieses Familencredo (i.S. des Perspektivwechsels) jeweils mit biblischen Gerechtigkeitsvorstellungen konfrontieren. Sein Ziel ist, Familien zu einem generationenübergreifend beziehungsgerechten Verhalten zu inspirieren. Vgl. a.a.O., 133ff u.ö.

Schließlich ist die im o.a. Fallbeispiel vom Patienten gestellte spezifische Anfrage nach religiöser Kommunikation in Gestalt des Segens poimenisch auch deshalb interessant,

3. weil sie dezidiert dazu einlädt, nicht diskursiv, sondern symbolisch religiös zu kommunizieren, d.h. Seelsorge und Ritual *methodisch* zu verknüpfen. Die pastoralpsychologische Seelsorgebewegung hat von ihrem hermeneutischen Gesprächsansatz her lange Zeit auch gegenüber dem Einsatz ritueller religiöser Kommunikation eher Zurückhaltung geübt und bewirkt. Positive Impulse zu einem regelmäßigen und auch pastoralpsychologisch reflektierten Ritualeinsatz in der Seelsorge setzten erst in jüngster Zeit das Neue Evangelische Pastorale und das ihm beigegebene Handbuch.[44]
4. Die drei genannten Thesen werden nachstehend entfaltet.

ad 1) Formales: Die Kontingenzerfahrung angesichts der menschlichen Endlichkeit als Ort der religiösen Frage nach der Ewigkeit

»Ich weiß, dass ich die Kontrolle über mich verliere. Ich weiß, dass ich sterben werde. Und ich will noch, so gut ich kann, leben. Segnen Sie mich zum Leben und zum Sterben.« Ob Herr H. kirchlich sozialisiert war, habe ich nicht erfahren. Offensichtlich ist aber: Im Angesicht seines nahen Todes wurde er seiner eigenen Endlichkeit gewahr, und ihm entstand daran die Frage nach seinem eigenen Sein und nach einem Sein, das über ihn hinausgeht. Er lebte in dem Bewusstsein, dass er weder sein Leben noch sich selbst in der Hand hatte. Friedrich D.E. Schleiermacher nannte diese Tatsache bekanntlich »schlechthinnige Abhängigkeit«. Eberhard Jüngel bezeichnet sie als das »anthropologische Passiv«: Ich *werde* geboren, ich *werde* geliebt, ich muss mich auch am Ende meines Lebens in andere Hände geben.[45] Alles, was im Leben wirklich wichtig ist, kann ich nicht »machen«, ich kann es mir nicht selbst geben, sondern bin angewiesen darauf, es gegeben zu bekommen. Das zu erkennen, ist dem Menschen mit der Fähigkeit zur Selbstreflexion gegeben. Spätestens im Angesicht des Todes drängt sich diese Erkenntnis auf. Sie ist zugleich der Ausgangspunkt jeder Religiosität. Die Konfrontation mit der eigenen Endlichkeit und resp. mit der Kontingenz ist der Ort, an dem die religiöse Frage nach der Ewigkeit entsteht. In *diesem* Sinne (nicht im Sinne eines spezifischen Bekenntnisses) sind *alle* Menschen religiös, theologisch gesprochen, hat Gott »die Ewigkeit in ihr Herz gelegt« (Pred 3,11), denn:

44 Vgl. *Liturgische Konferenz* (Hg.), Neues Evangelisches Pastorale. Texte, Gebete und kleine liturgische Formen für die Seelsorge, Gütersloh 2005; *Eulenberger, Klaus / Friedrichs, Lutz / Wagner-Rau, Ulrike* (Hg.), Gott ins Spiel bringen. Handbuch zum Neuen Evangelischen Pastorale, Gütersloh 2007.

45 *Jüngel, Eberhard,* Tod, Gütersloh ^{3}1993, 80f.

»Der Ausdruck ›Religion‹ bezeichnet nicht irgendwelche Ansichten über eine übersinnliche Welt, Ansichten, die man hegen kann oder auch nicht, sondern ›Religion‹ bezeichnet den für die Existenz jeder endlichen Person grundlegenden Tatbestand, dass sie auf den Ursprung und auf das Ziel ihrer Existenz bezogen ist; und zwar *so* bezogen, dass sie diese Grenzen ihres Daseins irgendwie verstehen und in ihrer Lebensführung berücksichtigen muss.«[46]

So wie die Begegnung mit Herrn H. mich selbst erst wirklich die conditio humana begreifen ließ, von der ich theologisch zu reden habe, so wie Herr H. *mir* ebenso zum Seelsorger wurde wie ich ihm, so hat generell die kirchliche Seelsorge mit ihrer Präsenz im Angesicht des Todes einen Dienst an den Betroffenen, an der Gesellschaft und an sich *selbst* zu leisten.

ad 2) Inhaltliches: Zwischen Endlichkeit und Ewigkeit – christliche Anthropologie als Hilfe zur Selbsterkenntnis und zur realistischen Selbstverortung

Oben wurde behauptet, im Dialog mit den Inhalten christlicher Anthropologie werde sich die Frage »Warum gerade ich?« als falsch gestellt und das damit verbundene Ohnmachtsgefühl als Täuschung erweisen – warum?

Die Frage »Warum gerade ich?« impliziert ja, dass nur der/die Fragende allein leiden und sterben müsse, und die meisten anderen Menschen nicht. Die Idee »Nur ich allein muss leiden und sterben« ist aber wirklichkeitsfern; richtig ist vielmehr das Gegenteil: Alle Menschen müssen leiden und sterben, weil sie endlich (theologisch gesprochen: geschöpflich) sind. Im Angesicht von Krankheit und Tod wird also nicht die Ausnahme, sondern die *Regel* der menschlichen Verfasstheit begriffen, also, »was für Gebilde wir sind« (Ps 103,14f).

Auch die empfundene »Ohnmacht« ist, bei Lichte besehen, eine Fehlinterpretation der Erfahrung, an die Grenze der eigenen Endlichkeit zu stoßen. Zwar ist die erfahrene Begrenztheit des Lebens (oder der eigenen resp. der ärztlichen Möglichkeiten, es zu bewahren) Realität, aber die subjektive Interpretation als Ohnmacht ist irreal. Aus psychologischer Sicht handelt es sich um eine Ohnmachts*phantasie*, die erst durch einen enttäuschten *Allmachts*wunsch entsteht: Die Erfahrung von Endlichkeit und Kontingenz ist *dann* schwer zu ertragen, wenn man sich selbst als heil und ganz, als unversehrt und unendlich phantasiert hat. Wo die Phantasie von der menschlichen *Ganzheit* verloren gegangen ist, schlägt sie in die Phantasie um, man habe sich *ganz* verloren, als sei man alles Sinnvollen, aller Fähigkeiten und Möglichkeiten beraubt – ohnmächtig. Beide, Allmachts- und Ohnmachtsphantasie,

46 *Herms, Eilert*, Ist Religion noch gefragt?, in: *ders.*, Erfahrbare Kirche. Beiträge zur Ekklesiologie, Tübingen 1990, 25–48, hier 30.

sind unrealistisch. Die Chance der Grenzerfahrung ist, in einem Reifungsprozess beide Phantasien aufzugeben und zu einer realistischen Selbsteinschätzung zu kommen. *Psychologisch* gesprochen, akzeptiert die reife Persönlichkeit die Endlichkeit des eigenen Selbst, ergreift aber entschlossen die ihr zur Verfügung stehenden begrenzten Möglichkeiten. *Theologisch* gesprochen, nimmt, wer glaubt, das von Gott geschenkte Leben in seiner geschöpflichen Begrenztheit an, und zwar als Gabe und als Aufgabe, die geschenkten endlichen Möglichkeiten nach Kräften zu entfalten und zu gestalten (vgl. zum Letzteren z.B. das Gleichnis von den anvertrauten Talenten in Mt 25 par.). Eilert Herms nennt dies die »Praxissituation endlicher Freiheit«.[47]
Herr H. ist dafür ein Vorbild. Für manch andere Sterbende und deren Zugehörige mag es hilfreich sein, wenn sie in der Seelsorge über die ganz auf sich selbst verengte Perspektive hinaus andere Wahrnehmungen und Deutungen ihrer Vorfindlichkeit angeboten bekommen. Für wieder andere wird es eine Überforderung sein, in einer akuten Krisensituation noch Veränderungen ihrer Wahrnehmungseinstellung zuzulassen – darum ist es wichtig, dass kirchliche Arbeit das memento mori resp. die Kommunikation über das christliche Verständnis von Endlichkeit und Ewigkeit nicht erst in der Seelsorge in akuten Sterbesituationen pflegt, sondern lebensbegleitend immer wieder in andere Kontexte einführt (Gottesdienst, Seelsorge, kirchlicher Unterricht, kirchliche Bildungsarbeit, kirchliche Publizistik, Kirchenkunst etc.).

Wie ist nun der Mensch aus christlich-anthropologischer Sicht zwischen Endlichkeit und Ewigkeit zu verorten? Wie antwortet also der christliche Glaube auf die im Angesicht des Todes aufbrechenden Fragen des Menschen nach sich selbst und einer über ihn selbst hinaus gehenden Wirklichkeit?

Im Beitrag III. B in diesem Buch lege ich das Apostolische Glaubensbekenntnis existentiell-anthropologisch aus als christliche Antwort auf die folgenden drei Grunddimensionen menschlicher Selbsterfahrung:
- Kontingenzerfahrung (vgl. den 1. Artikel des Credo);
- Differenzerfahrung (vgl. den 2. Artikel des Credo);
- Transzendenzerfahrung (vgl. den 3. Artikel des Credo).

Der mittlere, christologisch-soteriologische Artikel, der auf die Differenzerfahrung antwortet, ist zum hier gestellten Thema verzichtbar. Auf Ausführungen zu den anderen beiden Artikeln greife ich nachstehend zurück und beziehe sie auf den hier interessierenden Zusammenhang.

47 Vgl. a.a.O.

a) Endlichkeit/Kontingenzerfahrung
Der Mensch verfügt nicht über sich selbst, sondern er empfängt sich von jenseits seiner selbst und ist angewiesen auf die Zuwendung, die ihm gegeben wird. Dies wurde oben schon entfaltet. Nach christlicher Auffassung empfängt sich der Mensch von Gott, dem Schöpfer, der Ursprung und Ziel des Lebens ist. »Er hat uns gemacht, und nicht wir selbst« (Ps 100,3). Unhängig davon, was er nach den Maßstäben der Gesellschaft leistet, gilt, tut oder verdient, hat der Mensch eine unantastbare Würde, weil Gott ihn gewollt, geschaffen und geliebt hat. Der Sinn und Wert unseres Lebens hängt also nicht von uns selbst ab, vielmehr ist er uns mit dem Leben an sich »extra nos« gegeben (I. Kant spricht von der »Selbstzwecklichkeit« des menschlichen Lebens). Dies gilt selbstverständlich auch dann, wenn wir krank, versehrt oder hinfällig werden – damit ist ein Korrektiv zu den o.a. Bedenken gegeben, sich anderen pflegebedürftig zuzumuten. Nicht umsonst hat sich geschichtlich insbesondere das Christentum durch die caritative bzw. diakonische Zuwendung zu Kranken und anderen Bedürftigen ausgezeichnet. Unsere Endlichkeit bedingt per se unsere Angewiesenheit aufeinander. Nicht nur anderen Menschen Fürsorge zu gewähren, sondern auch die Fürsorge anderer *anzunehmen*, ist tätiger Gottesdienst – es bedeutet, die eigene Verfasstheit als Mensch, d.h. die eigene Endlichkeit und Geschöpflichkeit anzunehmen.

Der Gedanke der Endlichkeit und Geschöpflichkeit wird in der christlichen Anthropologie noch um den Gedanken der Gottebenbildlichkeit erweitert. Nach 1Mose 1,26–28 und 2,18–22 ist der Mensch als Mann und Frau zum Ebenbild Gottes geschaffen. Er strebt nach dessen Vollkommenheit und hat, so sehr er daran auch scheitert und dahinter zurück bleibt (Differenzerfahrung), doch Anteil an der Würde des Schöpfers selbst. Dieser Gedanke bildet insofern den Übergang zum Thema Transzendenzerfahrung, als er besagt, dass der Mensch trotz aller seiner Endlichkeit und Begrenztheit auch über-sich-selbst-hinaus angelegt ist – nämlich angelegt auf Bezogenheit zum Mitmenschen, zu seiner Umwelt und zu Gott, auf das Streben nach Selbstüberschreitung, Unendlichkeit, Ewigkeit.

b) Ewigkeit/Transzendenzerfahrung
Das Bewusstsein des Menschen transzendiert sich selbst. Die Selbsterfahrung der eigenen Endlichkeit weckt Schmerz und Sehnsucht: Man möchte Lebensfülle haben, heil und ganz sein, stößt aber stets an die eigenen Grenzen und Ambivalenzen und kann aus sich selbst keine Ganzheit erlangen, sondern die eigenen Grenzen nur überschreiten durch Teilhabe an einem darüber hinausgehenden Lebenszusammenhang: durch Gemeinschaft mit anderen Menschen und mit Gott, der das Leben selbst ist. Der endliche Mensch wird jenseits seiner selbst

vollendet; das Fragment, das man selbst ist, wird ergänzt durch Teilhabe an der Ganzheit des Lebens – das ist ja gemeint, wenn in der christlichen Theologie vom »Ewigen Leben« gesprochen wird.
Teilhabe an der Ganzheit des Lebens resp. an der Ewigkeit erlebt man in Momenten der Liebe, der Ehrfurcht und des Todes. Man überschreitet sich selbst in Augenblicken der Hingabe und Selbstentäußerung auf ein Du hin, in Augenblicken, in denen sich der Blick über das eigene Leiden hinaus auf den Horizont des gesamten Lebenszusammenhangs richtet, in den man sich eingestellt sieht, – und, wenn man sich wie Herr H. zwischen Endlichkeit und Ewigkeit verortet: »Segnen Sie mich zum Leben und zum Sterben.«

Selbsterkenntnis und Selbstverortung gemäß der hier skizzierten christlichen Anthropologie sind lebens- und handlungsorientierend. Sie führen zu folgenden Konsequenzen:

- die geschenkte endliche Freiheit des eigenen Lebens weitestmöglich zu entfalten; auch da, wo sie sichtbar eingeschränkt ist, die noch vorhandenen Lebens- und Spielräume auszuschöpfen;
- sich selbst als endlich und damit als angewiesen auf Gemeinschaft und Zuwendung anderer anzuerkennen – das heißt auch: in Krankheit und Bedürftigkeit Pflege und Fürsorge anzunehmen;
- sich selbst als begrenzt, aber als über-sich-selbst-hinaus angelegt zu wissen, d.h. Momente der Bezogenheit, der Hingabe und der Selbstüberschreitung als die »heiligen« Momente zu verstehen, in denen sich das eigene Leben bestimmungsgemäß vollendet – auch das eigene Sterben;
- sich selbst als der Teilhabe an Gottes ewigem Leben teilhaftig zu wissen – das heißt auch: sich im Sterben der Vollendung der eigenen Endlichkeit durch Gottes Ewigkeit anzuvertrauen.

Dazu kann Seelsorge ermutigen.

ad 3) Methodisches: Das Segensritual als symbolische Darstellung der Teilhabe an Endlichkeit und Ewigkeit

Herr H. erbittet in o.a. Fallbeispiel am Ende eines seelsorglichen *Gesprächs* eine Segenshandlung, d.h. die *ritualisierte Darstellung* seines Befindens zwischen Endlichkeit und Ewigkeit. Dazu möchte ich noch einige methodische Überlegungen anschließen.[48]

[48] Vgl. zu den folgenden Überlegungen ausführlicher das Kapitel »Segnen« in diesem Band sowie *Duesberg, Hans*, Das Zeitliche segnen, in: WzM 2004, 122–133, und *Steffensky, Fulbert,* Segnen: Gedanken zu einer Geste, in: PTh 82, 1993, 2–11.

Das seelsorgliche Gespräch zielt auf Selbstreflexion, auf eine Steigerung des Bewusstseins über sich selbst. Es bedient sich diskursiver Mittel, um den unmittelbaren Selbstausdruck in ein strukturiertes, Halt gebendes Selbstverständnis zu überführen. Im Unterschied dazu lädt das Ritual dazu ein, sich einer Inszenierung zu überlassen, in der das eigene Erleben der »Zudringlichkeit der Unmittelbarkeit« (U. Wagner-Rau) enthoben wird. Die Ritualisierung »befreit vom Zwang uneingeschränkter Betroffenheit und Authentizität.«[49] Das Individuelle wird in die überindividuelle Form eingebettet. Während der rituellen Handlung kann Herr H. sich in der geliehenen Symbolsprache der vielen Menschen bergen, die vor und neben ihm ein ähnliches Schicksal durchlebten und dafür bewährte Formen des Ausdrucks und der gemeinschaftlichen Begehung fanden. So ist er zugleich der Einsamkeit seines Ergehens entnommen und in eine Schicksalsgemeinschaft gestellt. Das Ritual vergewissert ihn also seiner Sozialität, d.h. seines Gemeinschaftsbezugs.

Das religiöse *Segensritual* hat darüber hinaus auch vergewissernde bzw. erneuernde Kraft im Blick auf seinen Selbstbezug und auf seinen Transzendenzbezug. Beides wird, anders als im Gespräch, nicht diskursiv verargumentiert, sondern performativ vergegenwärtigt.

Zunächst zum Selbstbezug: Wer gesegnet wird, wird neu identifiziert. Das deutsche Wort »Segnen« ist dem lateinischen *signare, significare = bezeichnen (im kirchlichen Gebrauch oft: mit dem Kreuz bezeichnen), identifizieren, Bedeutung geben* entlehnt. Ein Mensch, der gesegnet wird, wird gekennzeichnet als einer, der von Gott angesehen und mit Bedeutung versehen ist. Unter dieses Vorzeichen möchte Herr H. sein Leben und Sterben gestellt wissen. Es ist das Vorzeichen der Adoption als Gottes Kind (vgl. Mt 3,17 und Jes 43,1).[50]

Zugleich vergegenwärtigt die Segenshandlung den Transzendenzbezug. Wer segnet und sich unter den Segen stellt, nimmt (bewusst oder unbewusst) per se auch eine religiöse Wirklichkeitsdeutung vor: Die eigene Situation wird auf den geglaubten oder erhofften Grund des Lebens bezogen.

49 Vgl. *Duesberg*, a.a.O., 124.

50 Der christologisch-soteriologische Bezug wird hier auch im Blick auf den Segen nicht ausgeführt, weil er nicht im engeren Sinne zum Thema »Endlichkeit und Ewigkeit« gehört. Verwiesen sei hier nur darauf, dass schon die Wortbedeutung der im griechischen NT gebräuchlichen Vokabel für Segnen, *eulogein = gut-sprechen, gut-sagen,* die Rechtfertigungslehre in nuce enthält: Wir sind nicht gut, werden aber von Gott gut gesagt. Das Wesentliche am Segen ist, dass man ihn spendet und empfängt, ohne ihn selbst zu haben oder ihn sich selbst zu erarbeiten. Auch darin drückt sich der Kern christlicher Anthropologie aus.

Dabei ist entscheidend, dass das Segensritual aus der Sicht des gesegneten Menschen das Ritual des Gesegnet-*Werdens* ist – so wird zur Darstellung gebracht, was oben theologisch als anthropologisches Passiv« coram deo beschrieben wurde. Herr H. sieht sich zwischen die eigene Endlichkeit und die Ewigkeit Gottes gestellt. Mag sein, dass in seinem Fall ein bereits bestehendes, lebendiges Gottvertrauen in der Segensbitte Ausdruck fand und durch die Segenshandlung gestärkt wurde. Der Glaube ist aber nicht Voraussetzung für einen wirksamen Empfang des Segens. Auch wer, obwohl er zweifelt, nach dem Gesegnet-Werden wie nach einem Strohhalm greift (weil es nicht schaden kann oder weil die anderen daran glauben oder »weil ja doch etwas d'ran sein könnte«), wird etwas von der Haltung erleben, in der er etwas empfängt, was er sich nicht selbst geben kann. Und er wird weiterhin erleben, dass er Heil und Hilfe auch nicht von der segnenden Person empfängt, sondern von der Lebensquelle, in die der Segen ihn sprachlich hineinstellt.[51] Die Kommunikation beim Segnen ist dreistellig und bildet dadurch die Transzendenz ab: Die segnende Person ist nicht selbst Quelle und Subjekt des Segens, sie spendet dem gesegneten Menschen etwas, das sie selbst nicht hat. Sie stellt dabei die gesegnete Person und sich selbst in den Horizont von Gottes Wirklichkeit. Der Segen hat Verweischarakter: Du bist nicht heil, aber gesegnet. Du bist endlich, aber in den Horizont von Gottes Ewigkeit eingestellt. Dein Leben wird enden, aber du hast am Ewigem Leben teil.

Psychologisch gesehen, wirkt die Segenshandlung, indem ihre gestischen und sprachlichen Bilder unsere narzisstische Bedürftigkeit aufnehmen. Sie sind in der Lage, frühkindliche Primärprozesse wiederzubeleben. Dies gilt insbesondere für den aaronitischen Segen: Der Gestus der erhobenen Hände und des erhobenen Gesichts, die Deuteworte vom freundlich zugewandten, über dir leuchtenden Angesicht erinnern an das leuchtende Gesicht der Mutter über dem hilflos auf dem Rücken liegenden Baby, an den »Glanz im Auge der Mutter« (nach *Heinz Kohut*s Narzissmuskonzept*)*. Augen, die leuchten, weil sie dich sehen (wie selten das auch vorkommt) – wir leben davon, so in Liebe angeschaut zu sein. Es ist das Geheimnis des aaronitischen Segens, dass er auf die Ur-Sehnsucht danach antwortet. Die Segnung ist, psychologisch betrachtet, der Ort der Sehnsucht und der Regression, die Progression[52] ermöglicht.

[51] Vgl. *Greiner, Dorothea,* Segen und Segnen: eine systematisch-theologische Grundlegung, Berlin 1998, hier 35.359.

[52] Im Dienst der Progression sind Segensworte im Gottesdienst in der Regel mit *Sendungs*worten verknüpft.

Fazit

Das Beispiel von Herrn H. zeigt, wie sinnvoll es *methodisch* sein kann, in der Seelsorge das Gespräch durch die rituelle Handlung zu ergänzen. Gerade in prekären Grenzsituationen, in denen man mit der Endlichkeit des Lebens konfrontiert ist, ist es hilfreich, nicht nur *über* den Horizont der Ewigkeit zu sprechen, sondern sich *unter* den Segen zu stellen, der ihn vergegenwärtigt. Gerade in einer Situation, in der ein Mensch vor dem Verlust seiner selbst und seiner Sozialität steht, vermag das Segensritual ihn symbolisch-performativ einer Identität und einer Gemeinschaft zu vergewissern, die ihm von jenseits seiner selbst zugeeignet werden.

Die überindividuelle Performanz des Rituals sollte jedoch in der Regel nicht eingesetzt werden, um den individuellen Selbstausdruck der PastorandInnen zu ersetzen – etwa, weil die SeelsorgerInnen Gesprächen ausweichen wollen, die inhaltlich und emotional bedrängend auf sie wirken. Das Individuelle soll im Gespräch angemessenen Raum erhalten, um sich auszudrücken. Es soll durch das Ritual nicht *über*gangen, sondern *be*gangen und überschritten werden.

Literatur

Duesberg, Hans, Das Zeitliche segnen, in: WzM 2004, 122–133

Eulenberger, Klaus / Friedrichs, Lutz / Wagner-Rau, Ulrike (hg. im Auftrag der Liturgischen Konferenz), Gott ins Spiel bringen, Handbuch zum Neuen Evangelischen Pastorale, Gütersloh 2007

Greiner, Dorothea, Segen und Segnen: eine systematisch-theologische Grundlegung, Berlin 1998

Herms, Eilert, Ist Religion noch gefragt?, in: *ders.*, Erfahrbare Kirche. Beiträge zur Ekklesiologie, Tübingen 1990, 25–48

Jüngel, Eberhard, Tod, Gütersloh [3]1993

Lammer, Kerstin, Den Tod begreifen. Neue Wege in der Trauerbegleitung, Neukirchen-Vluyn [4]2006, darin insbes. 244–255

Morgenthaler, Christoph, Systemische Seelsorge. Impulse der Familien- und Systemtherapie für die kirchliche Praxis, 2., durchges. und erg. Aufl., Stuttgart 2000

Steffensky, Fulbert, Segnen: Gedanken zu einer Geste, in: PTh 82, 1993, 2–11

Segnen[53]

1. Einstieg/Fallbeispiel

Die junge evangelische Krankenhaus-Seelsorgerin ärgert sich: Eine Woche lang hat sie auf der Intensivstation bei Tag und bei Nacht eine schwerkranke Patientin, Frau M., und deren Zugehörige nach allen Regeln der Kunst seelsorglich begleitet. Dann kommt der katholische Priester, legt eine Stola um, verschwindet mit Salbtopf und schwarzem Buch im Krankenzimmer und ist nach weniger als drei Minuten wieder draußen – und *das* war dann für die Familie das Eigentliche. Jetzt, nach vollzogenen Ritualen, kann, darf die Kranke in Frieden sterben, so sagt der Ehemann, jetzt ist alles und jeder bereit. Die Seelsorgerin ist gekränkt und kann es nicht fassen. Drei Minuten Zeremonie – was ist das gegen ihre Gespräche, ihr nächtliches Wachen und Ausharren mit der Familie?

Einige Tage später wächst ihr Verständnis. Sie besucht Herrn D. am Vorabend einer großen Operation. Im Gespräch konzentriert sich Herr D. ganz auf die Thematik seiner Arbeit: Was er vor dem Krankenhausaufenthalt noch erledigt oder übergeben hat, was ohne ihn schwierig werden wird, wann er wieder zum Arbeitsplatz zurückkehren und was dann dort anliegen wird. Auf die bevorstehende Operation angesprochen, erläutert Herr D. scheinbar unbeteiligt technische Details und die Erfolgsstatistik derartiger Eingriffe; eigene Gefühle und Gedanken äußert er nicht. Herr D. signalisiert, dass er das Gespräch beenden möchte. Die Seelsorgerin bietet an, ihn noch zu segnen. Zu ihrer Überraschung stimmt Herr D. sofort zu. Als die Seelsorgerin ihm die Hand auflegt und spricht: »Der Herr segne dich und behüte dich, der Herr lasse sein Angesicht leuchten über dir und sei dir gnädig, der Herr erhebe sein Angesicht auf dich und gebe dir Frieden« (»aaronitischer Segen«, Num 6,24–26), treten Herrn D. Tränen in die Augen. Er ergreift die Hand der Seelsorgerin. Schweigend und mit geschlossenen

[53] Dieser Beitrag erschien zuerst in redaktionell gekürzter Fassung in: *Eulenberger, Klaus / Friedrichs, Lutz / Wagner-Rau, Ulrike* (hg. im Auftrag der Liturgischen Konferenz), Handbuch zum Neuen Evangelischen Pastorale – Gott ins Spiel bringen. Dialogische Inszenierungen in der Seelsorge, Gütersloh 2009, 229–236.

Augen hält er sie eine Weile lang fest. Dann öffnet er die Augen und sagt: »Vielleicht geht es ja doch gut. Danke!«

Wir dürfen getrost vermuten, dass das Ritual in den obigen Fällen nicht *anstatt*, sondern *aufgrund* der vorangegangenen Gespräche bzw. mit ihnen *zusammen* gewirkt hat. Dennoch ist festzustellen:
Das *Ritual* hat besondere, hat andere Stärken als das seelsorgliche Gespräch. Es löst und hält zugleich. Emotionen können (wie im Beispiel des Herrn D.) in geschützter Weise angesprochen bzw. verflüssigt werden, gerade weil der feste Rahmen der geprägten Form sie kanalisiert und begrenzt. Im Unterschied zum Gespräch, das auf die Aktivierung des Bewusstseins zielt und zur individuellen Selbstreflexion anregt, lädt das Ritual dazu ein, sich einer Inszenierung zu überlassen, in der das eigene Erleben der »Zudringlichkeit der Unmittelbarkeit« (U. Wagner-Rau) enthoben wird und sich statt dessen bergen kann in der geliehenen Symbolsprache der vielen Menschen, die vor und neben mir ein ähnliches Schicksal durchlebten und dafür bewährte Formen des Ausdrucks und der gemeinschaftlichen Begehung fanden. So bin ich zugleich der Einsamkeit meines Ergehens entnommen und in eine Schicksalsgemeinschaft gestellt.
Das *religöse* Ritual führt darüber noch hinaus. Die Perspektive der Sozialität menschlicher Existenz trianguliert es, indem es zusätzlich die Perspektive der Essenz oder des *Ziels* menschlichen Lebens einführt; religiös gesprochen: die Perspektive der Absicht, die Gott mit diesem Leben hat. In jüdisch-christlicher Tradition ist dies eine Perspektive von heilvoller Zukunft, von geschenkter Erlösung und Vollendung des eigenen leidvollen und bruchstückhaften Seins.
Das *Segens*ritual ist der Brennpunkt, an dem diese Perspektive wie in keinem anderen Ritual fokussiert wird. Dabei spielt eine entscheidende Rolle, dass es aus Sicht der gesegneten Menschen das Ritual des Gesegnet-*Werdens* ist. Dass ich das Lebensnotwendige empfange und es mir in zugewandter Gebärde gegeben wird, entspricht theologisch dem »anthropologischen Passiv« coram deo (E. Jüngel), psychologisch frühkindlichen erlebten Primärprozessen und soziologisch dem sozialen Gewordensein von Identität (vgl. u.).

2. Das Phänomen in seiner Gegenwartsbedeutung

»Heile, heile, Segen. Morgen gibt es Regen, übermorgen Schnee, und dann tut's nicht mehr weh.« So sang meine Mutter, als ich Kind war, wenn ich gefallen war, wiegte mich auf dem Schoß dabei und strich über die schmerzende Stelle. Natürlich blieb die Wunde oder der blaue Fleck, aber ich krabbelte getröstet und gestärkt vom Schoß herunter und spielte weiter.

In der Alltagssprache der Erwachsenen haben sind Redewendungen, die den Aspekt des Mehrens und Gedeihens (»Geldsegen«, »Kindersegen«), den Aspekt der wohlwollenden Beziehung, der Zustimmung, Einwilligung oder den der generativen Funktion betreffen (»gib mir deinen Segen«, »meinen Segen hast du«, »das Zeitliche segnen«) noch verbreitet.

Im öffentlichen Leben zeigen sich gegenwärtig gegenläufige Trends im Umgang mit Segnungen: Immer mehr Menschen verzichten auf kirchlichen Segen; sie treten aus der Kirche aus oder nehmen nicht mehr teil an Gottesdiensten und an Amtshandlungen, die ja nichts anderes sind als erweiterte Segnungen. Gleichzeitig wünschen aber viele längst Ausgetretene für ihre Kinder dann doch die Taufe oder für ihre verstorbenen Eltern die kirchliche Bestattung. Längst haben die Kirchen ihre traditionelle Amtshandlungspraxis erweitert, weil immer mehr Segensbegehren zu immer mehr Anlässen an sie herangetragen wurden: Eingang und Ausgang der Schulzeit, Jubiläen und runde Geburtstage, Eintritt in den Ruhestand, Trennung nach längerer Partnerschaft etc. Gleichgeschlechtliche Paare verlangen den kirchlichen Segen für sich und ihre Lebensgemeinschaften und lösen damit eine breite kirchliche und öffentliche Diskussion darüber aus, welche Menschen und welche Lebensformen segnenswert, weil gottgefällig seien oder nicht – das Thema Segen erregt die Gemüter.
Segenshandlungen genießen auch mittelbar enorme Aufmerksamkeit: Millionen verfolgen weltweit über TV, wenn die Royals ein- und ausgesegnet werden. Linda de Mols Traumhochzeit fungierte als nichtkirchliches Pendant für kleine Leute, die auch einmal groß herauskommen wollten. Im Nachmittags-Infotainment haben die Moderatoren wie Jürgen Fliege und Nina Ruge säkularisierte Segensformeln ritualisiert: »Passen Sie gut auf sich auf!« und »Alles wird gut«.

Warum ist Segen, ist Segnen trotz des Rückgangs von Kirchen- und Traditionsbindung in der postmodernen Gesellschaft noch immer bedeutsam?

Schon die Wortbedeutung zeigt es an: Das deutsche Wort ist dem lateinischen signare, significare = bezeichnen (im kirchlichen Gebrauch oft: mit dem Kreuz bezeichnen), identifizieren, Bedeutung geben entlehnt. Ein Mensch, der gesegnet wird, wird gekennzeichnet als einer, der von Gott identifiziert und mit Bedeutung versehen ist; unter dieses Vorzeichen wird sein Leben gestellt – im Fall der öffentlichen Segenshandlung vor den Augen der ganzen Gemeinde. Es ist das Vorzeichen der Adoption als Gottes geliebter Sohn, als Gottes geliebte Tochter. Jes 43 ist als biblisches Votum bei Segenshandlungen so beliebt, weil es diesem Gedanken poetischen Ausdruck verleiht: Fürchte dich nicht, denn ich habe dich erlöst; ich habe dich bei deinem Namen gerufen; du bist mein ... weil du in meinen Augen so wertgeachtet und auch herrlich bist und weil ich dich liebhabe. ... Die mit meinem Namen genannt sind, habe ich zu meiner Ehre geschaffen und zubereitet und gemacht (Jes 43,1–7 i.A.). Im lateinischen und deutschen Vokabular sind die Themen Geschöpflichkeit, Gotteskindschaft und Erwählung angedeutet. Das im griechischen NT gebräuchliche Wort für Segnen, eulogein = gut-sprechen, gut-sagen, enthält die Rechtfertigungslehre in nuce: Wir sind nicht gut, werden aber von Gott gut gesagt. Die Hochschätzung der Segnung ist theologisch gesehen völlig angemessen, weil beim Segnen Eckdaten theologischer Anthropologie symbolisch kommuniziert werden – auch wenn das den Beteiligten wohl oft eher weniger als mehr bewusst ist.

Aus *psychologischer* Sicht entfalten die gestischen und sprachlichen Bilder des Segnens eine Wirkung, die an frühkindliche Primärprozesse heranreicht. Denn sie nehmen unsere narzisstische Bedürftigkeit auf: Ich denke an das leuchtende Gesicht der Mutter über dem hilflos auf dem Rücken liegenden Baby, an den »Stern im Auge der Mutter« *(Kohut)* ebenso wie an den aufblitzenden Augen-Blick, in dem zwei Menschen sich verlieben. Ich denke an einen an Liebe zu kurz gekommenen Sohn, der sich verzweifelt wünschte, sein Vater hätte ihn doch, ehe er starb, ein einziges Mal umarmt und ihm gesagt, dass er stolz auf ihn sei.

Augen, die leuchten, weil sie *dich* sehen – es ist das Geheimnis des aaronitischen Segens, dass er die archaisch tiefe Sehnsucht in uns anspricht, so in Liebe angeschaut zu sein. Davon leben wir – wie selten es auch vorkommen mag. Die Rück- bzw. Wechselwirkung dieser Erfahrung spricht L. Friedrich in seiner modernen Übertragung des aaronitischen Segens präzise aus: »Gott ... blicke dich freundlich an, dass *deine* Augen ihren Glanz wieder finden und du spürst: Ich darf sein, wie ich bin« (NEP, 98, Hervorhbg. von mir).

Sechs mal spricht der aaronitische Segen die Gesegneten direkt an: *Dich* meint das freundlich zugewandte Gesicht, dich segnet und behütet er, dir gibt er Gnade und Frieden. Das leuchtende Angesicht über den Gesegneten, von dem im Sprachbild die Rede ist, wird auch im *Gestus* der erhobenen Hände und des erhobenen Gesichts vergegenwärtigt.

»... der Aaronitische Segen ... vergegenwärtigt ... eine Instanz, die den Einzelnen seit jeher voller Vertrauen ins Leben entlassen und im Leben getragen hat. Aktualisiert wird ein ›intermediärer Bereich von Erfahrungen, in dem in gleicher Weise innere Realität und äußeres Leben einfließen‹ und in dem nach Winnicott sowohl die kindlichen Übergangsobjekte als auch die grundlegenden Symbole lokalisiert sind« (*M. Josuttis,* Der Weg in das Leben, 1991, 312; vgl. auch *D. Greiner,* 1998, 40.51).

Nicht umsonst wird die Segnung in der Regel mit der *Sendung* verbunden. Psychologisch gesehen ist die Segnung der Ort der Sehnsucht und der Regression, die Progression ermöglicht.

Aus *soziologischer* Sicht handelt es sich bei der Segnung um ein Interaktionsritual, das der Konstruktion von Identität, Sozialstatus und Sinn dient.
Klassisch beschrieb schon *A. van Gennep* die darstellende und stabilisierende Funktion von Übergangsritualen; *V. Turner* und *E. Goffman* schreiben ihnen neuerdings auch transformierende Kraft zu. In einer Situation der Verunsicherung greifen gewohnte Wirklichkeitsdeutungen und Bewältigungsmechanismen nicht mehr selbstverständlich, das Selbstverständnis der Betroffenen ist erschüttert, das Leben wird in seiner Ambiguität von Kostbarkeit und Gefährdung wahrgenommen – und hier entsteht ein Spielraum, in dem der eigene Platz in der Welt interaktionell neu gefunden werden kann. Das Segnungsritual dient dann dazu, dem Individuum einen anerkannten Platz in der sozialen Gemeinschaft zu verschaffen.

3. Poimenisch-theologischer Fokus

Wer von Segen spricht, nimmt eine religiöse Wirklichkeitsdeutung vor: Lebenserfahrung wird auf den geglaubten Grund des Lebens bezogen. Indem man Gutes, Beglückendes, Gelungenes in der eigenen Biografie und in der eigenen Lebenswelt als Segen betrachtet, erkennt man an, dass man es nicht einfach selbst herstellen kann, sondern darauf angewiesen ist, dass es einem geschenkt wird. Zumindest im Blick auf fundamentale Gegebenheiten des Lebens wie Geboren-*Werden*, Gesund-Sein, Geliebt-*Werden* dürfte das auch für den modernen Menschen zutreffen, obwohl wir uns selbst und unsere Umwelt so weit wie möglich frei entwerfen und gestalten – wir befinden uns in der »Praxissituation *endlicher* Freiheit« (E. Herms).

Im AT wird der Segen vornehmlich aufgefasst als Gabe von Leben, Nachkommenschaft und (agrarischen) Gütern sowie von deren Wachstum und Mehrung (vgl. z.B. den Noahsegen in Gen 9 und den Abrahamssegen in Gen 12), gelegentlich auch als Übertragung von Lebenskraft (vgl. den erschlichenen Jakobssegen in Gen 27, hier gedacht als nur einmal mögliche Kraftübertragung vom Vater auf den Sohn). Der gottesdienstliche Akt des nach dem Mosebruder Aaron benannten priesterlichen Segnens (Num 6) dürfte die späteste und theologisch am weitesten entwickelte Segenstradition des AT sein. Im NT sind Segen und Segnen meist als heilende Kraft bzw. als Heilskraft Jesu Christi gedacht, die er den Seinen beim Abschied zurücklässt und die die Jünger sowohl an Gott zurückgeben (vgl. das in beide Richtungen gebrauchte *eulogein* in der Himmelfahrtsgeschichte in Lk 24) als auch an die Mitmenschen weitergeben (selbst an diejenigen, die ihnen fluchen, vgl. Lk 6,28 u.ö.). In der apostolischen Tradition wird das Segnen mit der Bekreuzigung der Menschen verbunden, die den Segen empfangen, sowohl bei kirchlichen Handlungen als auch bei der ihnen nachempfundenen Selbstbekreuzigung im Alltag. Im Mittelalter wurden Segenshandlungen immer mehr vervielfältigt und mit einem magischen Verständnis unterlegt: So konnten z.B. verdorbener Wein und verdorbene Lebensmittel wieder als genießbar erklärt werden, nachdem ein Priester sie gesegnet hatte. Um derartigem Aberglauben entgegenzuwirken, führte Luther die bis heute gültige protestantische Regel ein, dass nur Menschen, nicht aber Dinge gesegnet werden sollen. Im Messformular ersetzte Luther nach dem Prinzip »sola scriptura« andere gebräuchliche Segensformeln durch den aaronitischen Segen; dieser setzte sich im 19. Jahrhundert überall in Deutschland durch.

Die Furcht vor magischen und abergläubischen Missverständnissen hat in der evangelischen Theologie bis in die Gegenwart hinein zu einer großen Zurückhaltung gegenüber Segenshandlungen geführt. Zwar ist aufgrund des steigenden Interesses die Gebrauchsliteratur zum Thema stark angewachsen – hier sei empfehlend auf Thomas Kabels Beiträge in seinen Büchern zur liturgischen Präsenz hingewiesen. Dem wachsenden Segensbedürfnis der Leute stehen aber noch immer auffallend wenige Themenbeiträge der protestantischen Dogmatik gegenüber *(M. Frettlöh, D. Greiner*, beide 1998*)*. Aus der Praktischen Theologie liegt Amtshandlungsliteratur vor, m.W. aber keine einzige neuere Monografie zum Segen und Segnen im engeren Sinn, obwohl Praktische Theologen verschiedentlich angeregt haben, evangelische Pfarrer und Pfarrerinnen mögen das Segnen wie ein Handwerk oder eine Kunst erlernen (vgl. *M. Josuttis*, Petrus, die Kirche und die verdammte Macht, Stuttgart 1993, 198; *D. Stollberg*, Liturgische Praxis, Göttingen 1993). Dies mag mit der eher nachgeordneten Rolle zusammenhängen, die die Liturgiewissenschaft bis vor kurzem in der Evangelischen Theologie gespielt hat. Und im poimenischen Fach wird die Gesprächszentrierung der über Jahrzehnte tonangebenden Pastoralpsychologie prägend gewesen sein – wobei nicht zu vergessen ist, dass auch das Seelsorge*gespräch*, wenn es gekonnt geführt wird, einer Art ritueller Abfolge bzw. liturgischer Inszenierung folgt (vgl. schon *J. Scharfenberg*, Seelsorge als Gespräch, Göttingen 1972).
Zu Recht hat die Pastoralpsychologie das explorierende Gespräch stark gemacht, denn »angenommen« werden kann in angemessener Weise nur, was zuvor halbwegs bewusst gemacht und wahrgenommen werden konnte. So hat die pastoralpsychologische Seelsorge auf ihre Weise die Rechtfertigungsbotschaft von der Annahme des Sünders kommuniziert: indem sie sie nicht gepredigt, sondern im Gespräch erlebbar gemacht hat. Dies war gegenüber früheren Ansätzen notwendig und ist auch nach wie vor richtig. Wenn allerdings der Fokus zu einseitig auf die Gefühlsebene gelegt wird und die »Steigerung individueller Betroffenheit« zum bevorzugten Ziel der Gesprächführung gerät, kommt es leicht zu einer Überforderung sowohl der Seelsorgeklienten als auch der Seelsorgerinnen. Darauf hat zu Recht der katholische Kollege *H. Duesberg* hinge-

wiesen (vgl. *ders.*, Das Zeitliche segnen, in: WzM 2004, 122–133, hier 124f). Dem Weg der »Emotionalisierung« stellt er die Ritualisierung des Seelsorgekontakts gegenüber; sie befreie »vom Zwang uneingeschränkter Betroffenheit und Authentizität durch Einbindung des Persönlichsten in die erprobte Form, in den Ritus, der schon immer gedient hat, den Übergang ... begehbar zu machen, und das für alle am Geschehen Beteiligten, für das Netz (System) der Betroffenen«.

Heute haben wir die Chance, in der Seelsorge beide, das Gespräch und das Ritual, in angemessener Weise zu verwenden – dazu wollen das Neue Evangelische Pastorale (nachstehend NEP abgekürzt) und dieses Handbuch anregen.

Die rituelle Einbettung der individuellen Erfahrung in die überindividuelle Form ist in der Seelsorge m.E. immer dann legitim, wenn das eine nicht das andere ersetzt, sondern beides aufeinander bezogen bleibt, sprich: wenn das Individuelle zunächst im Gespräch angemessenen Raum erhält, um sich auszudrücken, und im zweiten Schritt durch das Ritual *be*gangen, nicht *über*gangen wird. So dürfen wir auch hinsichtlich der hier eingangs beschriebenen Fallbeispiele getrost annehmen, dass das Ritual nicht *anstatt*, sondern *aufgrund* des vorausgegangenen Gesprächs seine Wirkung so entfalten konnte, wie es jeweils der Fall war (vgl. o. unter 1.).

Seelsorgesituationen, in denen rituelle Handlungen bevorzugt angezeigt sein können, sind solche, in denen
- ein Übergang direkt bevorsteht und durch symbolische Gestaltung erleichtert werden soll (z.B. am Bett eines sterbenden Menschen);
- überwältigende oder traumatisierende Erlebnisinhalte nicht neu belebt, sondern der Kontrolle unterworfen oder, wie es in der Systemischen Beratung heißt, reframed werden sollen;
- die Notsituation so akut ist, dass sie zunächst überstanden werden muss, ehe sie reflektiert werden kann (klassische Anlässe für die so genannte »stützende Beratung«);
- KlientInnen sich nicht oder nicht mehr selbstreflexiv äußern können;
- nicht Individuen, sondern Kollektive von Menschen begleitet werden.

Das Ritual des Segnens ist besonders in einer prekären Situation von Ungewissheit und Unsicherheit geeignet, jemanden der Gegenwart Gottes und der Verheißung einer heilvollen Zukunft zu vergewissern. Damit wird viererlei in heilsamer Weise gestärkt:
- die Lebenskraft und -zuversicht des Gesegneten: »Keiner kann etwas werden, wenn nicht jemand an ihn geglaubt hat« (Paul Auster). Der Gesegnete erfährt, dass an ihn geglaubt wird. Er erfährt es in

einer symbolischen Inszenierung, die Regression erlaubt und dadurch Progression fördert (vgl. o.);
- der Gottesbezug des Gesegneten: Lebenskraft und Wohltaten des Lebens werden als von Gott zugeeignet zelebriert. Dieser Vorgang kann eine bereits bestehende Glaubensbeziehung bestätigen und festigen. Oder er kann dazu anregen, an sie anzuknüpfen. Glaube ist nicht zwangsläufig Voraussetzung für den Segen, er kann auch durch ihn bewirkt werden. Denn wer gesegnet wird, erlebt, dass er etwas empfängt, was er sich nicht selbst geben kann und das auch nicht von der segnenden Person ausgeht, sondern von der Lebensquelle, die der Segen vergegenwärtigt (nicht: »Ich segne dich«, sondern »Gott segne dich«, vgl. *Greiner*, 35.359);
- der Selbstbezug bzw. die Identität der Gesegneten: Ihr wird eine neue Identität zugesprochen, die nicht in ihr selbst, sondern im Gottesverhältnis bzw. in Gottes Liebe gründet. Sie erlebt, dass sie angenommen wird, auch dann, wenn sie sich selbst nicht annehmen kann (entsprechend liest man in der Bibel oft von einer Namensänderung derer, die eine Segnungserfahrung gemacht haben: aus Jakob wird Israel, aus Saulus Paulus etc.);
- der Gemeinschaftsbezug der Gesegneten: Ist sie durch ein besonderes Ereignis aus ihren bisherigen Lebensbezügen herausgefallen, wird sie nun in die Ritualgemeinschaft, die Schicksalsgemeinschaft mit anderen Menschen und in die gemeinsame religiöse Perspektive einbezogen. Zugleich wird im Fall der öffentlichen Segnung ihr Sozialstatus verdeutlicht und ihr Ansehen in der Gemeinschaft gesteigert.

Das Segnen unterscheidet sich dabei spezifisch vom Beten und vom Wünschen: Im Unterschied zur Fürbitte wird nicht für oder über die Betroffenen gesprochen, sondern ihnen wird der Segen direkt zugesprochen. Im Unterschied zum Wunsch wird ihnen hier nicht etwas von der segnenden Person zugeeignet, es geht nicht darum, zwischen der segnenden und der gesegneten Person eine Beziehung herzustellen. Sondern die segnende Person spendet etwas, was sie selbst nicht hat, sie verkörpert eine Nähe, die nicht ihre eigene Nähe ist, und stellt den Gesegneten und sich selbst in die Gottesbeziehung hinein. Beides hat Konsequenzen für die Praxis.

4. Perspektiven für die Praxis

Für das Handwerk des Segnens sind aus dem oben Dargestellten folgende Schlussfolgerungen zu ziehen:

1. Die Nähe zu den PastorandInnen, die beim Akt des Segnens wie bei keiner anderen kirchlichen Handlung entsteht, muss zum einen deutlichen Verweischarakter haben (es geht um die Nähe *Gottes*)

und zum anderen durch eine Distanz ausgeglichen werden, die beide, Segnende und Gesegnete, schützt: die Distanz der priesterlichen Rolle und der liturgischen Form. Deshalb ist es günstig, der Segnungshandlung einen klaren Rahmen zu geben: einen erkennbaren Anfang und ein erkennbares Ende (z.B. wie im NEP mehrfach vorgeschlagen, Anzünden und Löschen einer Kerze), erkennbar liturgische Formeln, die neben persönlichen auch überpersönliche, geprägte Elemente enthalten (vgl. dazu wiederum Texte aus dem NEP).

2. Wendungen wie »Wir wollen um Gottes Segen bitten« sind unangebracht, da sich das Segnen sowohl theologisch als auch liturgisch vom Wünschen und vom Beten unterscheidet. Die segnende Person soll keine Segens*bitte* aussprechen, sondern vollmächtig und in priesterlicher Haltung *segnen*, sei es im Fall der Einzelsegnung mit Handauflegung oder im Fall der kollektiven Segnung mit erhobenen, ausgebreiteten Armen.
3. Dazu ist es nicht notwendig, dass der oder die Segnende die gesprochene Segensformel zu jeder Zeit durch die eigene Person, durch eigene Glaubensgewissheit und eigene Zuneigung zu den Gesegneten abdeckt. Die segnende Person muss »auf Sendung« sein, aber nicht auf der eigenen. Sondern sie soll gerade von sich selbst absehen können, als Person zurücktreten und durchlässig werden für das *extra nos,* den Zuspruch, dessen Subjekt sie nicht selbst ist.
4. Das unter 3. Gesagte gilt für beide Seiten, Segnende und Gesegnete: Das Wesentliche am Segen ist, dass man ihn spendet und empfängt, ohne ihn selbst erarbeiten zu müssen – darin wird das Wesen der zugeeigneten Gnade erfahrbar. Deshalb soll die Segenshandlung schlicht *vollzogen*, nicht moderiert und erläutert werden. Es kann vorkommen, dass man *vor* der Segenshandlung Verständnisfragen zu klären hat, insbesondere dann, wenn die zu Segnenden der kirchlichen Tradition fern stehen. Oft ist es passend, vor der eigentlichen Segenshandlung ein Gebet zu sprechen, das die individuelle Situation aufnimmt. Immer ist es angezeigt, Zustimmung und Erlaubnis der Betroffenen einzuholen, ehe man segnet, und zwar auf eine Weise, die ablehnende Antworten auch problemlos ermöglicht. Nie aber sollte die Segenshandlung selbst moderiert werden – das wirkt, wie wenn man einen Witz erklärt. *F. Steffensky* spricht mir in seinem sehr lesenswerten Aufsatz *Segnen – Gedanken zu einer Geste* (in: PTh 82, 1993, 2–11, hier 6) aus der Seele: »Ich wende mich ... gegen die Pest gedanklicher Elaboration von Gesten und Formeln. Wir kennen das: ›Wenn ich dir jetzt die Hand auflege, dann bedeutet das, dass ich dir Glück wünsche für deinen Weg, ...‹ Leg' die Hand auf und halt's Maul! Die Erklärung vertreibt die Poesie aus der Geste, das Geheimnis und das Schweigen, das zumindest an der Stelle des Segens kostbarer ist als Beredtheit.«

5. Auch die Segensformel selbst soll keine Erläuterungen und logischen Verschachtelungen, Relativsätze oder Konjunktionen enthalten, die beim Sprechen und Hören die Anstrengung des Bewusstseins bzw. des gedanklichen Nachvollziehens verlangen. Sie soll ohne Predigt- oder Gebetsanteile formuliert sein, ohne versteckte Belehrungen oder moralische Appelle. Deshalb eignen sich aus dem NEP die Vorschläge von Jörg Zink (117) und C. Spilling-Nöker (133) m.E. evtl. als Gebetstexte, nicht aber als Segensformeln. Gute Beispiele sind dagegen die Textvorschläge von L. Friedrich (98 u.ö.) und besonders der von A. Bauer (36), denn sie sind einfach, klar, bildhaft und kurz.
6. Sehr zu Recht empfiehlt das NEP die aaronitische Segensformel »für alle Fälle«. Ihre Eignung ist oben ausführlich dargestellt worden. Anders als an anderen Stellen muss sich an der Stelle des Segnens auch niemand schämen, immer wieder schlicht auf die Traditionsformel zurückzugreifen, im Gegenteil: »Ich schätze die Formel auch deswegen, weil ich beim Segen nicht denken will. Ich möchte mich einschmiegen in die wiegende Bewegung der Formel, fallenlassen in ihr Bild. Dazu brauche ich aber einen Gestus oder ein Wort, das ich kenne, das sich schon oft wiederholt hat ... Ich will keinen originellen Segen.« (*Steffensky*, a.a.O., 7)
7. Mehr als an allen anderen Stellen ist beim Segnen alles wegzulassen, was die Unmittelbarkeit des Vollzugs stört. Was sich nicht als inneres Bild eingeprägt hat, was man nicht automatisch und auswendig abrufen kann, kann man zum Segnen nicht verwenden. Besonders diese Empfehlung des NEP ist zu unterstreichen: Die Segensformel kennt und spricht oder singt man tunlichst »by heart«.

Literatur

Frettlöh, Magdalene, Theologie des Segens: biblische und theologische Wahrnehmungen, Gütersloh 1998
Greiner, Dorothea, Segen und Segnen: eine systematisch-theologische Grundlegung, Berlin 1998
Steffensky, Fulbert, Segnen: Gedanken zu einer Geste, in: PTh 82, 1993, 2–11
Wagner-Rau, Ulrike, Segensraum: Kasualpraxis in der modernen Gesellschaft, Stuttgart 2000

C. Praxisbeispiele

Fortschritte der Trauerforschung – Herausforderungen an die kirchliche Praxis der Trauerbegleitung[54]

Einleitung

Wie wir mit Tod und Trauer umgehen, ist eine existentielle Frage – für den Einzelnen, für die Gesellschaft und auch für uns *als Kirche*. Ich halte es für eine Frage unserer Zukunftsfähigkeit, wie es uns gelingt, die christliche und kirchliche Expertise im Umgang mit dem Tod zu aktualisieren und in der Gesellschaft wirksam zu machen. Längst haben die christlichen Kirchen ihr »Monopol ... in der Begleitung von Menschen, die ... vom Tod betroffen sind«, verloren. Das trifft uns in unserer *Kernkompetenz*.

Denn, so definiert es plausibel der Dogmatiker Eilert Herms:

»Der Ausdruck ›Religion‹ bezeichnet nicht irgendwelche Ansichten über eine übersinnliche Welt, Ansichten, die man hegen kann oder auch nicht, sondern ›Religion‹ bezeichnet den für die Existenz jeder endlichen Person grundlegenden Tatbestand, dass sie auf den Ursprung und auf das Ziel ihrer Existenz bezogen ist; und zwar *so* bezogen, dass sie diese Grenzen ihres Daseins irgendwie verstehen und in ihrer Lebensführung berücksichtigen muß.«[55]

54 Bei diesem Beitrag handelt es sich um einen Vortrag, den ich im Rahmen der Klausurtagung der Bischofskonferenz der VELKD »Vom christlichen Umgang mit dem Tod«, in Bückeburg, 6. bis 9. März 2004 gehalten habe. Er wurde zuerst veröffentlicht in: *Grünwaldt, Klaus / Hahn, Udo* (Hg. im Auftrag der Bischofskonferenz der VELKD), Vom Umgang mit dem Tod. Beiträge zur Trauerbegleitung und Bestattungskultur, Hannover 2004, 2., verb. Auflage 2005. Für den hier vorliegenden Band wurden die Elemente des Vortragsstils (Anrede etc.) getilgt.
55 *Herms, Eilert,* Ist Religion noch gefragt?, in: *ders*., Erfahrbare Kirche. Beiträge zur Ekklesiologie, Tübingen 1990, 25–48, hier 30.

Endlichkeit bzw. Sterblichkeit ist demnach *das* zentrale Thema sowohl der Anthropologie als auch der Theologie, sowohl des Lebens wie des Glaubens; die Kommunikation darüber ist die genuine Aufgabe der Religionsgemeinschaft. Besteht auch in der modernen Gesellschaft kein mehrheitlicher Konsens mehr über spezifische inhaltliche Ausprägungen der religiösen Einstellung (zum Tod), so haben doch die Kirchen den Diskurs darüber zu führen und ihre je eigenen Anschauungen dazu zu kommunizieren.

Der Tod hat hermeneutische Funktion. Er ist der Lehrmeister des Lebens und der »Ernstfall« des Glaubens. Wo er eintritt, ist Kirche im Zentrum ihrer Aufgabe gefordert. Deshalb hat Kirche im Todesfall präsent zu sein; deshalb gehört sie an die Seite der Trauernden; deshalb haben die kirchlichen Amtspersonen ihre Kompetenz nicht nur *für* den Todes- und Trauerfall auszubilden, sondern auch *durch* ihn bzw. *von ihm her!*
Mit ihrer Präsenz im Todes- und Trauerfall hat Kirche einen Dienst an den Betroffenen, an der Gesellschaft und an sich selbst zu leisten.

Wie sollen wir heute die kirchliche *Trauerbegleitung* gestalten?

Was hat nun die kirchliche Trauerbegleitung bereits zu bieten, und wie ist sie angesichts aktueller Befunde weiter zu entwickeln?
Nachstehend gebe ich einen kurzen Überblick über Fortschritte und neuere Erkenntnisse der Trauerforschung (II.).

Das setzt den Blick auf spätmoderne Veränderungen in den kontextuellen Bedingungen in Gesellschaft und Kirche voraus (I.) – sie gehören zum Befund.
Nach dem Forschungsüberblick stelle ich im Ergebnis als Alternative zu den gängigen Phasenmodellen von Trauer und Trauerbegleitung ein Aufgabenmodell vor (III.).
Abschließend fasse ich zusammen, was sich aus dem Dargestellten an Herausforderungen an die kirchliche Praxis der Trauerbegleitung bzw. an eine aktuelle Konzeption des kirchlichen Angebots ergibt (IV.).

Bei diesem Durchgang richte ich den Blick nicht allein auf die Bestattung, sondern setze auch Akzente bei anderen, der Bestattung vorausgehenden Aufgaben kirchlicher Trauerbegleitung. Das scheint mir sinnvoll, weil es einem der ganz wesentlichen Befunde der praktisch-theologischen Analyse entspricht: Trauerbegleitung beginnt heute zu spät. Auch das kirchliche Begleitangebot, Bestattung, kommt unter den heutigen Bedingungen oft zu spät und reicht allein nicht mehr aus. Und: Die Nachfrage nach diesem unserem Angebot geht zurück.

I. Veränderte Rahmenbedingungen von Sterben, Tod und Trauer

1. Gesellschaftlich

In der spätmodernen westlichen Gesellschaft haben sich die Bedingungen und in deren Folge auch das soziale Erleben von Sterben, Tod und Trauer stark verändert. Ich nenne einige wichtige Punkte ohne Anspruch auf Vollständigkeit:

– *Verlängerte Lebenserwartung*
Ihre Ur-Urgroßeltern hatten, wenn sie in Deutschland geboren wurden und lebten, statistisch eine Chance von 2:1, das erste Lebensjahr zu überleben; ihre Chancen, neun Jahre oder älter zu werden, standen 1:1. Sie hatten eine durchschnittliche Lebenserwartung von etwa 35 Jahren.[56] Heute, nur etwa vier Generationen später, ist die Säuglings- und Kindersterblichkeit in Deutschland auf ein Minimum von insgesamt unter einem Prozent zurückgegangen, sodass der Tod eines Kindes heute als außergewöhnlich, widernatürlich und katastrophal erlebt wird. Unsere durchschnittliche Lebenserwartung beträgt über 80 Jahre – sie hat sich also mehr als verdoppelt.
Gehörten Sterben und Tod früher zum Alltag, tritt *heute durchschnittlich nur noch alle 15–20 Jahre ein Todesfall im engeren familiären Umfeld ein.* Tod, Sterben und Trauer treten schon dadurch im allgemeinen Erleben und Bewusstsein immer mehr zurück; ihre Bewältigung wird immer weniger geübt.

– *Verbesserte Lebensqualität*
Choraltexte im Evangelischen Gesangbuch zeigen, wie viel stärker als wir frühere Generationen das Leben in der Perspektive auf den Tod hin betrachteten. Dabei wurde der Tod z.T. durchaus positiv konnotiert, nämlich als Erlösung aus dem Jammertal, als das das Leben angesichts schlechter Lebensverhältnisse erscheinen konnte. Dank des medizinischen Fortschritts hat sich das umgekehrt: Bis heute hat sich die Qualität des Lebens allgemein enorm verbessert, sogar für Alte und Kranke; sie wird überwiegend als gut erlebt, der Tod dagegen als Schrecken. Das hängt eng mit dem nächsten Punkt zusammen:

[56] Die Angaben beziehen sich auf das Jahr 1875. Fast ein Drittel, nämlich über 31 % der Neugeborenen starben innerhalb des ersten Lebensjahres; über 50 % der Kinder starben bis zum Alter von acht Jahren, d.h. weniger als die Hälfte der Kinder wurde neun Jahre oder älter. Vgl. *W. Schweidtmann,* Der Umgang mit Toten und Hinterbliebenen im Krankenhaus, in*: Richter, Klemens* (Hg.), Der Umgang mit den Toten. Tod und Bestattung in der christlichen Gemeinde, Freiburg i.Br. 1990, 81–92, sowie *Lammer,* a.a.O., 40. S.a. *Kohli, Martin,* Alter und Altern in der Gesellschaft, in: *Schäfers, Bernhard / W. Zapf, Wolfgang* (Hg.), Handwörterbuch zur Gesellschaft Deutschlands, Opladen ^{2}2000, 1ff.

– *Möglichkeit zum Aufschub des Todes*
Vor die Frage, wie man Tod und Trauer erträgt, deutet und bewältigt, tritt die Frage, was medizinisch getan werden kann, um sie abzuwenden oder hinauszuschieben. Die wachsenden Möglichkeiten zur Lebensverlängerung verstärken diese Entwicklung.

– *Verlagerung des Sterbeortes*
Die Mehrheit der Menschen stirbt heute in Deutschland abseits ihres häuslichen und sozialen Umfeldes in Institutionen – in Krankenhäusern knapp 50 %, in Alten- und Pflegeheimen zusätzlich etwa 25–30 %.[57]
Im Krankenhaus ist der Tod nicht vorgesehen, aber der Regelfall. Der Todes- und der Trauerfall treten nirgends so häufig ein wie im Krankenhaus und an zweiter Stelle in Heimen. Die moderne Gesellschaft hat sie hospitalisiert.

– *Traditionsabbruch*
Wie in anderen Bereichen des gesellschaftlichen Lebens hat auch im Bereich der Trauerriten und -gebräuche ein Traditionsschwund eingesetzt; vielfach fehlen Vorbilder und Brauchtum, und es besteht Unsicherheit, was im Trauerfall zu tun und zu sagen bzw. wie mit den Betroffenen umzugehen sei.
Was die Soziologie auch für viele andere Lebensbereiche feststellt, die »*Privatisierung und Individualisierung von Lebenslagen*«[58] trifft insbesondere auf den Bereich von Sterben, Tod und Trauer zu.
Diese finden (trotz einiger Gegenbewegungen, die es erfreulicherweise *auch* gibt), insgesamt immer weniger öffentlich sichtbar, kommuniziert und begleitet statt. Die soziale Gemeinschaft ist im Umgang damit zunehmend ungeübt. Das bedeutet: Die Betroffenen werden entsprechend weniger sozial gestützt; die Anforderungen an die individuelle Bewältigungsleistung steigen – und damit der Bedarf an individueller Trauerbegleitung.

– *Auseinandertreten von Tod und Bestattung*
In den Fällen, in denen die Tradition des öffentlich begangenen Bestattungsritus noch gepflegt wird, findet dieser Ritus heute oft wesentlich später statt als früher – und wesentlich weiter entfernt vom Sterbeort auf entlegenen Großfriedhöfen. Dies gilt mehr für großstädtische Bereiche als für ländliche. Als Gemeindepastorin im Hamburger Raum war ich betroffen, wie spät ich oft von einem Sterbefall erfuhr und ins Trauerhaus kam – in der Regel benachrichtigt durch den Bestatter, meist mehrere Tage, z.T. bis zu 10 Tage nach dem Tod. Und immer wieder stand ich bei Trauerfeiern vor Särgen, ging auf dem Friedhof

[57] Genaueres zur Zahlenentwicklung bei *Lammer*, a.a.O., 40.
[58] Vgl. *Beck, Ulrich*, Risikogesellschaft. Auf dem Weg in eine andere Moderne, Frankfurt a.M. 1986.

hinter Särgen her, ohne die Verstorbenen, die darin lagen, tot gesehen zu haben – all zu oft ging es so auch den Zugehörigen.
Vielerorts treten Tod und Bestattung heute räumlich und zeitlich auseinander. Das bedeutet für die kirchliche Trauerbegleitung: Wenn sie erst im Kontext der Bestattung ansetzt, entfernt sie sich von Ort und Zeit des Todes. *Andere* Berufsgruppen etablieren sich als Ersthelfer im Trauerfall.

Insgesamt stehen wir gesellschaftlich vor einer *Hospitalisierung, Privatisierung und Individualisierung der Trauer.*

2. Kirchlich

Die christlichen Kirchen verwenden aus guten Gründen einen substantiellen Teil ihrer Anstrengungen darauf, ihren Mitgliedern ein flächendeckendes Regelangebot zur Begleitung im Todes- und Trauerfall zu machen, traditionell mit der kirchlichen Bestattung und der Seelsorge in deren Kontext. Dieses Angebot war, gemeinsam mit den übrigen Kasualien, lange Zeit ein »Kassenschlager« in unserem Sortiment. Auch randständige Mitglieder, Kirchendistanzierte, selbst Ausgetretene suchten Begleitung an Knoten- und Krisenpunkten ihres Lebens.[59]

Wir wissen zwar: Der kirchlich angebotene Amtshandlungszyklus entspricht heute nicht mehr fraglos dem Lebenszyklus der Mehrheit der Bevölkerung. Die Leute wählen verschiedene Lebensformen und Lebensläufe, und oft laufen die am kirchlichen Musterlebenslauf vorbei. Sie sind selbst Autoren und Autorinnen des eigenen Lebens, und vielfach entspricht das Inhaltsverzeichnis nicht den Kirchenbüchern.
Nur: Das letzte Kapitel schreiben sie nicht selbst. Alle müssen sterben. Alle müssen den Tod ihnen nahestehender Menschen erleben. Und deshalb könnte man annehmen, unter den Amtshandlungen sei die Bestattung am wenigsten betroffen vom gesellschaftlichen Wandel der Biografieverläufe. Das ist aber nicht der Fall. Erstaunlicherweise ist gerade die Nachfrage nach der kirchlichen Bestattung in den vergangenen 30 Jahren stark zurückgegangen.

Ich nenne Ihnen einige wenige Daten, wegen der Vergleichbarkeit vor und nach der Deutschen Einheit sind sie nur auf Westdeutschland bezogen. In den östlichen Bundesländern bzw. Gliedkirchen ist der Anteil kirchlicher Bestattungen noch wesentlich geringer.

Von 1970–2000 sind die kirchlichen Bestattungen in der EKD um ca. 25 Prozent zurückgegangen. In einer ihrer Gliedkirchen, der Nordelbischen Kirche (NEK), ist der Verlust weit höher: 38 Prozent von 1970–

59 So zeigen die Kirchenmitgliederbefragungen.

2000. Selbst wenn man den relativen Rückgang der Sterbeziffern im Vergleichszeitraum gegenrechnet, macht das einen Verlust von über 30 Prozent.[60] Es steht zu befürchten (Stichwort: Nord-Süd-Gefälle in der Kirchenbindung), dass sich in der NEK ein Trend vorabbildet, der auch in anderen Gliedkirchen fortschreiten wird.

Kirche steht wie nie zuvor im Wettbewerb. Der »Markt«-Anteil anderer Anbieter wächst – allen voran das Bestattungsgewerbe. Die Bestatter sind im Trauerfall strukturell früher, schneller und öfter präsent als Kirche. Sie machen inzwischen auch gezielte Angebote zur Trauerbegleitung, die z.T. qualitativ hochwertig und umfassender als die kirchlichen sind – und sich offenbar auch gut verkaufen.[61]

Unser Problem ist, vereinfacht gesagt:
Ein zunehmender Anteil der Bevölkerung entzieht den Kirchen die Zuständigkeit im Todes- und Trauerfall und überträgt sie anderen Anbietern. Der Kompetenzverlust in dieser ihr angestammten Domäne trifft die Kirche ins Mark – bzw., neudeutsch gesprochen, im »Markenkern«. Doch Kirche kann im Trauerfall mehr und noch anderes bieten als die Bestattung. Sie muss es auch, damit ihr die Expertise im Todes- und Trauerfall nicht weiter entgleitet.

Offenbar müssen wir über unser Marketing und unsere Angebotsstruktur neu nachdenken. Aber mit unseren Ressourcen und Kompetenzen brauchen wir uns vor keinem Wettbewerber zu verstecken. Das ist unsere Chance und Stärke:

Wir haben ein flächendeckendes Personalnetz von gut ausgebildeten Pastoren und PastorInnen, die nach allen Umfragen immer noch ein hohes Ansehen und großes Vertrauen genießen.[62]

Wir bieten (ich deute hier nur an, was ich im meinem Trauer-Buch vertieft habe[63]):

[60] Dies ist auch nur teilweise auf einen Anstieg konfessionsloser oder andersgläubiger Bevölkerungsanteile zurückzuführen. Bemerkenswert ist in diesem Zusammenhang, dass 1998 schon über 20 % der verstorbenen eigenen *Kirchenmitglieder* der NEK nicht mehr kirchlich beerdigt wurden. (Seit 1999 wird diese Relation in den kirchlichen Statistiken nicht mehr ausgewiesen.) Vgl. *Lammer,* a.a.O., 55.

[61] Vgl. z.B. die Erfolge des prominenten, häufig in den Medien präsenten Bestatters Fritz Roth aus Bergisch Gladbach mit seiner privaten Trauerakademie oder die bundesweite Expansion des zum Marktführer avancierten Ahorn-Grieneisen-Konzerns mit seiner bundesweit operierenden Kette von Bestattungs-Instituten, die ihr Programm bereits im Namen trugen: »Ahorn-Trauerhilfe«.

[62] Bekanntermaßen nehmen auf der Skala der angesehensten Berufstände PfarrerInnen regelmäßig den zweiten Platz nach ÄrztInnen ein.

[63] Vgl. a.a.O., 160–167 und insbes. 178–182.

– *biblisch- und systematisch-theologische Kompetenz*, d.h. eine Palette von materialen Deutungsangeboten, wenn im Trauerfall die Fragen nach dem Sinn von Tod und Leben aufbrechen;

– *poimenisch-hermeneutische Kompetenz*, d.h. das Handwerkszeug, um Menschen dabei zu helfen, sich selbst und ihre aktuell erlebte Wirklichkeit besser zu verstehen – auch dann, wenn sich ihr weltanschaulicher Referenzrahmen von unserem eigenen unterscheidet. Hier geht es um Hilfe zur Selbstauslegung und Vergewisserung von Lebenssinn (diese Kompetenz wird in der pastoralpsychologischen Ausbildung besonders entwickelt, wird aber im Theologiestudium durch exegetische und hermeneutische Methodik schon allgemein vorgebildet);

– *liturgisch-rituelle Kompetenz,* d.h. die Fähigkeit, überwältigenden Erlebnisinhalten Ausdruck, Darstellung, Gestalt zu geben – sei es durch traditionell geprägte oder auch durch situativ mit den Betroffenen entwickelte Formen von Sprache und Ritualen.

II. Fortschritte der Trauerforschung – alte Grundannahmen, neue Befunde

Im folgenden Forschungsüberblick stelle ich Ihnen von den zahlreichen multidiszipinären Beiträgen zur Trauerforschung hauptsächlich solche aus dem Bereichen Medizin (einschließlich der Psychiatrie) und Psychologie (einschließlich der Pastoral- und Sozialpsychologie) vor.

1. Definition

Was ist Trauer?
Nach wie vor können wir unserem Verständnis von Trauer die zum »Klassiker« avancierte Definition Sigmund Freuds von 1916 zugrunde legen:

»Trauer ist regelmäßig die Reaktion auf den Verlust einer geliebten Person oder einer an ihre Stelle gerückten Abstraktion wie Vaterland, Freiheit, ein Ideal usw.«[64]

Für unsere Zwecke verzichten wir auf die »Abstraktionen«, deren Verlust betrauert werden kann (heute würde man vielleicht »Jugend«, »Gesundheit«, »Arbeitsplatz« o.ä. einsetzen) – uns geht es ja im engeren Sinne um Trauer im Todesfall. Und wir verzichten auf die Annah-

64 Vgl. *Freud, Sigmund,* Trauer und Melancholie (1916), in: *ders.*, Gesammelte Werke, Bd. 10, Frankfurt a.M. [4]1967, 428–446, hier: 428f.

me, dass eine Person geliebt gewesen sein muss, damit man um sie trauert (ich erläutere das noch). So kommen wir zu der einfacheren und allgemeineren Begriffsbestimmung:

Trauer ist die normale Reaktion auf einen bedeutenden Verlust.

Ich habe die beiden Schlüsselbegriffe dieser Definition – »Reaktion« und »Verlust« – benutzt, um das umfangreiche und sehr disparate Material der neueren Trauerforschung zu systematisieren:
Empirische Beiträge zur Trauerforschung arbeiten deskriptiv, d.h. sie beschreiben Formen der Trauer-Reaktion, also: *wie* wir trauern.
Theoretische Forschungsbeiträge erklären von verschiedenen theoretischen Referenzrahmen her, was nach ihrem Verständnis die Verlusterfahrung ausmacht, d.h. welche Qualität der erlittene Verlust hat, oder: warum und *worum* genau wir trauern.

2. Überblick

Zu den deskriptiven oder *empirischen* Beiträgen gehören:
– symptomatologische Studien;
– Phasenmodelle;
– Aufgabenmodelle
des Trauerprozesses. Phasenmodelle bringen beobachtete Reaktionsformen in eine zeitliche Reihenfolge bzw. in eine hierarchische Stufenfolge. Aufgabenmodelle werden quasi durch Rückprojektion gelungener Prozesse der Trauerbewältigung gewonnen.

Was genau im Trauerfall *verloren* wird, worum wir trauern, erklären verschiedene *theoretische* Beiträge zur Trauerforschung sehr unterschiedlich. Wir können das hier nicht im Einzelnen vertiefen, aber ich möchte Ihnen wenigstens einen kleinen Eindruck von der Bandbreite der Konzepte geben. Der erlittene Verlust wird u.a. beschrieben als:
– Objektverlust (Psychoanalyse);
– Bindungsverlust (John Bowlby: Ethologie/Lerntheorie);
– Verlust von Verstärkung (Behaviorismus);
– Verlust von Sinn- u. Bedeutungsstrukturen (Kognitionspsychologie)[65];
– multipler Verlust von instrumenteller, validierender und emotionaler Unterstützung sowie von sozialer Identität (kognitive Stresstheorie)[66].

In den Aus- und Fortbildungscurricula helfender Berufe dominieren, ungeachtet ihres Alters (über 30 bzw. knapp 100 Jahre), bis heute ganz überwiegend zwei der genannten Konzepte: die Phasenmodelle und die psychoanalytische Trauertheorie; diese gehören nach wie vor zum Prü-

[65] Hier haben wir natürlich eine gewisse Nähe zur Theologie.
[66] Hier wird der Trauerfall zu den »stressful life events« gezählt.

fungsstoff theologischer Examina. Sie haben zweifellos ihre Verdienste. Einige von ihren Grundannahmen halten aber der neueren Forschung nicht stand. Wir nehmen sie im Folgenden kritisch in den Blick. Zur Revision werden Erkenntnisse aus allen anderen oben aufgeführten Sparten herangezogen.[67]

3. Curricula auf dem Prüfstand (Freud, Kübler-Ross, Spiegel – revidiert)
   Revision der psychoanalytischen Trauertheorie

Bis heute gültig und grundlegend ist die Einsicht der Psychoanalyse, dass Trauer als Verlustreaktion nicht nur *normal,* sondern zur psychohygienischen Verlustverarbeitung *notwendig* ist und i.S. eines Reifungsprozesses auch zur positiven Entwicklung der Persönlichkeit führen kann. Die Psychoanalyse bietet die geschlossenste Theorie der Trauer, eine bis heute brauchbare Definition (vgl. o.) und unter dem Stichwort der »*Trauerarbeit*« dasjenige Konzept der Verlustbewältigung, das bis heute für zahlreiche psychologische »Schulen« verschiedenster Ausrichtung maßgeblich geblieben ist.

Einzelne Aspekte mussten revidiert werden; ich nenne zwei:
Der erste betrifft die *Ursache* der Trauer: Getrauert wird nicht nur, wenn ein libidinös besetztes Objekt bzw. ein *Liebes*objekt verloren wird, sondern wenn ein Mensch verloren wird, der für das eigene Le-

67 Neben der schon genannten Literatur vgl. *zur Symptomatologie* exemplarisch den »Klassiker« *Lindemann, Erich,* Symptomatology and Management of Acute Grief, in: American Journal of Psychiatry 10 (1944), 141–148; weiterhin *Zisook, Sidney / Shuchter, Stephen R.,* The First Four Years of Widowhood, in: Psychiatric Annals 16 (1986), 288–294; *Cleiren, Marc P.,* Bereavement and Adaptation: A Comparative Study on the Aftermath of Death, Washington/Philadelphia/London 1993 (Erstausgabe Leiden University, DSWO Press, 1991); *Stroebe, Margaret / Stroebe, Wolfgang,* Bereavement and Health. The psychological and physical consequences of partner loss, Cambridge / New York (Cambridge University Press) 1987; sowie aus Deutschland *Bojanovsky, Jörg,* Verwitwete. Ihre gesundheitlichen und sozialen Probleme, Weinheim/München 1986 und *Jerneizig, Ralf / Langenmayr, Alfred,* Klientenzentrierte Trauertherapie. Eine Pilotstudie zur Erfassung der therapeutischen Wirksamkeit, Göttingen 1992. Zu *Phasenmodellen* vgl. u.a. *Kübler-Ross, Elisabeth,* Interviews mit Sterbenden, Gütersloh [16]1992 (Erstauflage Stuttgart 1969). Zu *Aufgabenmodellen* vgl. *Worden, William,* Grief Counseling and Grief Therapy. A Handbook for the Mental Health Practitioner, Second Edition, New York (Springer Publishing Company) 1991, sowie *Lammer,* a.a.O. Zum *Bindungsverlust* vgl. von *Bowlby, John* u.a. seine Trilogie Attachment and Loss, Vol 1–3, New York (Basic Books) 1969–1980. Zum *Verstärkungsverlust* vgl. *Ramsay, Ron W.,* Behavioral approaches to bereavement, in: Behavioural Research Therapy 5 (1977), 131–135. Zum Verlust von Sinn- und Bedeutungsstrukturen vgl. *Marris, Peter,* Loss and Change, London (Routledge / Kegan Paul) 1974. Zu multiplen Verlusten nach der Kognitiven Stress-Theorie vgl. *Stroebe / Stroebe,* a.a.O., 90–100. Diese und viele andere sind dargestellt und ausgewertet bei *Lammer,* a.a.O., 68–229.

ben bedeutsam und prägend war – sei die emotionale Qualität der Beziehung zu diesem Menschen positiv, ambivalent oder negativ gewesen. Oft wird z.B. auch um Menschen getrauert, die es »nicht verdient« haben. Denn man betrauert nicht nur, was gewesen, sondern auch, was *nicht* gewesen ist. Manchmal bindet Menschen gerade das, was sie sich von der verlorenen Person sehr gewünscht, aber nie bekommen haben – und nun besteht nach ihrem Tod endgültig keine Chance mehr, dass das so Gebrauchte und Ersehnte noch gelingt.
Der zweite revisionsbedürftige Aspekt betrifft das *Ziel* des Trauerprozesses: Freud vertrat hier ein Ablösungsideal. Was an psychischen bzw. an Liebesenergien an die verlorene Person gebunden war, sollte auf dem Weg kurzfristiger »Überbesetzung« von ihr abgezogen werden. Trauernde sollten eine möglichst vollständige Lösung ihrer Bindung an die Verstorbenen erreichen. So galt z.B. die Trauer einer Witwe dann als bewältigt, wenn sie bereit war, sich neu zu verheiraten.
Auch heute noch gilt die Fähigkeit, sich wieder *anderen*, auch *neuen* Beziehungen zuzuwenden, als ein Ziel gelingender Trauerprozesse. Als Voraussetzung dazu wird aber nicht mehr die Ablösung von den Verstorbenen, sondern eine sinnvolle *Neuverortung* angesehen. D.h.: Erstens gilt es, ein Konzept davon zu entwickeln, welchen Platz die Verstorbenen nach ihrem Tod haben (dazu dienen etwa Gedenktage und Gedenkstätten wie ein Grab, Konzepte wie ein Weiterleben in der Erinnerung, im Himmel oder Teilhabe am ewigen Leben Gottes etc. – oft ist für Hinterbliebene eine Vorstellung davon tröstlich, wo und wie ihre Verstorbenen geborgen sind). Und zweitens gilt es zu klären, welche *bleibende* Bedeutung die Verstorbenen jeweils für das Leben der Hinterbliebenen haben.
Dieses revidierte Konzept: »Neuverortung« statt »Ablösung« unterstreicht die positive, auch psychologisch gesehen positive Funktion christlicher Todesdeutung und christlicher Erinnerungskultur.

Revision der Phasenmodelle des Trauerprozesses

Folgende Phasenmodelle des Trauerns sind in Deutschland am meisten verbreitet (es gibt noch zahlreiche andere):
Elisabeth Kübler-Ross mit ihren fünf Phasen: Nichtwahrhabenwollen, Zorn, Verhandeln, Depression und Zustimmung;
Yorick Spiegel mit den vier Phasen: Schock, Kontrolle, Regression und Adaptation.

Den Phasenmodellen sind folgende Verdienste zuzurechnen:
Sie haben den *Prozesscharakter* des Trauerns hervorgehoben. Und sie haben einer breiten Öffentlichkeit Trauerphänomene, auch von der Umwelt als »schwierig« empfundene Trauerphänomene wie z.B. Zorn, als *normal* und als in der Regel vorübergehender Natur bekannt gemacht.

Ihr Einzug in die Lehrbücher helfender Berufe hat aber auch gravierende Nachteile. Schwierigkeiten bereiten die folgenden Punkte:
– *zu simplizistisch:* Einer der wichtigsten Befunde der neueren Forschung lautet *Diversität.* Die Bandbreite von Trauerreaktionen ist enorm vielfältig, und zwar in allen Bereichen: somatisch, psychisch und auf der Ebene des Verhaltens. Phasenmodelle reduzieren die Diversität dieser Phänomene in empirisch überholter Weise auf ein zu uniformes, simplizistisches Bild.
– *zu schematisch/normativ:* Phasenmodelle generieren zu enge, zu schematische Erwartungsmuster an Trauernde – frühere Trauer-Verbote schlagen quasi in Trauer-*Ge*bote um (»Du hast nicht »richtig« getrauert, wenn du nicht ...«).
– *zu diagnostisch (Dissoziation der Helfenden):* Phasenmodelle regen dazu an, dass Helfende in die Rolle von Diagnostikern schlüpfen: Sie ordnen die Trauernden in eine »Phase« ein und sehen die Aufgabe der Begleitung darin, den Betroffenen möglichst zum Fortschritt in die nächst »höhere« Phase zu verhelfen. Damit dissoziieren sie sich von ihnen, was mit einer seelsorglichen Haltung schwer zu vereinbaren ist.

– *Mythos »Schockphase« – Verzögerung der Trauerbegleitung*
Und schließlich: Phasenmodelle haben einen viel geglaubten und wohlgepflegten Mythos der Trauerliteratur verbreitet: die so genannte »Schockphase«. Demnach müssten Trauernde am Beginn des Trauerprozesses generell wie erstarrt, wie betäubt sein, kaum fähig, sich zu äußern, geschweige denn, ihre Umwelt wahrzunehmen und zu kommunizieren. Entsprechend hat man gefolgert, dass eine Trauerbegleitung zu Beginn des Prozesses nicht möglich und nicht nötig sei – so lernen etwa angehende PastorInnen, dass es sinnvoll sei, mit dem Besuch im Trauerhaus zu warten, bis die Betroffenen möglichst von der sog. »Schockphase« in die sog. »kontrollierte« Phase übergegangen seien.
Nun ist natürlich durchaus richtig, dass Phänomene des Schocks vorkommen. Bereits in den ersten Minuten und Stunden unmittelbar nach der Todesmitteilung sind aber *alle* möglichen Trauerreaktionen empirisch zu beobachten, einschließlich aller, die den verschiedenen anderen sog. »Phasen« zugeordnet werden.
Die allgemeine »Schockphase« ist ein Mythos. Er ist schädlich, weil er die Trauerbegleitung und -auslösung verzögert – und eine solche Verzögerung zählt man heute zu den Risikofaktoren, die erschwerte oder fehlgeleitete Trauerprozesse generieren können.

4. Die wichtigsten neueren Befunde

Von den wichtigsten neueren Befunden wurden in den vorhergehenden Abschnitten bereits einige abgearbeitet, die hier nicht mehr vertieft werden müssen:

– *Ursache: »Bedeutung« vs. »Liebe« / »Libido«*
Ursache für Trauerreaktionen ist der Tod eines Menschen nicht nur, wenn dieser *»geliebt«,* sondern wenn er für das Leben der Hinterbliebenen in irgendeiner Weise *bedeutend* war.

– *Ziel: Neuverortung vs. Ablösungsideal*
Als ein Ziel (*ein* Ziel) des Trauerprozesses bestimmt man heute nicht mehr die möglichst vollständige *Ablösung* von den Verstorbenen, sondern deren Neuverortung.

– *Verlauf: normale Diversität vs. Pathologie*
Trauerreaktionen sind sehr viel vielfältiger und individueller als früher vermutet. Es gibt nicht nur ein »ganz normales Chaos der Liebe«[68], sondern auch ein »ganz normales Chaos der Trauer«.

– *Dauer: länger als erwartet*
Erwartete man früher, dass der Trauerprozess ein bis zwei Jahre dauerte, rechnet man heute mit einer normalen Dauer von drei, fünf oder auch mehr Jahren und sogar damit, dass manche, sehr tiefgreifende Trauerprozesse lebenslang unabgeschlossen bleiben (»Es wird nie mehr wie früher«) – und die Betroffenen trotzdem bzw. zugleich wieder ein erfülltes Leben führen können.

– *Wirkung: psychosomatisch / psychosozial umfassender als erwartet*
Trauerreaktionen können die verschiedensten Bereiche von Körper, Psyche und Verhalten erfassen und länger anhalten als bisher angenommen. Die Folgen übersteigen bei weitem das sozial Erwartete.

– *Risiken: hohe Pathogenität / Morbidität / Suizidalität*
Dabei ist nicht das Trauern krankhaft (im Gegenteil), aber es besteht für Trauernde generell ein deutlich erhöhtes Erkrankungsrisiko, weil der erlittene Verlust belastend ist und seine Bewältigung (oder Verdrängung) viele Energien braucht. Die psychischen Erkrankungen, vor allem Depressionen und Angstzustände nehmen bei Trauernden um etwa 25–30 % zu. Im somatischen Bereich treten zahlreiche Störungen auf, oft auch kumulativ; am besten ist eine deutliche Zunahme von Herzerkrankungen und ein Anstieg der Mortalität erforscht: Das Sterblichkeitsrisiko Trauernder steigt im ersten Halbjahr nach dem Trauerfall um durchschnittlich etwa 300 %. Die Suizidquote steigt durchschnittlich um etwa 500 %; eine amerikanische Studie stellte bei Verwitweten einen extremen Anstieg in der *ersten Woche* nach dem Tod des Ehepartners fest: bei Frauen um das 10-fache, bei Männern um das 66-fache.[69] Diese hohen Risiken machen die Relevanz von Trauerbegleitung, insbesondere einer Trauerbegleitung präventiver Art, deutlich.

[68] Vgl. *Beck, Ulrich / Beck-Gernsheim, Elisabeth,* Das ganz normale Chaos der Liebe, Frankfurt a.M. 1990.
[69] Zu Nachweisen und einem detaillierteren Überblick *Lammer*, a.a.O., 176ff.

– *Gewichtung: Bedeutung früher Reaktionen / früher Auslösung*

In diesem Zusammenhang ist die früher verkannte Bedeutung erster Trauerreaktionen zu unterstreichen. Gerade diese können besonders heftig und signifikant sein, entgegen bisherigen Annahmen. Man hat in wissenschaftlichen Studien Trauernde dazu befragt: In Deutschland gaben 76 %, in USA 92 % an, den Tiefpunkt ihrer Krise bereits im perimortalen Zeitraum *vor* der Bestattung erlebt zu haben.[70] Ob erste Trauerreaktionen Raum finden oder im Ansatz unterdrückt werden, ob eine frühe oder eine verzögerte Trauerauslösung stattfindet, ist wesentlich für den weiteren Verlauf des Trauerprozesses. Der Befund spricht für eine *möglichst frühe Erstintervention.*

– *Charakter: u.a. Lernprozess*

Dem Briten John Bowlby und seinen umfangreichen Forschungen verdanken wir die Einsicht, dass wesentliche Anteile des Trauerprozesses den Charakter von *Lern*prozessen haben; m.a.W.: Die Verlustbewältigung hängt u.a. von der Lernfähigkeit und von den Lern*gelegenheiten* ab, die den Betroffenen zur Verfügung stehen.

Nach einem schweren Verlust muss man *lernen*, sich in einer radikal veränderten persönlichen Wirklichkeit zurechtzufinden, die Lücke im persönlichen Beziehungsgeflecht zu kompensieren, den Tages- und Lebenslauf neu zu ordnen etc.

Zunächst und vor allem anderen muss man lernen, die kaum zu fassende Tatsache des Todes überhaupt zu realisieren. Diese erste Aufgabe der Trauerarbeit kann dann und dort am besten angegangen werden, wo der Tod eintritt und man ihn körperlich sehen, hören, riechen und be-greifen kann.

– *Intervention: Prävention vs. retrospektive Therapien*

Es bietet sich demnach eine präventive Erstintervention zur Sterbezeit am Sterbeort an. Dadurch können Fehlleitungen des Trauerprozesses vermieden und Therapien reduziert werden, die eingangs Versäumtes und Verschüttetes in aufwendigen retrospektiven Verfahren wieder freizulegen und nachzuholen versuchen.

– *Paradigma: Aufgabenmodell vs. Phasenmodell*

Anstelle der Phasenmodelle stehen als neuere und, wie ich meine, bessere Paradigmen Aufgabenmodelle von Trauer und Trauerbegleitung zur Verfügung.

70 Vgl. *Lammer*, a.a.O., 21 und 150–177, insbes. 166f; hier beziehe ich mich auf die »Harvard-Studie« von *Glick, Ira O. / Weiss, Robert S. / Parkes, Colin M.*, The First Year Of Bereavement, New York (Wiley and Sons) 1974, sowie und auf die Studie von *Bojanowsky, A. / Bojanowsky, J.*, Zur Verwitwung in Mannheim (1983), in: *Howe, Jürgen / Ochsmann, Randolph,* Tod – Sterben – Trauer. Bericht über die 1. Tagung zur Thanato-Psychologie vom 4.–6. November 1982 in Vechta, Eschborn 1985. Vgl. a. *Bojanovsky, Jörg,* Verwitwete. Ihre gesundheitlichen und sozialen Probleme, Weinheim/München 1986.

Ehe ich abschließend mein Aufgabenmodell vorstelle, möchte ich Ihnen zur Veranschaulichung der drei zuvor genannten Punkte ein Fallbeispiel geben:

Die Krankenschwester bittet mich, zur Notaufnahme zu kommen. Ein noch nicht einjähriges Kind ist am plötzlichen Kindstod gestorben, die Reanimation ist nicht gelungen. Die Schwester möchte, dass ich die Mutter beruhige und dazu bewege, nach Hause zu gehen.
Die junge Mutter läuft im Warteraum rastlos umher, »Mein Baby, mein Baby, mein Baby!« Sie schlägt ihren Kopf an die Wand. Sie bückt sich und schaut unter Stühle, sie reckt sich, um hinter das Sofa zu sehen, sie sucht – »Mein Baby!« Und es ist ganz klar: Die Frau muss nicht beruhigt und nicht nach Hause geschickt werden; sie muss zu ihrem toten Kind.
Ich bringe sie zum Totenbett. Sie fliegt auf den kleinen Körper zu und nimmt ihn hoch. Sie spricht mit ihm, stutzt, schüttelt den Körper, schreit ihn an. Sie will ihn zum Leben erwecken, vergeblich. Dann werden ihr die Knie weich und sie sinkt zu Boden. Ich fange sie auf und halte sie, helfe ihr wieder hoch. Schütteln, Schreien, Schlagen, Zusammensinken. So geht es wieder und wieder, dreimal. Dann legt sie den Körper des Kindes auf die Bahre, streichelt ihn leise und sagt: »Du bist ja so kalt.« »Ja,« sage ich, »sie ist kalt. Ihre kleine Tochter ist tot. Es tut mir so leid!« Still fährt die Frau fort, den reglosen Körper zu streicheln. Und langsam be-greift sie den Tod ihres Kindes.
Schließlich nimmt sie ihr totes Baby in die Arme, sanft, sie wiegt es, weint, spricht leise mit ihm, legt es wieder hin, nimmt ihren Abschied. Und dann fällt ihr ihr anderes Kind ein, das auf sie wartet, und sie will zu ihm gehen.
Ich begleite sie hinaus, aus dem Sterbezimmer, aus der Notaufnahme, aus dem Krankenhaus – jede Tür eine Schwelle: das verstorbene Kind zurücklassen, eintreten in die Welt der Lebenden, der Öffentlichkeit. Draußen kommt uns die Freundin der Frau mit einem kleinen Jungen in der Sportkarre entgegen. Die Frau zögert, dann läuft sie auf ihr lebendes Kind zu, sie kniet vor der Kinderkarre nieder und drückt ihren Sohn fest an sich.

III. Jenseits der »Trauerphasen« – Aufgaben von Trauer und Trauerbegleitung

Wir kommen zum Aufgabenmodell der Trauerbegleitung: Natürlich haben Aufgabenmodelle denselben Zweck wie Phasenmodelle, nämlich die Komplexität von Trauerprozessen auf ein übersichtliches Maß zu reduzieren. Sie sind also ebenfalls reduktionistisch. Ich halte sie aber für geeigneter, weil sie strukturieren und Orientierung geben, ohne das Trauerverhalten zu stark zu normieren. Sie lassen Raum für individuell verschiedene Trauererfahrungen und Bewältigungsstrategien bzw. Bewältigungsstile. Und: Aus den konkreten Aufgaben, die Trauernde zu bewältigen haben, lassen sich die Aufgaben der Trauer*begleitung* ableiten, wie es zuerst der Amerikaner William Worden getan hat.[71] Nachstehend erläutere ich überblicksweise mein eigenes Aufga-

[71] Vgl. *Worden,* a.a.O., 10–18 und 38.

benmodell der Trauerbegleitung; es ist für Aus- und Fortbildungszwecke vereinfacht und auf ein Merkwort gebracht.

Aufgaben der Trauerbegleitung nach Kerstin Lammer (2004):

T	od be-greifen helfen (Realisation)
R	eaktionen Raum geben (Initiation)
A	nerkennung des Verlusts äußern (Validation)
U	ebergänge unterstützen (Progression)
E	rinnern und Erzählen anregen (Rekonstruktion)
R	essourcen und Risiken einschätzen (Evaluation, Prävention)

Ich fasse mich bei den meisten Aufgaben kurz und vertiefe nur die beiden mittleren ein wenig.

– Den Tod be-greifen helfen
Dafür stand eben ein Fallbeispiel vor Augen.

– Reaktionen Raum geben
Hier geht es um Gelegenheit und Hilfen zur Trauer-*Auslösung*.

– Anerkennung des Verlusts äußern, Validation
Dies ist besonders in Fällen wichtig, in denen die Umwelt nicht wahrnimmt, dass die Betroffenen einen schweren Verlust erlitten, sprich: Anlass zur Trauer haben. Ich denke etwa an vor-, außer- oder nichteheliche, auch an gleichgeschlechtliche Partnerschaften. Oder an Fälle von perinatalem Tod, wenn also Eltern ein Kind schon bei oder kurz nach der Geburt verlieren. Gerade weil solche Verluste sozial nicht bemerkt und nicht öffentlich begangen werden, verlangen sie nach Anerkennung und Würdigung.
Die Funktion der Validierung üben Geistliche übrigens schon qua Amt aus, genauer: aufgrund des Verweischarakters ihres Amtes. Mag sein, dass in manchen Fällen eine sensible Krankenschwester oder Putzfrau die bessere Seelsorgerin ist. Aber: Die Pastorin gibt der Situation eine besondere Dignität, noch ehe sie irgendetwas sagt oder tut. Denn wenn sie eintritt, wird mit ihr als Repräsentationsfigur symbolisch Gott in die Situation eingetragen; die Dimension der Transzendenz, des »Heiligen« ist angezeigt.

– Übergänge unterstützen
Damit meine ich zum einen rituelle Übergangshilfen zur Gestaltung des Abschieds: zum einen (anfangs im ganz körperlichen Sinne) die

Hinwendung zu und dann die Abwendung von den *Verstorbenen*. Das ist aus der Kasualtheorie bekannt und kann natürlich über die Bestattung hinaus in andere Begleitkontexte übertragen werden. Zum anderen und in gleichem Maße geht es aber um die Hinwendung der Hinterbliebenen zum *Leben*. So wie es bei der Sendung und Segnung der Gemeinde am Ende der Bestattung sinngemäß angesprochen wird: »Die Toten sind tot. Sie brauchen euch nun nicht mehr. Ihr aber geht ins Leben! Und dazu stärke euch Gott«. Diese Erlaubnis und Ermutigung ist in der Trauerbegleitung oft und in ganz explizitem Sinne nötig.

Ein zweites kurzes Praxisbeispiel:
Ein junger Mann ist bei einem Verkehrsunfall so schwer verletzt worden, dass er kurz nach der Einlieferung ins Krankenhaus stirbt. Seine 17-jährige, hochschwangere Verlobte legt sich weinend auf den Toten und sagt: »Oh nein, ich liebe dich so! Ich schwöre dir, ich werde nie einen anderen Mann haben.« Als Seelsorgerin validierte ich hier den einen Teil der Aussage der jungen Frau, nämlich, wie groß ihre Liebe und ihr Verlust seien und dass ihr Verlobter in seiner Einzigartigkeit nicht zu ersetzen sei. Dadurch trat der andere Aussageteil in seiner Bedeutung so in den Hintergrund, dass sie ihn zurücknehmen konnte: nämlich das Gelübde, das die Lebensmöglichkeiten der jungen Frau und ihres Kindes sonst erheblich hätte einschränken bzw. mit Schuldgefühlen belasten können. – Anerkennung für den Verlust äußern. Den Übergang unterstützen. Ermutigung zum Abschiednehmen und zur Hinwendung zum Leben.

– Erinnern und Erzählen anregen
Die Aufgabe der Rekonstruktion von Lebensgeschichte ist ebenfalls aus der Kasualtheorie bekannt, und auch dies ist natürlich auf andere Begleitkontexte übertragbar. Was manchmal übersehen wird: Es geht hier nicht nur um die Biografie der *Verstorbenen*, sondern auch um die der Hinterbliebenen und um die *Ver*flechtung und *Ent*flechtung beider.

– Ressourcen und Risiken einschätzen
Hier sollen Risikofaktoren erkannt und wo sie gehäuft vorliegen, weitere Begleitung bzw. Therapien empfohlen werden. Und es sollen die Bewältigungsressourcen der Hinterbleibenden angesprochen und aktiviert werden. Beides dient der Evaluation und der Prävention.

IV. Herausforderungen – Konzeptuelle Konsequenzen

Das bisher Gesagte fordert zu konzeptuellen Konsequenzen nach innen und nach außen heraus.

1. Nach innen

Nach innen ergeben sich vor allem zwei Konsequenzen. Die erste lautet, die Curricula der Aus-, Fort- und Weiterbildungen im Bereich Trauer und Trauerbegleitung zu entsprechend dem oben skizzierten

Erkenntnisfortschritt zu aktualisieren. Denn wie oben ausgeführt wurde, sind im Themenbereich Trauer und Trauerbegleitung gängige Lehr-, Lern- und Prüfungsinhalte in wesentlichen Punkten von der neueren Forschung überholt und revisionsbedürftig.
Die zweite Konsequenz lautet, die oben beschriebenen Kompetenzen (die biblisch- und systematisch-theologische, die poimenisch-hermeneutische und die liturgisch-rituelle Kompetenz) zu stärken.
Mit diesen Kompetenzen haben wir einen spezifischen und einzigartigen Beitrag zum Todesverständnis und zum Umgang mit Sterben, Tod und Trauer zu leisten. Sie gilt es verstärkt anzubieten und zu nutzen.

Ich möchte nur zum ersten Punkt, zur biblischen und systematisch-theologischen Kompetenz, der Klarheit halber noch einige Bemerkungen machen:
Hier ist Auskunfts*fähigkeit* gefragt, und zwar nicht im thetischen, sondern in *dem* Sinne, dass man bei Bedarf auf Fragen eingeht, *so* wie sie von den betroffenen Personen und von der konkreten Situation *gestellt* werden. Nicht, wie man bei Peter Bukowski liest: Ein Vikar macht einen Trauerbesuch, und die Hinterbliebene fragt ihn: »... was wird denn eigentlich aus Erwin, jetzt, wo er tot ist?«, und er antwortet: »Also ich bin Vertreter der Ganztodtheorie.«[72]
Wie wir das *Grund*bekenntnis, dass ich nicht Schöpferin, Erlöserin und Vollenderin meines Lebens bin, *selbst* dogmatisch akzentuieren, ist im Rahmen der Trauerpastoral weniger wichtig, als dass wir den Betroffen dabei behilflich sind, ihr eigenes, persönlichkeits- und situationsspezifisches Credo auszudrücken, zu entwickeln oder sich anzueignen. Auf dem Boden des von der ganzen Christenheit geteilten Apostolikums sind viele Spezifizierungen der Vorstellung von Tod und Auferstehung, Gericht und ewigem Leben möglich. Ich begreife das nicht als Unschärfeproblem, sondern als Reichtum und Chance – denn Auslegungsmöglichkeiten sind Aneignungsmöglichkeiten.

Manche Hinterbliebene fragen angesichts des Todes z.B. eher nach dem Wieso und Woher des Todes, andere nach dem Wohin der Toten.
Wer seinen 93-jährigen Großvater alt und lebenssatt sein Leben aushauchen sieht, wird sich vielleicht anders zu einem Konzept von »natürlichem Tod« oder »Fluchtod« einstellen als jemand, dessen Kind wenige Stunden nach der Geburt stirbt.
Wer einen geliebten Menschen durch eines anderen Menschen Schuld verloren hat, etwa durch einen Mord oder durch einen fahrlässigen Unfall, wird möglicherweise eher der Vorstellung von einer ausgleichenden Gerechtigkeit zuneigen als der der Allerlösung. Usw.

72 Vgl. *Bukowski, Peter,* Rückfragen an die akademische theologische Ausbildung, in: Pastoraltheologie 89, 2000, 474–482, hier 475.

Die Auseinandersetzung damit steht nicht nur im Dienst unserer Klientel, sie schult *uns* auch enorm in unserer eigenen theologischen Kompetenz.
Deswegen halten es die meisten US-amerikanischen Kirchen für sinnvoll, *alle* ihre PfarramtsanwärterInnen mindestens drei Monate zur klinischen Seelsorgeausbildung in Krankenhäuser zu schicken – nicht so sehr, damit sie Krankenseelsorge lernen, sondern damit sie lernen, Theologie an der gelebten Begegnung mit dem Leiden und Sterben zu entwickeln und zu bewähren. Denn relevant und plausibel ist eine Theologie, die dialogisch arbeitet und in der Lage ist, aus existentieller Erfahrung heraus und in existentielle Erfahrung hinein zu sprechen. Solche Theologie zu treiben, lernen wir von den Leidenden und im Angesicht der Toten.

2. Nach außen

Die Herausforderungen nach »außen« sind benannt; ich fasse sie noch einmal zusammen.

Wiederum sind in zweierlei Hinsicht Konsequenzen zu ziehen. Die erste bezieht sich auf den Wettbewerb mit anderen Anbietern. Hier stellen sich uns als Kirche die folgenden Aufgaben:

Wettbewerb mit anderen Anbietern:
- Expertise / Zuständigkeit halten
- Ersthelferfunktion zurückgewinnen
- Bestehendes Regelangebot fortsetzen und veränderten Bedingungen anpassen

Zum Wettbewerb mit anderen Anbietern hat der Bestatter Fritz Roth[73] vor der Bischofskonferenz der VELKD deutliche Worte gesagt: »Wenn ich Bischof wäre, könnten sich alle, die Trauerbegleitung machen, sehr warm anziehen – das würde ich mir nicht aus der Hand nehmen lassen!« Mir ist dieser Satz ein Stachel im Fleisch. Ich meine: Dass immer öfter Herr Roth in der Öffentlichkeit als Prophet der Trauerkultur auftritt, und nicht *wir* als Kirche, ist bedenklich.
Wir müssen aus den eingangs genannten Gründen unsere Expertise für den Todes- und Trauerfall (ich meine die uns *zugeschriebene* Expertise) halten bzw. zurückgewinnen. Anstatt immer später zu kommen und zur Nachhut oder gar zu unbezahlten Subunternehmern der Bestatter zu werden, sollten wir ernste Anstrengungen unternehmen, die *Ersthelfer-*

73 Fritz Roth ist Gründer und Betreiber einer privaten Trauerakademie in Bergisch-Gladbach, Gast in vielen TV-Talkshows und Autor zahlreicher Bücher im Themenbereich Sterben, Tod und Trauer. Bei der Bischofskonferenz, bei der der hier abgedruckte Beitrag als Vortrag gehalten wurde, war auch er einer der Referenten.

funktion im Todes- und Trauerfall zurückzuholen. Natürlich müssen wir weiterhin ein flächendeckendes Regelangebot zur kirchlichen Begleitung im Todes- und Trauerfall vorhalten. Und ich meine, dieses müssen wir unter den aktuellen Bedingungen heute neu konzipieren.

Das leitet zur zweiten Konsequenz über: Bedarfs- und Mitgliederorientierung. Hier haben wir als Kirche die folgenden Aufgaben:

- Privatisierung und Individualisierung aufgreifen: aufsuchende Arbeit
- Bedeutung früher Trauerreaktionen aufgreifen: Begleitung zur Sterbezeit
- Hospitalisierung aufgreifen: Begleitung am Sterbeort Krankenhaus

Die Amtshandlungspraxis in Form der kirchlichen Bestattung ist als Regelangebot weiterhin notwendig, unter den veränderten gegenwärtigen Bedingungen aber nicht mehr hinreichend. Nach den oben dargestellten Befunden ist es angezeigt, die kirchliche Amtshandlungspraxis so zu erweitern, dass sie eine regelmäßige *Begleitung zur Sterbezeit am Sterbeort* einschließt. Das heißt im parochialen Kontext z.B., stärker auf häusliche Sterbesegen und Aussegnungen zuzugehen. Angesichts der Hospitalisierung des Todes- und Trauerfalls ist es aber vor allem nötig, die Amtshandlungspraxis vom parochialen zum institutionellen Kontext hin zu erweitern – mit höchster Priorität um ein Regelangebot im Krankenhaus und an zweiter Stelle um Angebote in Alten- und Pflegeheimen.

Damit würden wir die häufig als veraltet kritisierte Komm-Struktur kirchlicher Arbeit (»Komm zu unseren Veranstaltungen! Komm ins Pfarrhaus, wenn du eine Bestattung brauchst!«) durch die Geh-Struktur aufsuchender Arbeit ergänzen. Das würde den Befund der Privatisierung und Individualisierung aufgreifen und auch dem entsprechen, was – die Befragungen zeigen es ja (Stichwort: Seelsorgedefizit) – unsere Mitglieder von uns erwarten.

In der finanziell angespannten Lage unserer Kirche ist es heikel, neue Arbeitsschwerpunkte und Anstrengungen vorzuschlagen. Die Gesamtzahl der Stellen kann nicht erhöht werden, und jeder Gedanke an Umverteilung aufgrund neuer Prioritäten löst neue Proteste und Verteilungskämpfe aus. Das ist mir bewusst. Dennoch kann ich schlechterdings nicht anders, als zu sagen, was mir von der Sache der Trauerbegleitung und von unserem Auftrag als Kirche her geboten scheint.

Nachtrag Reflex auf ein Gespräch der Bischofskonferenz der VELKD zum hier abgedruckten Vortrag

Mit den gegenwärtigen Personalmitteln und Strukturen kann eine Erweiterung des kirchlichen Angebots im Todes- und Trauerfall (Kirchliche Bestattung *plus* kirchliche Begleitung und Beratung zur Sterbezeit am Sterbeort) nur vereinzelt und exemplarisch realisiert, aber nicht als Regelangebot vorgehalten werden. – Wie dann?

In Zeiten knapper werdender Ressourcen mag man hier zuerst an Multiplikations-Konzepte denken: lieber vorhandene Kräfte besser ausnutzen als zusätzliche Seelsorgestellen in Krankenhäusern und Pflegeheimen zu schaffen. Können nicht außer Pfarrerinnen und Pfarrern noch ganz andere Personen eingesetzt werden? Wenige Pastorinnen und Pastoren schulen viele Ehrenamtliche für die Trauerseelsorge (vgl. das Vorbild der Telefonseelsorge oder der Hospizbewegung). Vorhandene Krankenhaus-Pastorinnen und Pastoren bieten dem medizinischen und pflegerischen Personal in Kliniken und Heimen Schulungen für den Umgang mit Sterben, Tod und Trauer an. In Verkündigung, Unterricht und Erwachsenenbildung rüstet man die Kirchenmitglieder für die Pflege der *ars moriendi* zu. – All dieses (ganz im protestantischen Sinne des Priestertums aller Gläubigen) mit dem Ziel, das ChristInnen einander am Totenbett PriesterInnen und SeelsorgerInnen sein können.

Solche Gedanken liegen nahe, aber: Die angestrebte Erweiterung der kirchlichen Angebotspalette im Todes- und Trauerfall ist eine Erweiterung der kirchlichen Kasual- und Amtshandlungspraxis (bzw. eine Rückführung der Amtshandlung in den Akutbereich des Kasus, nämlich ans Sterbe- und Totenbett). Bisher ist der Auftrag zum kirchlichen Handeln in diesem Fall an das ordinierte Amt gebunden. Ist das sinnvoll? Und inwieweit hat es dann auch für die erweiterte Kasualpraxis wie die perimortale Trauerbegleitung zu gelten? Das wäre noch zu diskutieren, ehe man diese Praxis an Ehrenamtliche übergibt.

Können nicht bereits vorhandene Pastoren zum erweiterten Dienst an Trauernden herangezogen werden? Z.B., indem außer Klinik-SeelsorgerInnen auch die PastorInnen der umliegenden Kirchengemeinden zu Sterbefällen in die Kliniken gerufen werden – man denke den an einen turnusmäßig wechselnden Rufbereitschaftsdienst nach dem Vorbild der Notfallseelsorge.

Auch hier sind Einwände zu bedenken: Werden dieselben Personen, die sich jetzt schon zusätzlich zu ihrem Regeldienst für die Notfallseelsorge zur Verfügung stellen, noch weitere Tag- und Nacht-Bereitschaftsdienste für Kliniken und Heime übernehmen können? Werden sich beide Bereitschaftsdienste logistisch und strukturell zusammenführen lassen?

Verschiedene, kostenlos verfügbare Kräfte einzubinden, ist wünschens- und bedenkenswert. Dennoch: Ohne eine substantielle Anzahl von Pfarrstellen in Krankenhäusern und Heimen wird die angestrebte

Trauerbegleitung am Sterbe- und Totenbett kaum zu leisten sein. Wer sie für wichtig hält, wird auch an der Frage nach dem dafür notwendigen Personal und den dafür notwenigen Investitionen nicht vorbeikommen. In diesen Zeiten kann das nur bedeuten, eine Prioritätendiskussion zu führen, auch um Pfarrstellenerrichtungen und -streichungen.

Die Kernfragen lauten: Können und wollen wir es uns leisten, an den Sterbeorten unserer Gesellschaft zusätzliche Angebote kirchlicher Begleitung im Todes- und Trauerfall zu schaffen? Können und wollen wir es uns leisten, das *nicht* zu tun?

Die Bischofskonferenz der VELKD äußert in ihrem Presse-Kommuniqué zum Abschluss der Tagung, auf der der hier abgedruckte Vortrag gehalten wurde:

»Haupt- und Ehrenamtliche in der Kirche … setzen sich kompetent dafür ein, den Tod begreifen zu helfen, Emotionen auf das Sterben Raum zu geben und Erinnerung an und Hoffnung für die Verstorbenen wach zu halten. Voraussetzung dafür ist eine schnelle und frühzeitige Präsenz der Kirche und ihrer Mitarbeitenden bei den Menschen, die um Tote trauern, die Beistand und Hilfe in ihrem Kummer wünschen. In Krankenhäusern hat sich dieses Angebot von Geburts- bis hin zu Palliativstationen, bei Eltern von Tot- und Fehlgeburten, bei Sterbenden und ihren Angehörigen nachhaltig bewährt. *Die Bischofskonferenz regt an, diese wichtige Arbeit in besonderer Weise zu unterstützen.*«

Kalter Schweiß auf dem Rücken – Seelsorge nach traumatisierenden Erlebnissen[74]

Der Amoklauf von Winnenden hat landesweit Bestürzung ausgelöst. Opfer und Zeugen wurden und werden von Notfallseelsorgern und Notfallpsychologen betreut – aber auch mittelbar Betroffene. Denn um einem den kalten Schweiß auf den Rücken zu jagen, reicht allein schon das Wissen: Der Schrecken hat sich an meiner Schule, in meiner Nähe ereignet. Es hätte mich oder meine Kinder treffen können. Ich müsste es hilflos mit ansehen und könnte gar nichts dagegen tun.

»Reden lassen! Die Schüler müssen aussprechen können, was sie erlebt haben, was sie empfinden. Ich gebe ihnen Raum für die Angst und das Weinen.« Solche und ähnlichen Rezepte äußerten manche Hilfskräfte in Radio- und Fernsehinterviews. Erinnern und erzählen lassen, dabei auf die Gefühle fokussieren – das gehört zum kleinen Einmaleins von Seelsorgern und Psychologen, und diese Grundtechniken sind in vielen Fällen probate Mittel seelischer Erster Hilfe. Aber nicht bei Traumatisierten! Und um die handelt es sich zum Teil in Winnenden. Nach traumatischen Erlebnissen helfen diese Techniken nicht nur nicht, sie schaden sogar, weil sie die Traumatisierung vertiefen.

Was erlebt ein Mensch, den ein belastendes Erlebnis so sehr stresst, dass er oder sie dadurch traumatisiert wird? Und welche Faktoren helfen Menschen, die ein Trauma erleiden, psychisch gesund zu bleiben? Das wird im ersten Teil des folgenden Artikels erläutert. Im zweiten Teil wird dargestellt, wie man Traumatisierungen erkennt und seelsorglich kompetent interveniert. Im letzten Teil wird das Thema noch über die Seelsorge hinaus erweitert. Denn zur Prävention und zur Bewältigung von Traumata können auch auf anderen kirchlichen Praxisfeldern sinnvolle Beiträge geleistet werden, z.B. auf dem Feld der Religionspädagogik.

74 Dieser Beitrag wurde zuerst unter dem Titel »Kalter Schweiß auf dem Rücken – Seelsorge nach traumatischen Erlebnissen« veröffentlicht in: Deutsches Pfarrerblatt 109, 4/2009, 179–182 und nachgedruckt in: *DAJEB (Deutsche Arbeitsgemeinschaft für Jugend- und Eheberatung e.V.)* (Hg.), Wege vom Un-Heil zum Heil und Heilen – Beratung und Seelsorge in belastenden Situationen, München, 37–49.

Verbreitung: Jeder zwölfte Mensch wird traumatisiert

Winnenden wird bald schon lange her sein. Die Aufregung legt sich. Aber in den Klassen und im Lehrerzimmer, in der Nachbarschaft und bei der Polizei bleiben traumatisierte Menschen zurück – und nicht nur dort. Epidemiologische Studien zeigen, wie verbreitet Traumatisierungen in westlichen Industriegesellschaften sind:

- 60–70 % der Erwachsenen haben schon mindestens ein Trauma erlitten,
- in Deutschland 22 % der Jugendlichen zwischen 14 und 24 Jahren.
- Nicht nur Katastrophenereignisse wie der Tsunami oder 9/11, Eschede oder der Amoklauf von Winnenden sind die häufigsten Ursachen, sondern jede Art von erlittener Gewalt und, ganz alltäglich: Unfälle.
- 8 % der Bevölkerung erkranken im Laufe ihres Lebens mindestens ein Mal an den dauerhaften Folgen einer Posttraumatischen Belastungsstörung (PTBS), also jeder zwölfte Mensch. Es handelt sich um eine der häufigsten psychischen Störungen überhaupt.

Wie man Traumatisierungen erkennt und richtig damit umgeht, ist also gesellschaftlich und gesundheitspolitisch hoch relevant. Nicht umsonst werden traumatisierende Ereignisse in den Medien mit enormer Aufmerksamkeit verfolgt. Das Thema ist auch *existentiell* relevant. Denn jedes Trauma vergegenwärtigt: Das Leben ist verletzlich, zerbrechlich; und unsere eigenen Möglichkeiten, es zu kontrollieren, sind begrenzt. Wie kann man damit leben? Ereignisse wie Winnenden stoßen an Grundfragen der menschlichen Verfasstheit.

Und: Das Thema ist *seelsorglich* relevant. Denn die gängigsten Methoden der Seelsorge sind in Fällen von Traumatisierung kontraindiziert; sie müssen hier vermieden und durch andere Interventionen ersetzt werden (vgl. u.).

Ursachen und Wirkungen von Traumatisierung

Was ist Traumatisierung, wie entsteht sie, und wie wirkt sie sich aus? Die empirischen Kenntnisse darüber entstammen der psychotraumatologischen Forschung;[75] den theoretischen Hintergrund bildet die kognitive Stress-Theorie nach Richard S. Lazarus und anderen.[76]

[75] Vgl. z.B.: *Levine, P. / Fredrick, A.*, Trauma-Heilung. Das Erwachen des Tigers, 1998; *Fischer, G. / Riedesser, P.*, Lehrbuch der Psychotraumatologie, 1998; *Scheeringa, M.S., et al.*, New findings on alternative criteria for PTSD in preschool childeren, in: Journal of the American Academy of Child ab Adolescent Psychiatry, 42 (5), 2003, 561–570.

[76] Vgl. z.B.: *Lazarus, R.S.*, Stress and Emotion, 2006, darin: 129–164, Stress and Trauma; *Lazarus, R.S. / Launier, R.*, Stressbezogene Transaktionen zwischen Person und Umwelt, in: *Nitsch, J.R.* (Hg.), Stress, Theorien, Untersuchungen, Maßnahmen, 1981, 213–259; *Horowitz, J.M.*, Stress Response Syndromes, PTSD, Grief and Adjustment Disorders, 3rd ed. 1997.

Der griechische Begriff *trauma* bedeutet Verletzung. Ein *Psychotrauma* ist eine psychische Verletzung, die durch extremen psychischen Stress entsteht. Traumatisierung ist also eine Stressreaktion auf belastende Ereignisse.

Nun ist es nicht so, dass bestimmte Ereignisse *an sich* traumatisierend wirken, sondern ein Ereignis wirkt *dann* traumatisierend, wenn man eine Situation als existentiell bedrohlich und die verfügbaren Bewältigungsressourcen als völlig unzureichend erlebt. *Erlebt* jemand eine Situation als extrem bedrohlich, *erlebt* jemand sich selbst als völlig hilflos preisgegeben oder nicht? Ein Ereignis, egal wie gravierend oder wie harmlos es Außenstehenden erscheint, ist nie per se, sondern immer nur *potentiell* traumatisierend. Von zwei Menschen kann durch dasselbe Ereignis der eine traumatisiert sein, der andere nicht. Nach einem Autounfall hört bei einer Person das starke Angsterleben nach zwei Nächten mit Albträumen auf, sie zuckt vielleicht noch ein bisschen zusammen, wenn sie wieder quietschende Reifen hört. Aber eine andere Person reagiert so darauf, dass sie über Monate hinweg vor Angst nicht mehr in ein Auto einsteigen kann. Entscheidend ist der subjektive Faktor der Wahrnehmung oder Bewertung.

Traumatisierung:

erlebte Existenzbedrohung + erlebte, extreme Hilflosigkeit → traumatisierender Stress

Die Anlässe, auf die Menschen am häufigsten mit Traumatisierung reagieren, sind: alle Formen von Gewalt, auch sexualisierte Gewalt, Unfälle und die *Beobachtung* von Gewalt und Unfällen.

Empirische Forschung: Beobachtbare Symptome

Die empirische Forschung hat gezeigt, an welchen beobachtbaren Symptomen man Traumatisierung erkennt.

Stellen Sie sich vor, es ist Nacht, Sie sind zu Fuß unterwegs, Sie müssen durch einen unbeleuchteten Park, Ihnen ist etwas unheimlich zumute, es ist dunkel, Sie sind ganz allein – da knackt es hinter Ihnen im Gebüsch. Wie reagiert Ihr Körper?

Er zuckt zusammen – Muskelkontraktion. Dann richtet er sich wieder auf und fährt herum in Richtung des Geräuschs – man nennt das »Orientierungsreflex«. Die Augenlider und Pupillen werden weit, die Haut bildet Schweiß. Das Gesicht wird blass, denn alles Blut fließt in die großen Muskeln, die zu Kampf oder Flucht gebraucht werden. Die Atmung wird flach und beschleunigt. Zittern zeigt die Muskel- und Nervenanspannung an.

Die Liste ist um viele neurophysiologische Symptome erweiterbar, aber es sind diese *sichtbaren* Körpersymptome, an denen eine Alarmreaktion diagnostisch zu erkennen ist.

Alarmreaktion, sichtbare Symptome:

- Muskelkontraktionen (Zusammenzucken)
- Orientierungsreflex
- erweiterte Augenlider und Pupillen
- Schweißsekretion
- Erblassen der Haut
- beschleunigte Atmung
- Zittern

Angenommen, das Knacken im Gebüsch ging nicht von einem nachtaktiven Igel aus, sondern von einer wirklichen Gefahr. Dann setzen biologisch gesteuerte Überlebensreflexe ein, die wir mit den Tieren teilen: In Sekundenbruchteilen entscheidet das Reptilienhirn (= Stammhirn), ob Sie angreifen oder fliehen, je nachdem, ob Sie sich für über- oder unterlegen halten. Ist beides nicht möglich, erstarren Sie und erleiden wehrlos das Geschehen. *Diese* Situation, wenn jemand weder kämpft noch flieht, sondern *in Hilflosigkeit erstarrt*, ist es, in der Traumatisierung entsteht.

Einige der psychophysiologischen Folgen eines erlittenen Traumas sind:

- das *Fortsetzen der Alarmreaktion*, mit den eben dargestellten Körpersymptomen;
- starke *Angst und Aggression* – hier wirken die latenten Flucht- und Angriffsreaktionen nach, die während der Erstarrung gestaut wurden; man bleibt quasi innerlich in Flucht- oder Kampfbereitschaft. Todesangst und Mordswut gehen bei Traumatisierung oft Hand in Hand.
- Die Wahrnehmung wird *fragmentiert*, d.h. Einzeleindrücke werden ohne Zusammenhang gespeichert, je nach Grad der Traumatisierung kann das Erlebte evtl. auch nicht versprachlicht werden.
- Die Sinneseindrücke des traumatischen Erlebnisses dringen tief in Gedächtnis und Körpergedächtnis ein, man nennt das »*Intrusion*«. Die Bilder und Körperempfindungen werden zwanghaft immer wieder wiederholt, man wird nachts durch Albträume, tagsüber durch Flashbacks überfallen; Kinder spielen die Szenen oft immer wieder.
- Das Gegenteil geschieht bei der *Dissoziation:* Das Bewusstsein wird abgespalten vom eigenen Körper und von dem, was dem Körper geschieht, sodass man das traumatisierende Ereignis aus der

Distanz erleben kann, so, als würde es einer anderen Person geschehen. Menschen, die sexuellen Missbrauch erlitten haben, haben ihn oft psychisch überlebt, indem sie sich von ihrem Körper dissoziiert haben.

Dissoziative Techniken sind bereits als eine frühe Form der Trauma*verarbeitung* anzusehen und können auch therapeutisch genutzt werden. Alle anderen o.a. Phänomene sind einer kognitiven und emotionalen, auch einer sprachlichen Verarbeitung zunächst kaum zugänglich. In der akuten Phase einer Traumareaktion sind weniger Sprechen, Denken, Fühlen hilfreich. Vielmehr brauchen Traumatisierte äußere und sensorische, körperlich wahrnehmbare Impulse, die ihnen zeigen, dass die Alarmsituation nicht mehr besteht, und dieses Erleben auf einer vegetativen Ebene verankern.

Eine akute Belastungsreaktion klingt in den meisten Fällen innerhalb von drei Tagen bis spätestens vier Wochen ab. Ist das nach vier Wochen noch nicht der Fall, werden die beschriebenen Symptome chronifiziert und gesteigert, dann spricht man von einer Posttraumatischen Belastungsstörung (PTBS). Sie kann über Jahre anhalten und mit schweren Einschränkungen psychischer und somatischer Art sowie im Sozialverhalten einhergehen. Die Betroffenen befinden sich dauerhaft in einem psychophysiologischen Erregungszustand, der sie extrem stressanfällig macht, und/oder sie halten eine dauerhafte Dissoziation aufrecht und vermeiden jede potentielle Erregung. Solche Menschen können auch bei positiven Erregungszuständen in Panik geraten, z.B., wenn sie sich verlieben; sie begeben sich deshalb oft in soziale Isolation.

Was schützt vor Traumatisierung?
Salutogenese nach Aaron Antonovsky

Der Medizinsoziologe Aaron Antonovsky[77] ist der Begründer der Salutogenese, d.h. seine Fragestellung ist nicht: wie wird jemand krank, sondern: wie bleibt jemand gesund. Er hat in den 70er Jahren in Israel Menschen untersucht, die den Horror von Konzentrationslagern und mehrere Kriege überlebt hatten. Ein Drittel der Untersuchten war erstaunlicherweise psychisch völlig gesund! Den Faktor, der dies begünstigt hatte, nennt Antonovsky (neben verschiedenen Widerstandsressourcen) den so genannten »sense of coherence«, zu Deutsch: Kohärenzgefühl oder Zusammenhangssinn. Dabei handelt es sich nach Antonovsky um ein dynamisches Gefühl der Zuversicht, das es Menschen ermöglicht, Wechselfällen des Lebens psychisch standzuhalten.

Dieser Faktor »Kohärenzgefühl« macht Menschen »resilient«. Das Wort stammt aus der Materialforschung und meint: fehlerfreundlich.

[77] *Antonoysky, Aaron*, Unraveling the mystery of health, London 1987; dt. Ausgabe: Salutogenese. Zur Entmystifizierung der Gesundheit, Tübingen 1997.

Ein Material kann gebogen werden, ohne zu brechen. Ein Stehaufmännchen kann umgeworfen werden, ohne liegen zu bleiben. Ein Mensch kann Traumata erleben, ohne psychisch zu erkranken.

Das Kohärenzgefühl setzt sich aus drei Komponenten zusammen: Verstehbarkeit, Bewältigbarkeit und Sinnhaftigkeit des eigenen Lebens und der Lebensumwelt. Es geht im Wesentlichen um ein Vertrauen in die eigenen Kräfte und in die Sinnerfülltheit der Welt.

Seelsorge nach belastenden Ereignissen

Was ist nun angesichts der Crux der Traumatisierung die *Aufgabe* der Seelsorge? Zur Seelsorge nach Trauma liegen einige Beiträge von Notfallseelsorgern vor, aber kaum praktisch-theologische Fachliteratur. Ich werde deshalb eigene Ausführungen vorstellen.

Seelsorgeverständnis

Folgendes Seelsorgekonzept liegt ihnen zugrunde:
Bei akuter Traumatisierung geht es um eine ganz basale Unterstützung tief verängstigter und verstörter Menschen. Es ist hier nicht sinnvoll, diskursiv mit den Betroffenen über ihr Selbstverständnis zu sprechen. Wir können in solchen Fällen nur auf der Basis unserer *eigenen* theologischen Anthropologie, unseres eigenen Menschenbildes handeln. Meine handlungsleitende Vorstellung ist dabei die von Eilert Herms:

Seelsorge soll

»... den Klienten über seine gegenwärtige Hemmung hinaus zum aktuellen Vollzug derjenigen endlichen Freiheit befähigen, die ihm im Lichte theologischer Anthropologie als seine eigene Möglichkeit zugesprochen werden muss«.[78]

Mit anderen Worten geht es darum: einerseits anzuerkennen, dass wir unser Leben nicht selbst in der Hand haben, sondern als endlich freie Wesen in hohem Grad angewiesen und ausgeliefert sind. Andererseits und zugleich aber die endliche Freiheit, die wir haben, um das Leben zu gestalten, auch zu nutzen. D.h. für die Traumaseelsorge: Menschen zu verhelfen, ihre Kompetenzen und Möglichkeiten, ihre Handlungsspielräume (wenn sie auch noch so eingeschränkt sind) zu entdecken und freizusetzen.
Das beginnt schon mit der Bewertung der traumatischen Situation selbst: Jemand wird überfallen und wehrt sich nicht. Das kann interpretiert werden als: »Ich konnte überhaupt nichts tun, ich war total hilflos, ich bin und bleibe eben grundsätzlich hilflos.« Oder es kann interpretiert werden als: »Ich habe mich nicht gewehrt, damit ich nicht

[78] *Herms, Eilert*, Pastorale Beratung als Vollzug theologischer Anthropologie, in: WzM 29 (1977), 202–223, hier 221.

schlimmer verletzt oder umgebracht werde. Das war in dieser Situation eine gute und kompetente Entscheidung, in anderen kann ich anders handeln.« Mit der zweiten Wahrnehmungseinstellung bleibt ein tragfähiges Selbstkonzept bzw. ein sense of coherence erhalten.
Für die Seelsorge sind Instrumente auszuwählen, die eine solche Wahrnehmungseinstellung fördern.

Methodik der Seelsorge mit traumatisierten Menschen

Wir brauchen heute in der Seelsorge eine professionelle Qualität unserer Arbeit, die dem Vergleich mit anderen helfenden Berufen standhält. Es ist das Verdienst der Pastoralpsychologie, dass wir das erreicht haben. Seit den 70er Jahren werden in Seelsorgeausbildungen gesprächspsychotherapeutische Methoden erlernt. Die Haupt-Instrumente der Beratenden Seelsorge sind:
Erinnern- und Erzählen-Lassen und dabei auf Gefühle fokussieren.
Das wird auch in der aktuellen Seelsorgelehre von Jürgen Ziemer (2000) noch so gesehen: Seelsorge sei Erinnerungs- und Gefühlsarbeit. Diese Basis-Methoden der Beratenden Seelsorge sind in vielen Fällen passend. Aber nicht in Fällen von akuter Traumatisierung. Bei Traumatisierung liegen *besondere* Probleme vor. Hier gilt es, die Werkzeuge der Beratenden Seelsorge aus der Hand zu legen und andere zu verwenden. Sie sind der Systemischen Psychologie und ihrer Tochter, der ressourcenorientierten Beratung, entlehnt.

Seelsorgepraxis mit traumatisierten Menschen

In der Praxis sehe ich für die Seelsorge mit Traumatisierten zwei Aufgaben:
Eine Vertiefung und Verschlimmerung des Traumas zu vermeiden – daher gilt es, Kontraindikationen zu beachten.
Und: keinen therapeutischen, aber einen prätherapeutischen seelischen Beistand zu leisten, eine Art seelsorgliche »Erste Hilfe«.
Beides setzt die diagnostische Kompetenz voraus, Traumatisierung überhaupt zu erkennen; damit beginne ich.

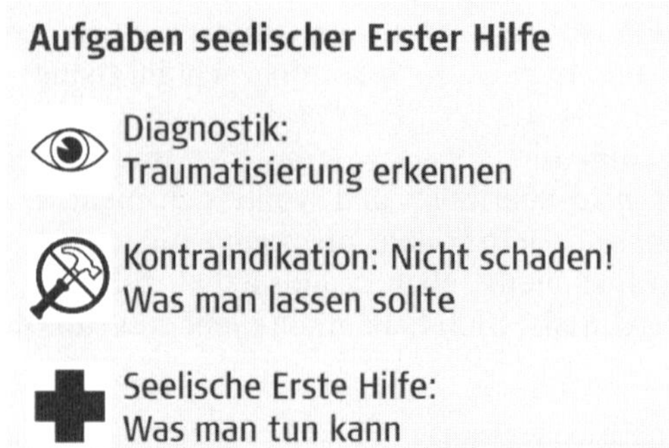

Seelsorgliche Diagnostik: Traumatisierung erkennen

Die Diagnose zu stellen, ob bei einem traumatisierten Menschen eine PTBS oder ein Therapiebedarf vorliegt, ist *ärztliche* Aufgabe. *Seelsorgliche* Diagnostik meint nicht mehr, als die Symptome einer akuten oder einer re-aktivierten Belastungsreaktion zu erkennen. Ich hebe nur Weniges hervor:

Beobachten Sie bei Menschen, die Ihnen Belastendes erzählen, den *Körper*. Wann immer jemand die besprochene Symptomatik zeigt: er wird blass, die Pupillen erweitern sich, die Hände zittern – Vorsicht.

Fragmentierung ist an einer extrem unzusammenhängenden *Erzählweise* zu erkennen; als Zuhörende verstehen Sie z.B. den chronologischen Ablauf der erzählten Ereignisse nicht.

Intrusion erkennen Sie als »Überflutung«: Jemand gerät geradezu in einen Erzählsog, der auch Sie leicht erfassen kann, die Erzählerin hat keine Distanz zum Erzählten und keine Kontrolle darüber, sie steht selbst in der Szene, als würde sie gerade jetzt geschehen, sie ist überwältigt und beginnt vielleicht zu hyperventilieren.

Traumatisierung erkennen

- Alarmreaktion: Körpersymptome
- Fragmentierung: Erzählen ohne zeitliche Reihenfolge etc.
- Intrusion: distanzloser, unkontrollierter Erzählsog (»wie überflutet«, »wie jetzt«)
- Dissoziation: überdistanzierte, überkontrollierte Erzählweise (»roboterhaft«, »wie im Film«)

Das Gegenteil zeigt sich bei *Dissoziation*: Jemand erzählt Ihnen die schrecklichsten Widerfahrnisse scheinbar unbeteiligt, es ist eine überdistanzierte, überkontrollierte Erzählweise. Er erzählt »roboterhaft« oder wie von einem Film und zeigt sich dabei mimisch und emotional starr.

Kontraindikationen beachten: Nihil nocere!

Aufgrund der intrusiven Wirkung eines Traumas ist es in der akuten Phase einer Traumatisierung *nicht* angezeigt, unkontrolliertes Erinnern und Erzählen zu fördern – wohlgemerkt, ich spreche hier *nicht* von fortgeschrittenen Stadien der Trauma*therapie*, dort gelten andere Regeln, aber in der *Seelsorge* gilt:

Das traumatische Erleben soll nicht reaktiviert werden, weil die erneute Reiz- und Angstüberflutung die Traumatisierung vertieft. Statt dessen ist es hier sinnvoll, den Erzählvorgang zu *unterbrechen*, wirklich unhöflich und direktiv zu unterbrechen, den Fokus von den traumatisierenden Erlebnissen wegzulenken und auszurichten auf Ressourcen, z.B. mit einer Intervention wie: »Frau Schulze, nach meiner seelsorglichen Erfahrung ist es nicht hilfreich, wenn Sie sich das Schreckliche Ihrer Erlebnisse wieder in Erinnerung rufen und immer wieder in die schlimmsten Bilder eintauchen. Ich bin interessiert daran zu erfahren (und ich denke, das kann Ihnen mehr helfen): Wie haben Sie es geschafft, das zu überleben? Wie sind Sie da herausgekommen? Wer oder was hat Ihnen dabei geholfen?«

Auch auf Gefühle zu fokussieren, sie zu aktivieren oder zu vertiefen, ist in der Trauma-Seelsorge *nicht* angezeigt.
Wenn Intrusion vorliegt, ist keine Verstärkung der Angst erträglich, von der die Betroffenen bereits überschwemmt sind.

Wenn Dissoziation vorliegt, *können* Traumatisierte oft nicht sagen, was sie fühlen, weil die Gefühllosigkeit Teil des Symptoms ist – nach Gefühlen gefragt zu werden, löst dann erneut ein Erlebnis von Hilflosigkeit aus.

Nicht schaden: Kontraindikationen beachten

- **Wegen Intrusion:**
  nicht unkontrolliert Erinnern-/Erzählen-Lassen!
- **Wegen Dissoziation:**
  nicht auf Gefühle fokussieren!

Zum anderen ist ja die Dissoziation nicht nur ein Problem, sondern auch eine Lösung: Das Trauma wurde ja *mittels* der Dissoziation physisch und psychisch überlebt. Darum ist es eher sinnvoll, die Dissoziation als kompetente Strategie zu bestätigen und zu würdigen, etwa so: »Sie konnten diese Situation überleben, indem Sie sich mental in die Distanz gerettet haben.«

So weit zu den Kontraindikationen. Wenn man sie beachtet, ist der Basisstandard von Professionalität erreicht: *nihil nocere*, nicht schaden.

Prätherapeutische Intervention: Seelsorgliche Erste Hilfe
Was kann Seelsorge Traumatisierten *positiv* anbieten? Ihre Aufgabe ist nicht, Trauma*therapie* zu leisten – dazu braucht man eine spezielle Ausbildung. Aber sie kann *prä*therapeutische Angebote machen. Die generelle Richtung ist:

- alles zu vermeiden, was als gefährdend, alarmierend, aufregend und verunsichernd wahrgenommen werden kann; statt dessen
- alles zu unterstützen, was, wie viele PsychotherapeutInnen sagen: »Sicherheit und Kontrolle« vermittelt – ich sage lieber: was bergend wirkt, Vertrauen stärkt und Kompetenzen aktiviert.

Dazu dienen die drei Methoden: Stabilisieren, Orientieren und Ressourcen aktivieren.

Stabilisieren

- Stabilisieren heißt zuerst: Traumatisierte aus der Gefahrensituation oder aus der Erinnerung daran entfernen und an einen bergenden Ort bringen, ein Zuhause, eine Kirche, ...
- Stabilisierend wirkt es, eine beruhigende Beziehung zu erleben, z.B. zu Ihnen als vertrauenswürdiger seelsorgender Person.[79] Die Vergegenwärtigung der Gottesbeziehung. Die Möglichkeit, sich im Gebet an ein Gegenüber zu wenden. Die performative Darstellung dieses behütenden Gegenübers im Segen. Dies alles allerdings nur, wenn es der traumatisierenden Person vertraut und recht ist;
- *Rituale,* die strukturierend und kanalisierend wirken;
- weiterhin alle *Alltagsroutinen*, z.B. geregelter Tagesablauf, zur Schule oder zur Arbeit gehen;
- alles, was die *eigene Kompetenzen* erleben lässt, z.B. Kinder oder ein Haustier zu versorgen – bestätigen Sie all das!;
- alles, was *Genuss und Freude* vermittelt, was jemand gern tut; fragen Sie auch danach – nicht nur nach dem Schlimmen;
- schließlich: *Techniken der Selbstberuhigung*. Dazu sind Körperübungen und Imaginationsübungen aus dem systemischen Handwerkskasten geeignet, die z.T. sehr leicht zu erlernen sind (etwa die Tresorübung oder die Reise zum bergenden Ort sind Ihnen vielleicht bekannt). Hier ist aber auch an die Schätze der christlichen Tradition zu denken, an Meditation oder Rezitation biblischer Bilder wie Ps 23 ist zu denken: »und ob ich schon wanderte im finstern Tal, fürchte ich kein Unglück, denn du bist bei mir, dein Stecken und Stab trösten mich. Du deckst mir einen Tisch im Angesicht meiner Feinde, du salbst mein Haupt mit Öl ...«

Alles, was vertrauensbildend, stärkend und strukturierend wirkt, stabilisiert.

Orientieren

Der zweite Grundsatz lautet: Orientieren.

- Dazu gehört, eine durch die Eindrücke des Traumas überflutete Person zurück *ins Hier und Jetzt zu holen*, am besten *auf einer sen-*

[79] Vgl. dazu auch: *Kachler, Roland*, Seelsorge nach Schicksalsschlägen. Wenn nichts mehr ist, wie es war, in: Deutsches Pfarrerblatt 1/2009.

sorischen Ebene; hier können z.B. einfache Körperübungen oder Berührungen hilfreich sein
- Zur Orientierung gehören *Raum, Zeit, Umfeld*: Wo und bei wem wird die Klientin sich in den nächsten Stunden und Tagen aufhalten, was tut sie am nächsten Morgen, was ist die nächste Aufgabe, was die nächste Unterstützungsmöglichkeit? Wo schläft das Kind heute, wer macht ihm morgen Frühstück und bringt es zum Kindergarten etc.
- Zur Orientierung kann die *Realitätsprüfung* gehören. Schreckliche Bilder sollen nicht unnötig oft abgerufen und nicht immer wieder in einer Weise durchlebt werden, die die intrusiven Gefühle noch vertiefen. Aber manchmal sind die Bilder der eigenen Phantasie schlimmer als die wirklichen. So erzählte der Vater eines in Winnenden getöteten Mädchens, er habe seine jüngere Tochter davor bewahren wollen, den Leichnam der erschossenen Schwester zu sehen. Doch dann habe das Mädchen so schreckliche Phantasien davon entwickelt, wie ihre Schwester zugerichtet sein könnte, dass die Pfarrerin geraten habe, sie solle sich lieber mit eigenen Augen davon überzeugen, wie die Tote aussehe. Diese Intervention war gut. Aus Sicht der Trauma-Seelsorge, weil in diesem Fall unkontrollierte Phantasien schlimmer wirkten als die Realität. Und aus Sicht der Trauer-Seelsorge, weil dem hinterbleibenden Mädchen so eine sinnenhafte Realisierung des unfassbar plötzlichen Todes und eine Verabschiedung von ihrer verstorbenen Schwester ermöglicht wurde.[80]
- Zum Orientieren gehört die so genannte *Psychoedukation*: Oft befürchten Traumatisierte, den Verstand zu verlieren, weil manche ihrer Symptome im normalen Alltag keinen Sinn machen. Klären Sie darüber auf, woher diese Symptome kommen und dass sie *normal* sind!
- Schließlich: Geben Sie *ethische* Orientierung: »Was Ihnen angetan wurde, war böse. Der Täter ist schuldig, nicht Sie.«

Ressourcen aktivieren

Das dritte Prinzip lautet: Ressourcen aktivieren. Ich nenne hier nur Grundsäulen:
- *Nahrung, Kleidung, Behausung, Einkommen* – steht das zur Verfügung, ist hier evtl. diakonische Hilfe nötig?
- *Soziales Netz*: Familie, Freunde, Gemeindegruppe – sie sollten Traumatisierte nicht alleinlassen.
- *Identität, Selbstkonzept*: Wer und was ist jemand, außer traumatisiert? Was ist seine oder ihre Geschichte, außer dem Trauma? Was

80 Vgl. zur Trauer-Begleitung *Lammer, Kerstin*, Den Tod begreifen. Neue Wege in der Trauerbegleitung, Neukirchen-Vluyn ^{4}2006, sowie *dies.*, Trauer verstehen. Formen – Erklärungen – Hilfen, Neukirchen-Vluyn ^{2}2007.

kann und will er im Leben? Wen oder was liebt sie, was stärkt und erfreut sie etc.?
- *Religion, Wirklichkeitskonzept*: Wie kann ich eine Welt verstehen, in der mir dieses traumatische Ereignis und vieles Andere geschehen ist?

Seelische Erste Hilfe

- Stabilisieren:
  beruhigend, Vertrauen bildend, stärkend, strukturierend
- Orientieren:
  Hier & Jetzt, Raum & Zeit, Psychoedukation, Ethik
- Ressourcen aktivieren:
  Grundversorgung, Soziales Netz, Selbst- und Weltkonzept

Mit den letzten beiden Punkten, Selbstkonzept und Wirklichkeitskonzept, ist der Bogen zurück zum Kohärenzkonzept und zur Religion geschlagen. Ich komme zum abschließenden Ausblick auf die kirchliche Arbeit insgesamt.

Interdisziplinäre Erweiterung

Es wird kaum möglich sein, in der Seelsorge auf das Selbst- und Weltkonzept eines akut traumatisierten Menschen grundlegend oder verändernd einzuwirken. Aber wer in guten Zeiten ein tragfähiges Selbst- und Weltkonzept entwickeln konnte, wird eine Traumatisierung besser überstehen. Das ist durch die Resilienz- und Kohärenzforschung belegt. Zur Entwicklung eines »sense of coherence« können Sie auf allen kirchlichen Arbeitsfeldern beitragen, im Gottesdienst, in der kirchlichen Bildungsarbeit usw. und besonders in der Religionspädagogik, denn dieser Sinn wird am stärksten in der Zeit bis zum 17. Lebensjahr entwickelt.

Oben habe ich Seelsorge als *Vollzug* christlicher Anthropologie charakterisiert. Andere kirchliche Arbeitsfelder können der *Vermittlung* dieser Anthropologie dienen:

Mein Leben ist eben nicht nur dann lebenswert, wenn ich es unter Kontrolle habe und autonom bin, wenn ich also, wie Fliege und Nina Ruge sagen: gut auf mich aufpasse, und alles wird gut. Ein solches Konzept ist aus meiner Sicht sehr viel unrealistischer als ein christliches, das die Freiheit des Menschen als endlich betrachtet und ihn selbst als gebrochen, aber geliebt und getragen.

Die Welt ist eben nicht, wie mancher psychologischer Sprachgebrauch suggeriert, ein »sicherer« Ort, wo mir nicht Böses widerfahren kann. Auch hier finde ich die christliche Auffassung realistischer, die mit dem Leiden rechnet und es sogar ins Gottesbild integriert, die die dunkle Seite der Lebenswirklichkeit nicht ausblendet und nicht in falsche Eindeutigkeiten aufgelöst.

Breche ich selbst, oder brechen meine Welt und mein Gott zusammen, wenn es mir übel ergeht? Oder kann ich davon leben, dass mir Gott vormals gnädig gewesen ist, mich auch durchs finstere Tal geleitet hat, dass mich Ströme des Wassers – die ja kommen! – nicht ersäufen und dass er mich – was mich auch verletzt, versehrt und verschämt hat –, freundlich ansieht und sein Angesicht über mir leuchten lässt?

Wir betonen neuerdings die Bedeutung der Psychoedukation, also der psychologischen Erziehung und Bildung. Die Möglichkeiten von *religöser* Erziehung und kirchlicher Bildungsarbeit liegen dort, wo sie Menschen ein Selbst- und Weltkonzept vermitteln, das tragfähig ist, wenn ihnen Schlechtes widerfährt.

Literatur

Zur Trauma-Forschung:

Lazarus, R.S., Stress and Emotion, New York 2006, darin: 129–164 Stress and Trauma

Fischer, G. / Riedesser, P., Lehrbuch der Psychotraumatologie, Stuttgart 1998

Horowitz, J.M., Stress Response Syndromes, PTSD, Grief and Adjustment Disorders, 3rd ed. Northvale 1997

Zur Trauer-Begleitung:

Lammer, K., Den Tod begreifen. Neue Wege in der Trauerbegleitung, Neukirchen-Vluyn ^{4}2006

– Trauer verstehen. Formen – Erklärungen – Hilfen, Neukirchen-Vluyn ^{2}2007

Zur Trauma-Resistenz:

Antonoysky, A., Unraveling the mystery of health, London 1987; dt. Ausgabe: Salutogenese. Zur Entmystifizierung der Gesundheit, Tübingen 1997

Empfehlung zur präventiven Arbeit mit Jugendlichen:

Beyer, A. / Lohaus, A., Stressbewältigung im Jugendalter. Ein Trainingsprogramm, Göttingen 2006

TEIL III: SUPERVISION

A. Grundlegendes

Was ist pastoralpsychologische Supervision?[81]

Einleitung: Nicht »pastorale«, sondern »pastoralpsychologische« Supervision

Neben der Deutschen Gesellschaft für Supervision (DGSv) ist die Deutsche Gesellschaft für Pastoralpsychologie (DGfP) einer der Fachverbände in Deutschland, die nach kontrollierten Standards SupervisorInnen ausbilden, prüfen und anerkennen, deren Mitglieder also qualifizierte Supervision anbieten können.[82] Was ist das Besondere an der durch die DGfP gepflegten, d.h. an der *pastoralpsychologischen* Supervision?

In meinem Beitrag widerspreche ich der häufiger zu lesenden These, das Spezifische liege vor allem in der Konzentration auf eine bestimmte Zielgruppe bzw. ein bestimmtes (nämlich das pastorale oder kirchliche) Berufs- und Arbeitsfeld. VertreterInnen dieser These sprechen von *»pastoraler«* Supervision und meinen damit: Supervision von PastorInnen an PastorInnen oder: Supervision im Raum der Kirchen und der Diakonie. Dagegen habe ich bewusst den Begriff *pastoralpsychologische* Supervision gewählt. Deren Besonderheit sehe ich nämlich nicht so sehr in einer besonderen (und das hieße auch: in einer *eingeschränkten*) *Feldkompetenz*, sondern vielmehr in ihrer ***erweiterten Hermeneutik:*** Die Pastoralpsychologie erweitert den Horizont, in dem verstanden und gedeutet werden kann, was KlientInnen in der Supervi-

[81] Dieser Beitrag erschien zuerst in: *Härle, Wilfried / Haese, Bernd-Michael / Hansen, Kai / Herms, Eilert* (Hg.), Systematisch praktisch, Festschrift für Reiner Preul zum 65. Geburtstag, Marburg 2005, 374–391.

[82] Die DGfP wurde 1972 als Berufsverband für Seelsorge, Beratung und Supervision gegründet. Sie hat derzeit in ihren fünf Sektionen T (Tiefenpsychologie), KSA (Klinische Seelsorgeausbildung), GOS (Gruppe, Organisation, System), PPS (Personzentrierte Psychotherapie und Seelsorge), GPP (Gestaltseelsorge und Psychodrama in der Pastoralarbeit) ca. 700 ordentliche Mitglieder, davon ca. 400 SupervisorInnen und LehrsupervisorInnen. Satzung, Standards, nähere Informationen und Broschüren sind erhältlich über die Internetseite www.pastoralpsychologie.de und über die Geschäftsstelle der DGfP, Farnstr. 36, 90480 Nürnberg.

sion thematisieren. PastoralpsychologInnen beziehen ihre Verstehensvoraussetzungen und ihre Deutungskompetenz aus den *beiden* Wissenschaften Theologie *und* Psychologie (sowie den angrenzenden Humanwissenschaften). **Sie haben Teil an der allgemeinen supervisorischen Expertise. Darüber hinaus** zeichnen sie sich aus durch eine besondere **Expertise im Bereich der Sinn(re)konstruktion**; sie haben **spezifisches Material und spezifisches Handwerkszeug**, um Menschen bei der Arbeit an ihrem Selbst- und Weltverständnis zu unterstützen.

Dieses wird nachstehend erläutert und illustriert. Dazu werden drei Felder abgeschritten, die quasi wie geschachtelte Rahmen ineinander liegen (vgl. die Grafik unten). Es wird gefragt:
1. Was ist Supervision?
2. Was ist pastoralpsychologische Supervision?
3. Was ist pastoralpsychologische Lehr- oder Ausbildungssupervision?

Dabei gilt das jeweils im vorherigen Abschnitt Gesagte auch für den folgenden; 2. ist Spezialfall von 1., 3. ist Spezialfall von 2.
Unter 1. findet sich eine Skizze zur Begriffsgeschichte und zum allgemeinen heutigen Supervisionsverständnis. Unter 2. werden die hier schon angeklungenen Überlegungen zur pastoralpsychologischen Hermeneutik vertieft. Unter 3. werden zunächst einige grundsätzliche Überlegungen zur Lehr- bzw. Ausbildungssupervision angestellt; dann werden am Beispiel der Klinischen Seelsorgeausbildung (KSA) Einblicke in eine pastoralpsychologische Form der Ausbildungssupervision gegeben. Supervision im Rahmen von KSA ist Supervision von Seelsorge und Beratung. Deshalb sind im 3. Abschnitt auch einige Bemerkungen zum pastoralpsychologischen Seelsorgeverständnis und zu folgenden *Verhältnisbestimmungen* angebracht:
a) (KSA-) Supervision und Seelsorge;
b) (KSA-) Supervision und Therapie;
c) Seelsorge und Therapie.
(Das Verhältnis von Supervision und Coaching und von Supervision und Organisationsberatung thematisiere ich hier nicht.)

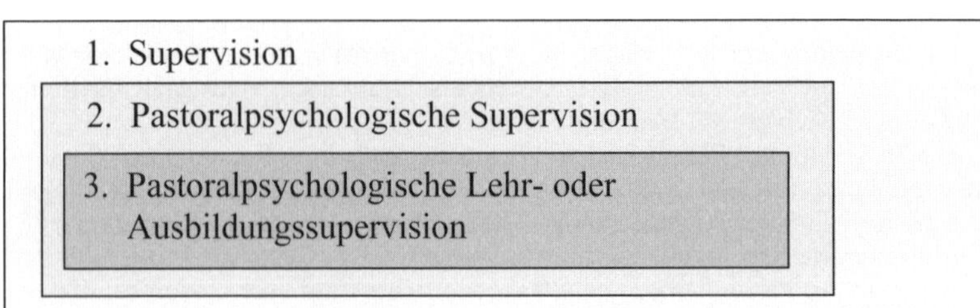

1. Was ist Supervision? Entstehung des Supervisionsbegriffs

»Supervision« heißt der *Wortbedeutung* nach »Übersicht«, »Überblick«, »Blick von oben«, »Aufsicht« (»super« = lat. »über«, »von oben«; »visio« = lat. »Sehen«, »Ansicht«).
Entsprechend findet man den Begriff in kirchlichen und juristischen Schriften seit Mitte des 16. Jahrhunderts im Sinne von »Leitung« und »Kontrolle«. Ähnlich wird im anglo-amerikanischen Sprachraum der Begriff »supervisor« auch heute noch für direkte Vorgesetzte bzw. AnleiterInnen oder im administrativen Sinn gebraucht. Im kontinentaleuropäischen Sprachraum verwenden wir den Supervisionsbegriff heute vorwiegend in einer psychosozialen bzw. pädagogischen Bedeutung (vgl. u.).
Geschichtliche Vorläufer der Supervision sind in der griechischen Antike der Sokratische Dialog als Anleitung zur Selbstreflexion; im Mittelalter die von Zünften und Gilden ausgeübte Qualitätskontrolle von Arbeit; und seit dem 17. Jahrhundert (infolge der Aufklärung) die berufliche Selbstkontrolle selbstständiger wissenschaftlicher und dienstleistender Berufe durch deren Kammern und Verbände (Ärztekammern, Anwaltskammern, Handwerkskammern, etc.)
Die *Wurzeln der Supervision im modernen Sinne* liegen im 19. Jahrhundert. Mit Sozialarbeit und Psychoanalyse entstanden neue Berufe, die erstmals »personenbezogene kommunikative Dienstleistungen« anboten (*Belardi*, 2002, 18), ihre Arbeit im Kern als »Beziehungsarbeit« verstanden und Verfahren zur Qualitätskontrolle und Qualitätssteigerung dieser Beziehungsarbeit einführten. Im frühen 20. Jahrhundert wurde dieser Ansatz auch für pädagogische Berufe übernommen und umgekehrt von diesen mitgeprägt. Daher wird in der einschlägigen Literatur neben Sozialarbeit und Psychoanalyse gelegentlich die Pädagogik als dritte Wurzel der Supervision genannt.
Heute wird Supervision in immer mehr Feldern beruflicher Praxis angewandt (auch im sog. »Profit-Bereich« hängt erfolgreiches Arbeiten zunehmend von kommunikativen und selbstreflexiven Prozessen ab!), und immer mehr Wissenschaftszweige liefern Paradigmen und Methoden für die Supervision (z.B. Lerntheorien, Systemtheorien, etc.).
Generell dient Supervision m.E. in den verschiedensten Praxisfeldern zur **Reflexion beruflichen Handelns** und zur Optimierung dieses Handelns durch **Kompetenzsteigerung**. Supervision ist Arbeit an der **Berufs*arbeit*** und Arbeit an der **Berufs*rolle*** bzw. an der beruflichen *Identität*. Gemäß den spezifischen Anforderungen des jeweiligen Supervisionsfeldes und gemäß den eigenen person- und ausbildungsbedingten Voraussetzungen müssen SupervisorInnen jeweils ihre eigene Kombination von Referenzrahmen und Methoden bzw. ihren eigenen Supervisions*stil* finden.

a) Heutiger Supervisionsbegriff – drei Wurzeln

Die *Definition* des Supervisionsbegriffs übernehme ich hier von *Belardi* (2002, 15):

> **Unter dem Oberbegriff Supervision versteht man *Weiterbildungs-*, *Beratungs-* und *Reflexionsverfahren* für *berufliche* Zusammenhänge.**
>
> **Das allgemeine Ziel der Supervision ist es,**
> **die Arbeit des Ratsuchenden (Supervisanden) zu verbessern.**
> **Damit sind sowohl die Arbeitsergebnisse**
> **als auch die Arbeitsbeziehungen zu den Kollegen und Kunden/ KlientInnen**
> **wie auch organisatorische Zusammenhänge gemeint.**

Zu ergänzen ist m.E. noch die Arbeitsbeziehung, die die Ratsuchenden zu sich selbst haben, m.a.W.: die Identifikation mit ihrer beruflichen Rolle.

Der ***Fokus*** supervisorischer Bemühungen liegt im Bereich der ***Kommunikation und der Beziehungsgestaltung***, und zwar auf den drei Ebenen: Klientenebene, Mitarbeiterebene (Kollegen, Team, Untergebene, Vorgesetzte) und Organisationsebene. Auch in der Wirtschaft wird heute schon zunehmend Supervision in Anspruch genommen, weil gute Kommunikation mit Kunden und Mitarbeitenden immer wichtiger wird. Unverzichtbar ist Supervision aber vor allem für Menschen, die in helfenden Berufen arbeiten, denn deren berufliche Leistung besteht zum ganz überwiegenden Teil aus Beziehungsarbeit. Häufig handelt es sich bei diesen Supervisionen um eine ›Beratung zweiter Ordnung‹[83], d.h. eine Beratung für BeraterInnen, die auch ihrerseits ihrer Klientel helfen, deren Kommunikation und Beziehungsgestaltung zu verbessern (Bsp.: Supervision für Ehe- und Familien- und LebensberaterInnen).

Zur Bearbeitung beruflicher Kommunikation und Beziehungsgestaltung zieht Supervision traditionell ***Erkenntnisse und Methoden aus folgenden drei Wurzeln*** heran:

Der ***Sozialarbeit bzw. Soziologie*** verdankt Supervision zunächst *methodisch* das Arbeiten an *casework* und *casestudies* bzw. *Verbatims* (Fallstudien und Gesprächsprotokollen), also an aktuellen ›Werkstü-

[83] *Belardi, Nando*, Supervision. Grundlagen, Techniken, Perspektiven, München 2002, 114, nach *Rappe-Giesecke, Kornelia*, Theorie und Praxis der Gruppen- und Teamsupervision, Berlin 1990.

cken‹ aus der Berufspraxis der SupervisandInnen, konkreten Kommunikationsbeispielen aus realen beruflichen Beziehungen mit konkreten Menschen in deren konkreten Problemsituationen. Es gilt das Prinzip *»learning by doing«*. U.a. die Ausrichtung auf berufliches Handeln und konkrete Fallarbeit unterscheidet die Supervision von der Therapie. Die Praxisproben der SupervisandInnen werden in der Supervision u.a. an bestimmten objektiven Zielen und Qualitätsstandards gemessen, die die SupervisandInnen in ihrer Arbeit mit KlientInnen erreichen sollen. Nach *Schreyögg* (1994, 17 u.ö.) ist dieser Teil der Supervision eine »kognitiv orientierte Fachberatung«, bezogen auf »planmäßige Muster von Supervisanden gegenüber Klienten, die einer rationalen Reflexion zugänglich sind«. Nach den pastoralpsychologischen Autoren *Andriessen/Miethner* (1993, 37 u.ö.) handelt es sich hier um die Auswertung der »Erfahrungen des Supervisanden in seiner Arbeit« auf der sog. *»Arbeitslinie«* (im Unterschied zur »Lern-« und zur »Lebenslinie«, die im Supervisionsprozess ebenfalls zu berücksichtigen sind; vgl. die Grafik unten).
Theoretisch verdankt Supervision der Soziologie u.a. die Paradigmen der *Rollentheorien.* Diese finden z.B. durch Rollenspiele und deren Analyse Eingang in die Supervision.

Der ***Pädagogik*** verdankt Supervision neben verschiedenen methodischen Motivations- und Anleitungskonzepten vor allem die Paradigmen der *Lerntheorien*, die m.E. in der Supervisionsliteratur oft zu kurz kommen. Zu Recht betonen *Andriessen/Miethner* (a.a.O.) die *»Lernlinie«* in der supervisorischen Arbeit.

____________________________ Arbeitslinie

____________________________ Lernlinie

____________________________ Lebenslinie

Die Lernlinie liegt m.E. nicht nur einfach zwischen »Lebens-« und »Arbeitslinie«, d.h., sie speist sich nicht einfach nur aus dem Lerngewinn, der auf diesen beiden anderen Linien erzielt wird. Vielmehr ist sie eigens für sich zu reflektieren: Welche Lernziele will eine Supervisandin im aktuellen Supervisionsprozess verfolgen? Welche Bedingungen können im Supervisions-Setting geschaffen werden, um das Erreichen dieser Ziele zu begünstigen? Was können SupervisandIn und SupervisorIn dafür tun? Dabei sind z.B. die individuellen Lernvoraussetzungen und Lernstile der SupervisandInnen zu beachten (Lernanamnese). Und dazu gehören m.E. eine regelmäßige Ergebniskontrolle und Ergebnissicherung, die Gratifikation von Lernerfolgen durch bestätigendes Feedback und das Einüben des Erlernten durch Wiederholung (im Arbeits- und/oder im Supervisionssetting). Es gilt das Prinzip: *»learning by doing«*. D.h.: SupervisorInnen haben darauf zu achten, dass die im supervisorischen Prozess gewonnenen Einsichten und Erfahrungen auch mit dauerhafter Wirkung *gelernt* werden können. Dies gilt insbesondere für Supervisionsprozesse zu Zwecken der Aus-, Fort- und Weiterbildung.

Der ***Psychoanalyse*** verdankt Supervision Erkenntnisse darüber, wie sich Menschen in der Gestaltung aktueller Beziehungen und Situationen unbewusst von früheren Erfahrungen, Gefühlen und Erinnerungen leiten lassen. *Störungen* der Kommunikation und Beziehungsstörungen entstehen, so lehrt uns die Psychoanalyse, besonders häufig durch Phänomene von *Projektion und Übertragung bzw. Gegenübertragung*: Man »sieht« oder »fühlt« etwas in ein aktuelles Gegenüber »hinein«, was aus früheren Erfahrungen mit anderen KommunikationspartnerInnen stammt (oft Eltern, Familienmitglieder oder Autoritätspersonen). Dadurch wird das Erleben und Wahrnehmen des momentanen Gesprächspartners überlagert.
Man unterscheidet die »spontane« Übertragung (jemand ›erinnert‹ uns an jemanden – diese Art der Übertragung wird oft schnell bewusst und kann leicht aufgelöst werden), die »typologische« Übertragung (z.B. Rollenbilder und Vorurteile: ›typisch‹ Lehrer, ›typisch‹ Mann/Frau etc.) und die »notorische« Übertragung (lebensgeschichtlich geprägte Erwartungen an Beziehungsmuster, die immer wieder re-inszeniert werden, z.B.: »Immer bin ich der/die Dumme«; »Keiner liebt mich« etc.). Als weitere Störfaktoren beschreibt die Psychoanalyse psychische *Schutz- und Abwehrmechanismen*: Verdrängung, Sublimierung, Regression, Konversion, Leugnung der Realität, Rationalisierung, Identifikation (auch die Projektion gehört streng genommen dazu). Diese Abwehrmechanismen, die hier nicht im Einzelnen erläutert werden können, dienen der Regulierung innerer Spannungszustände. Sie werden unbewusst zum Selbstschutz aktiviert, wenn starke Gefühle, vor allem Angstgefühle, das psychische Gleichgewicht stören bzw. überwältigend zu werden drohen.
Supervision arbeitet methodisch an und mit solchen Übertragungs- und Abwehrphänomenen (vgl. *Belardi*, a.a.O., 22–25): Einerseits hilft sie SupervisandInnen, sich eigene Übertragungs- und Abwehrmechanismen bewusst zu machen und sie abzubauen, wenn sie die Kommunikation stören (z.B. wenn sie zu emotionalen Blockaden oder Eskalationen führen). U.a. zu diesem Zweck, insbesondere zum Abbau *notorischer* Übertragungen, ist es nötig, dass in der Supervision nicht nur an »Fällen«, sondern auch an der eigenen Person und Biografie gearbeitet wird. *Andriessen/Miethner* (a.a.O.) nennen das die *»Lebenslinie«* in der supervisorischen Arbeit. Nach *Schreyögg* (a.a.O.) nimmt Supervision hier die Form einer »›psychotherapie-ähnlichen Beratung‹ im

Hinblick auf die Klientenarbeit« an, die der Bearbeitung ›nicht-planmäßiger‹ oder ›prärationaler Muster‹ von SupervisandInnen dient. Supervision fördert dabei die *Selbstwahrnehmung* der SupervisandInnen: Wo stehen sie sich bei ihrer Arbeit mit eigenen Affekten, Beziehungsmustern und Fehlwahrnehmungen unbewusst selbst im Weg? Für welche Art von Projektionen bieten sie sich ihrer Klientel an, und was daran ist der Arbeit hinderlich, was nützlich?
Abwehr- und Übertragungsphänomene der SupervisandInnen wirken sich jedoch nicht immer nur störend aus, sondern können z.T. auch im Dienst ihrer Klientel *diagnostisch* genutzt werden. Denn oft handelt es sich bei Gegenübertragungen (so werden die Übertragungen von TherapeutInnen und BeraterInnen auf ihre KlientInnen genannt) um sog. Spiegel- oder Resonanzphänomene bzw. Parallelprozesse.

Beispiel: Ein Berater stellt nach einem Beratungsgespräch und dann erneut bei der supervisorischen Analyse dieses Gespräches fest, dass er sich unerklärlich aggressiv fühlt. So geht es auch einem weiteren Mitglied der Supervisionsgruppe nach der Darstellung des Falls. Möglicherweise hat sich auf beide SupervisandInnen eine verdeckte, gehemmte Aggression des beratenen *Klienten* übertragen, und möglicherweise ist die Aufdeckung dieser Aggression ein Schlüssel zum Problem des Klienten.

Supervision fördert dabei die Fähigkeit der *Einfühlung* bzw. der *Fremdwahrnehmung* der SupervisandInnen: Wo steht ein(e) KlientIn innerlich, was fühlt, was erlebt er/sie in der jeweiligen Situation von seinem/ihrem Platz aus?
Wichtig ist, beim Versuch der Einfühlung bzw. des Nachspürens fremder Gefühle klar *zwischen Wahrnehmung und Interpretation zu unterscheiden*!

Im obigen Beispiel: Dass sie *selbst* sich aggressiv fühlt, ist eine *Wahrnehmung* der Supervisandin. Dass es sich dabei um ein Spiegelphänomen handele, sprich: dass die eigentliche Quelle der Aggression der *Klient* sei, ist eine *Interpretation* oder *Hypothese*. Das beraterisch richtige Vorgehen, zu dem Supervision anleitet, ist: dem Klienten die Interpretation der Beraterin nicht ungefragt zuzuschreiben (»Sie müssen wohl aggressiv sein«), sondern die Hypothese mindestens zu überprüfen, besser noch: dem Klienten Gelegenheit zur *Selbst*exploration zu geben. Eine Möglichkeit dazu ist die Methode des Rückspiegelns (z.B.: »Ich fühle mich ganz aggressiv. Was meinen Sie, kann das etwas mit unserer/Ihrer Situation hier zu tun haben [an den Klienten gewandt]? ... kann das etwas mit Ihrem Fall zu tun haben [an die Supervisandin gewandt]?«).

Didaktische Grundsätze für die Beratung wie auch für die Supervision sind: Der Klient besitzt das Problem. Auch wenn von supervisorischer Seite immer wieder Perspektivenwechsel angeregt werden – die Klientin besitzt die Deutungsautorität (»hat immer Recht«). Hilfe zur Selbstwahrnehmung/Selbstauslegung hat Vorrang vor Diagnostik.
Ausnahmen von diesen Regeln gelten für die Supervision zu Aus- und Weiterbildungszwecken und insbesondere für Kontroll- und Lehrsu-

pervisionen, d.h. für die Supervision von SupervisorInnen – denn hier beinhaltet der Supervisionskontrakt in besonderer Weise Training, Qualifizierung oder Qualitätskontrolle (vgl. unter 3.).

2. Was ist pastoralpsychologische Supervision?

Pastoralpsychologische Supervision ist eine Spezialform von Supervision. Was im vorigen Abschnitt allgemein über Supervision gesagt wurde, gilt auch für die pastoralpsychologische Supervision. Darüber hinaus zeichnet sich pastoralpsychologische Supervison durch ***Besonderheiten*** aus. *Eine* davon ist, dass pastoralpsychologische SupervisorInnen, weil sie eine theologische Ausbildung haben, eine besondere ***Feldkompetenz*** für den Bereich kirchlicher und diakonischer Arbeitsfelder haben.[84] Dieser Umstand wird in Veröffentlichungen aus der pastoralpsychologischen »Szene« oft sehr betont, gelegentlich wird die theologische Ausbildung auch als notwendige Voraussetzung für Supervision im kirchlich-diakonischen Feld angesehen:

»Pastoralpsychologische Supervision ist eine in der Kirche anerkannte Form von Supervision, die berufsbegleitend angeboten wird. Sie reflektiert und entwickelt die Berufswirklichkeit insbesondere im Blick auf die eigene pastorale Identität und Kompetenz.« (Zitatquelle: www.ksa-bayern.de)

»Pastorale Supervision unterscheidet sich von allgemeiner Supervision durch eine besondere *Feldkompetenz,* die eine theologische Qualifikation voraussetzt. D.h.
a) Pastorale Supervisoren und Supervisorinnen kennen die pastorale Rolle, die kirchlichen Arbeitsfelder und ihre besondere Geschichte sowie ihre theologischen Anforderungen und sind von daher in der Lage, auf kirchlich Mitarbeitende, speziell auf Theologinnen und Theologen, einzugehen in Kenntnis von deren beruflichem Selbstverständnis und deren Arbeitsstrukturen.
b) Pastorale Supervisoren und Supervisorinnen sind in der Lage, berufliches Handeln in der Kirche aus theologischer Perspektive zu verstehen und zu deuten. Fragen des christlichen oder pastoralen Selbstverständnisses der Supervisandinnen und Supervisanden (Fragen des eigenen Glaubens, theologischer und didaktischer Vermittlung im beruflichen Alltag etc.) können sie sowohl aus theologischer wie aus humanwissenschaftlicher Sicht bearbeiten.« (*Klessmann*, 2004, 648f)

Feldkompetenz für den Bereich von Kirche und Diakonie anbieten zu können, ist sicher ein Qualitätsmerkmal; es handelt sich dabei auch keineswegs um eine Spezialisierungsnische – man führe sich vor Augen, dass Kirche und Diakonie zu den größten Arbeitgebern in Deutschland zählen. Aber die Feldkompetenz ist nicht das einzige Un-

[84] Die SupervisandInnen sind häufig ihrerseits seelsorglich und beraterisch, z.T. auch ausbildnerisch tätig. Insofern handelt es sich bei pastoralpsychologischer Supervision oft um die Gattung der Supervision ›zweiter‹ Ordnung oder (nämlich im Fall der Kontroll- und Lehrsupervision = Beratung der BeraterInnen der BeraterInnen) sogar ›dritter‹ Ordnung.

terscheidungsmerkmal pastoralpsychologischer Supervision, m.E. auch nicht das wichtigste. Denn Feldkompetenz kann auch anders erworben werden als durch eine feldkonforme Ausbildung. M.E. können auch *nicht-kirchliche und nicht-theologische SupervisorInnen* im Raum der Kirchen kompetent Supervision anbieten – was ja auch geschieht. »Feldkompetenz« ist dann anders zu verstehen als in den obigen Zitaten: Erforderlich sind nicht unbedingt (berufliche oder fachliche) Zugehörigkeit zum Feld bzw. interne Kenntnis des Feldes, sondern Bereitschaft und Fähigkeit, die jeweilige Struktur und Kultur des Arbeitsfeldes der SupervisandInnen und die darin typischen Prägungen und Konflikte kennen zu lernen und zu verstehen. Nicht nur die *Kenntnis* des Feldes, auch und gerade ein professioneller *Abstand* zum Feld kann hilfreich sein, um dessen Besonderheiten wahrzunehmen und sich dazu einzustellen. Beide, feldfremde und feldeigene SupervisorInnen, müssen jeweils darauf achten, eine Balance von Nähe und Abstand zum Feld herzustellen – dabei haben beide Ausgangspositionen Vor- und Nachteile.

Dass man auch ohne theologische Ausbildung oder kirchlichen Beruf supervisorische Feldkompetenz für die Arbeitsfelder Kirche und Diakonie haben kann, zeigt z.B. Elisabeth *Fernkorn* (2003). Die DGSv-Supervisorin beobachtet im kirchlichen Arbeitskontext eine spezielle Organisationskultur mit zwei leitenden Prinzipien, erstens das Familiaritäts- bzw. Gemeinschaftsprinzip (für andere da sein, sie in Unzulänglichkeit und Schwäche annehmen und versorgen) mit dem Grundthema »Abhängigkeit« statt Autonomieprinzip (132, im Anschluss an R. Bion und K. König), und zweitens das protestantische Arbeitsethos mit einer gehorsamen Dienstbarkeit und einer Tendenz zur Selbst- und Fremdausbeutung (133 im Anschluss an Max Weber). Der ideologische Gehalt dieser Prinzipien wirkt sich nach Fernkorn häufig folgendermaßen aus (133):

»Leistungen zu zeigen, zu erwarten, zu fördern und zu belohnen ist tabu, es bedroht die Gemeinschaft. Die Orientierung am schwächsten Glied ist die Folge. Dies verringert die Leistungsfähigkeit einer Einrichtung, eines Teams. Man/Frau hat immer im Dienst zu sein. Lebensbereiche außerhalb der Arbeit haben Mühe zu ihrem Recht zu kommen. Unterschiede dürfen nicht deutlich werden, weil sie die Harmonie bedrohen. Aggression muss vermieden und unterdrückt werden (vgl. Klessmann, M., 1992). Unterhalb dieser Ge- und Verbote brechen sich vitale Bedürfnisse und die Eigendynamik von sozialen Gruppen und Organisationen Bahn. Das Ringen gegeneinander gerichteter Kräfte – Normen einerseits, (soziale) Bedürfnisse andererseits – beeinträchtigt Arbeitsleistung und Arbeitszufriedenheit: Positions- und Machtkämpfe finden verdeckt statt. Sie sind damit für die Betroffenen schwer durchschaubar. Das nährt Unsicherheit und Angst und fördert Fatalismus. Fehlende Anerkennung verunsichert. Sie erhöht Druck und tötet Motivation. In diesem Vakuum breitet sich eine Klagekultur aus. Das Streben nach Belohnung und der Würdigung von individueller Leistung verkehrt sich in einen Wettkampf darum, wem es am schlechtesten geht, um zumindest für die Arbeit als Last Zuwendung zu erhalten. Unterdrückte Aggressionen brechen sich heftig Bahn und richten sich nicht selten gegen die ›Falschen‹. Aggressionshemmung und die Unerbittlichkeit verdeckter Aggressionen bedingen sich gegenseitig. Es ist zu beobachten, dass durch die spezifische Organisationskultur in kirchlichen Arbeitsfel-

dern häufig Regression gefördert und Entwicklung von einzelnen, aber auch von Einrichtungen oder ganzen Arbeitsfeldern behindert wird.«

Umgekehrt gilt (aus den o.g. Gründen) dasselbe: Pastoralpsychologische SupervisorInnen können auch in *nicht-theologischen und nicht-kirchlichen Arbeitsfeldern* kompetent Supervision anbieten – was ebenfalls bereits geschieht. Was pastoralpsychologische SupervisorInnen dabei von anderen SupervisorInnen unterscheidet, beschreibt Helmut *Kreller* als eine zusätzliche Perspektive oder »Ebene«, die sie in die supervisorische Arbeit einbeziehen können:

»Das Pastoralpsychologische in meiner Supervision heißt ...
dass ich neben den vier Ebenen Biografie, Beziehung, Organisation und Institution auch auf der spirituellen Ebene arbeiten kann;
dass grundlegende Lebensfragen einbezogen werden;
dass gesellschaftliche Werte und religiöse Überzeugungen eine Rolle spielen können und beachtet werden.«
(Zitatquelle: www.bibliodrama.de)

Diese Auffassung geht in die Richtung meines Ansatzes. Die wesentlichste und interessanteste Besonderheit pastoralpsychologischer Arbeitsweise besteht m.E. in verschiedenen ***Perspektiverweiterungen*** über die o.a. psychologischen bzw. humanwissenschaftlichen Paradigmen und Methoden hinaus. PastoralpsychologInnen bringen in der Regel eine geschulte Aufmerksamkeit für die spirituelle Dimension bzw. für die Sinndimension der Fragen ihrer Klientel mit; sie haben ein besonderes Interesse daran, wie KlientInnen sich selbst, ihre Arbeit, ihre Organisation, ihr Leben, ihre Welt deutend verstehen. Dazu können sie bei Bedarf von ihrem besonderen theologischen Ausbildungshintergrund auch spezifische zusätzliche (gemeint ist: zusätzlich zu humanwissenschaftlichen) Hilfestellungen materieller und methodischer Art anbieten, vor allem in folgenden Bereichen:
a) Wirklichkeitsverständnis, insbesondere Menschenbild und Werte (theologische Anthropologie und Ethik);
b) hermeneutisches Material (Biblische »Musterlebensläufe« als narrative Hintergrundfolien zur Lebens- bzw. Erfahrungsdeutung, vgl. u.);
c) hermeneutische Verfahren (Handwerkszeug: symbolische Kommunikation. Exegese – exegetische Kompetenz als *Auslegungs*kompetenz; bei biblischen Wirklichkeitsdeutungen: Frage nach dem Sitz im Leben; bei Wirklichkeitsdeutungen von KlientInnen: Frage nach dem Sitz im *Er*leben. Vgl. u.).

Zu a) mag hier, da eine ausführliche Entfaltung den Rahmen dieses Beitrags sprengen würde, ein längeres Zitat genügen, das auf einige ausgewählte Grundmotive christlich-theologischer Deutekategorien für verschiedene Lebens- und Arbeitszusammenhänge verweist:

»Das Schöpfungsmotiv sieht das Leben unter dem Aspekt des Geschaffenseins, also auch seiner Abhängigkeit und Begrenztheit. Das Wundermotiv begreift die Geschehensabläufe der Welt als offen für überraschende Wendungen; nichts ist völlig determiniert. Das Glaubensmotiv verdeutlicht, dass Gott sich durch Menschen erschließt, denen wir vertrauen, und nicht durch Theorien oder Institutionen. Das Inkarnationsmotiv sieht Gott in der Welt der Menschen in verborgener, verwechselbarer Gestalt anwesend. Das Gerichtsmotiv betrachtet den Menschen als einen, der an dem gemessen wird, was er tut bzw. getan hat; es gibt ein endgültiges Urteil und ein ›zu spät‹. Das Rechtfertigungsmotiv steht dazu in Spannung, indem es darauf verweist, dass der Mensch sein Dasein nicht selbst legitimiert, sondern sich von außerhalb seiner selbst empfängt und verdankt.« (*Theissen*, 1994, 30ff i.A., zit. nach *Klessmann*, 2004, 649.)

Die Punkte b) und c) möchte ich vertiefen. Dazu skizziere ich Grundzüge einer interdisziplinären pastoralpsychologischen Hermeneutik und den Nutzen der spezifischen hermeneutischen Kompetenz von TheologInnen für Seelsorge, Beratung und Supervision (vgl. *Lammer*, 2004, 237ff).

Das Spezifische der pastoralpsychologischen Supervision liegt aus meiner Sicht vor allem in ihrer ***interdisziplinären Arbeitsweise bzw. Hermeneutik***. PastoralpsychologInnen beziehen nämlich ihr Repertoire an theoretischem Wissen und an methodischen Verfahren zum Verständnis menschlichen Erlebens und Verhaltens sowohl aus der Psychologie (und anderen Humanwissenschaften) als auch aus der Theologie. Sie sehen quasi mit zwei Brillen. Oder mit einer Gleitsichtbrille – dieses Bild ist vielleicht noch treffender, weil es die Verschränkung bzw. Integration beider Perspektiven deutlicher macht (vgl. die folgende Abbildung).

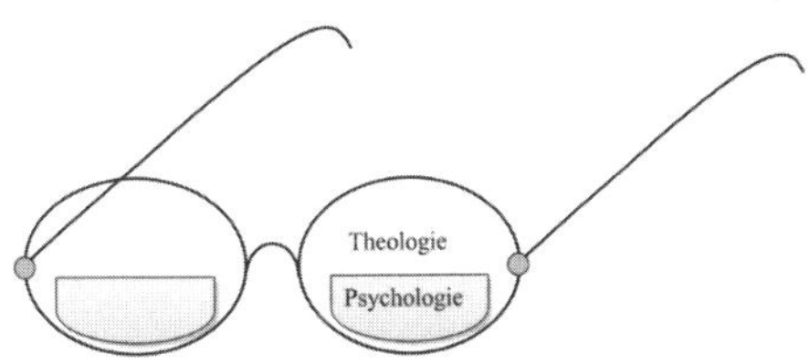

Schon von ihren Anfängen an (die Anfänge der pastoralpsychologischen Bewegung in Europa lagen in den fünfziger und sechziger Jahren des vorigen Jahrhunderts) war das Programm der Pastoralpsychologie: interdisziplinäres Arbeiten, fachübergreifende Hermeneutik und Methodik. Heute, in der geistes- und sozialwissenschaftlichen Situation der Postmoderne, ist eine interdisziplinäre Arbeitsweise zum allgemeinen Trend geworden und wird auch in anderen Zweigen der Supervision praktiziert. Wie alle anderen SupervisorInnen integrieren auch PastoralpsychologInnen einen variablen und erweiterungsfähigen Mix aus beraterisch hilfreichen Methoden verschiedener Herkunft in ihre

Arbeit (vgl. o. unter 1.a). Alle pastoralpsychologischen SupervisorInnen haben aber bereits in ihrer grundständigen Basisausbildung Theoriegebäude und methodisches Handwerkszeug zweier wissenschaftlicher Disziplinen erlernt. Ich stelle **nachstehend** dar, welches zusätzliche hermeneutische Material und welche zusätzlichen hermeneutischen Verfahren durch den ***theologischen Teil*** **der pastoralpsychologischen Perspektiven** Eingang in die Supervision finden.

b) Zusätzliches hermeneutisches Material: Verstehen und Vergewissern auf dem Hintergrund überindividueller Narrative aus der christlichen Tradition

Nach *Scharfenberg* (1990, 69–79) dient das pastoralpsychologische Beratungsgespräch der Strukturierung von konflikt- oder krisenhaften Erlebnissen, die die innere Struktur von KlientInnen überfordert und durcheinandergebracht haben. Dazu sind im Wesentlichen zwei methodische Schritte notwendig: Erstens die Fokussierung auf *Gefühle,* mit dem Ziel, dass die KlientInnen sich selbst und ihr Erleben zum *Ausdruck* bringen und die SeelsorgerInnen sich einfühlen und Resonanz geben können. Und zweitens die Strukturierung dieser Gefühle in Richtung auf eine *Geschichte*, mit dem Ziel, dass der betroffene Mensch nicht mehr selbst in chaotische Gefühle verstrickt bleibt, sondern diese Gefühle zu einem Sinnganzen verweben kann – d.h., dass ein deutendes *Verstehen* des auslösenden Erlebnisses stattfindet. Erleben wird durch Deutung zu Erfahrung. Erfahrungswissen vermittelt Sicherheit und Sinn.
Geschichten bieten einen Rahmen, in den das zunächst überfordernde Erlebnis sinnvoll eingeordnet werden kann. Diese Funktion kann auf individueller Ebene die eigene Lebensgeschichte übernehmen: Das gelingt, wenn die Lebensgeschichte (es handelt sich dabei ja immer um eine deutende Interpretation) so ›fortgeschrieben‹ werden kann, dass die aktuellen Erlebnisse in einen größeren Zusammenhang gebracht werden, vielleicht in die Linie einer erkennbaren Entwicklung, sodass eine Art sinnstiftender Kontinuität hergestellt wird. Die Funktion einer Rahmenerzählung, die Struktur, Halt und Sinn geben kann, erfüllen aber auch überindividuelle Geschichten von anderen Menschen, die Ähnliches erlebt und bewältigt haben. Z.B. eignen sich Familiengeschichten, Volkssagen, mythische Erzählungen, Curricula der Entwicklungspsychologie oder biblische Geschichten als ›Musterlebensläufe‹ zur Orientierung und Entlastung des Individuums.
Die Paradigmen der Psychologie haben inzwischen einen scheinbar verobjektivierten Status erworben, deshalb macht man sich nicht mehr so leicht bewusst, dass sie keinen prinzipiell anderen Charakter haben als den oben beschriebenen. So arbeitet z.B. die Psychoanalyse Sigmund Freuds auf der Basis von mythischen Geschichten aus der griechischen Antike, nämlich der Narzissus- und der Ödipussage. Und z.B.

die Entwicklungspsychologie nach Eric H. Eriksons Phasenmodell konstruiert einen idealtypischen Musterlebenslauf.
Mit dem christlichen Wirklichkeitsverständnis steht ein weiterer Referenzrahmen zur Verfügung, innerhalb dessen menschliches Leben und Erleben sinnvoll interpretiert werden kann. TheologInnen haben ein ***materiales Sinndeutungsangebot*** zur Verfügung, das breiter ist als z.B. das der Psychoanalyse. Im Zentrum steht dabei natürlich die Geschichte Jesu Christi, die im Apostolischen Glaubensbekenntnis dogmatisch zum ›Musterlebenslauf‹ der Christenheit verarbeitet ist, dem ChristInnen ›nachfolgen‹. Sie ist in ihrer Komplexität allein schon in der Lage, viele der Grundambivalenzen des Lebens in sich aufzunehmen: Leiden und Herrlichkeit, Zustimmung und Ablehnung, Liebe und Hass, Macht und Ohnmacht, Tod und Leben, Sterben und Werden/Auferstehen. Darüber hinaus bietet der gesammelte Schatz biblischer Geschichten und christlicher Vorstellungen eine Vielzahl überindividueller Rahmenerzählungen zu allen denkbaren Lebens- und Erlebenslagen, in die individuelle Erlebnisse und Lebensgeschichten eingeordnet werden können. Durch Anschlussfähigkeit und Rückbindung (die Wortbedeutung von »re-ligio«) an kollektive Erfahrungen und deren kollektive Deutungen kann der oder die Einzelne von der eigenen Erlebnisunmittelbarkeit entlastet und gestützt werden.

Beispiel 1: Die Suche nach Lebenserfüllung und das Erleben und Erleiden von versagten Wünschen, ein Grundthema menschlicher Existenz, ist in den großen kulturprägenden Narrativen immer wieder in Gestalten tragischer Helden verarbeitet worden. Die Psychoanalyse greift hier auf die Gestalt des Narziss aus der griechischen Mythologie zurück; der »gestaltete Narzissmus« (*Kohut*) gilt ihr als Ideal: Größenfantasien, Wünsche, Sehnsüchte und Ideale sollen ausreichend kontrolliert werden, um nicht rücksichtslosem und unrealistischem Größenwahn zu frönen; sie sollen aber zugleich, quasi in »gezähmter« Form, erhalten und produktiv genutzt werden, um Kreativität, Kraft für Veränderung, Wachstum und Entwicklung freizusetzen, sodass die besten Möglichkeiten der Person entfaltet und sozial(verträglich) nutzbar werden. Eine derartige Balance herzustellen, gilt als ein Ziel der Persönlichkeitsentwicklung; dazu verhilft man in der Entwicklung befindlichen Menschen, indem man das Prinzip der »optimalen Frustration« anwendet: Grenzen der Wunscherfüllung und notwendige Wunschversagungen werden zugemutet, aber durch ausreichend häufige Bedürfniserfüllung und durch genügend vergewissernde Zuwendung erträglich gemacht. Erfahrungen von Bedürfniserfüllung, Geborgenheit, Gewissheit etc. müssen in ausreichendem Maß gemacht und internalisiert werden können, damit deren Abwesenheit oder Versagung überbrückt oder in Gestaltungsenergie umgesetzt werden kann. Für dieselben Prinzipen kann die Theologie verschiedene Gestalten der Bibel als Vorbilder heranziehen, etwa die des Mose: Er setzt seinen Drang zu Freiheit und Erlösung aus Knechtschaft und seine Sehnsucht nach einem guten Leben produktiv um, indem er zur Führungspersönlichkeit wird und sein Volk (unter erheblichen Opfern) aus der Sklaverei in Ägypten hinausleitet, durch die Entbehrungen der Wüste hindurch und schließlich bis in das gelobte Land, wo Milch und Honig fließen. Er selbst kommt ins gelobte Land aber nicht hinein, sondern muss sterben, als es ihm endlich vor Augen liegt. Auch hier liegen Tragik und Weisheit, Realismus und Wahrheit der Geschichte in der Balance zwischen der Kraft der Vision einerseits und der Gebrochenheit der heldischen Größenfantasie andererseits. Es wird deutlich: Der Sinn des Lebensweges liegt nicht in der Wunscherfüllung.

Beispiel 2: Kranke und Leidende fragen oft: »Warum gerade ich?« Dahinter steckt die Fantasie: »Nur ich allein muss leiden«. Die Betroffenen fühlen sich von Gott und der Welt verlassen. Aus psychologischer Sicht können dem u.a. die Zuwendung der BeraterInnen (Botschaft: Du bist nicht allein) als auch die von ihnen geförderte Realitätsprüfung (Botschaft: Nicht nur du allein musst leiden) entgegenwirken. Aus christlich-theologischer Sicht kann das Bild des gekreuzigten Christus einen Kontrapunkt setzen, weil es versinnbildlicht, dass Gott selbst das menschliche Schicksal des Leidens und Sterbens teilt.[85]

Beispiel 3: In Grenzsituationen, z.B. angesichts des Todes eines geliebten Menschen, äußern Betroffene oft, sie fühlten sich ohnmächtig ausgeliefert. Dabei ist ›Ohnmacht‹ eine *Interpretation* des Erlebten. M.a.W.: Die erfahrene *Begrenztheit* (z.B. der Lebensmöglichkeiten des verstorbenen Menschen, resp. der eigenen und ärztlichen Möglichkeiten, deren Tod zu verhindern) ist real, die subjektive Interpretation als Ohnmacht aber irreal. Es handelt sich, psychologisch gesprochen, um eine Ohnmachts*fantasie*, die erst durch einen enttäuschten *Allmachts*wunsch entsteht: Weil man den Menschen als heil und ganz, als unversehrt und unendlich fantasiert hat (z.B. dass der/die Verstorbene ewig leben und immer bei einem/einer bleiben könnte, dass ÄrztInnen oder man selbst den Tod verhindern könnten, dass die eigene (Beziehungs-)Welt immer heil und unversehrt bliebe), ist der Zusammenbruch dieser Vorstellung durch den Einbruch der Kontingenz so schwer zu ertragen. Wo die Fantasie von der menschlichen *Ganzheit* verloren gegangen ist, schlägt sie in die Fantasie um, man habe sich *ganz* verloren, als sei man alles Sinnvollen, aller Fähigkeiten und Möglichkeiten beraubt – ohnmächtig. Beide, Allmachts- und Ohnmachtsfantasie, sind unrealistisch. Die Chance der Grenzerfahrung ist, in einem Reifungsprozess beide Fantasien aufzugeben und zu einer realistischen Selbsteinschätzung zu kommen. Psychologisch gesprochen, akzeptiert die reife Persönlichkeit die Begrenztheit des eigenen Selbst, ergreift aber entschlossen die ihr zur Verfügung stehenden begrenzten Möglichkeiten. Theologisch gesprochen, nimmt, wer glaubt, das von Gott geschenkte Leben in seiner geschöpflichen Begrenztheit an, und zwar gleichermaßen als Gabe und als Aufgabe, die geschenkte endliche Freiheit zu gestalten (vgl. zum Letzteren z.B. das Gleichnis von den anvertrauten Talenten in Mt 25 par.).[86]

b) Zusätzliche hermeneutisches Verfahren: Hilfen zur Selbstauslegung und zum Wirklichkeitsverständnis

Erfahrung, die zu Lebensdeutung geronnen ist, wird zu Erleben verflüssigt (Sitz in Leben / Er-leben). Erleben wird durch Deutung zu Erfahrung verfestigt.

Mit pastoraltheologischer Hermeneutik meine ich aber noch mehr, als dass TheologInnen Erfahrungen in den Rahmen ihres theologischen Systems einordnen und sie christlich deuten können. Ich meine: Auch dann, wenn KlientInnen das christliche Wirklichkeitsverständnis nicht

[85] Vgl. dazu ausführlicher in diesem Band den Beitrag zur Wiederentdeckung religiöser Kommunikation, 51ff.
[86] Ebd.

teilen und sich nicht darauf beziehen möchten, können TheologInnen ihnen mittels ihrer hermeneutischen Kompetenz helfen, ihren *eigenen* Referenzrahmen zu aktivieren bzw. ihre *eigenen* Sinnstrukturen zu (re-) konstruieren. Und zwar deshalb, weil TheologInnen **nicht nur hermeneutisches *Material*** aus Bibel und christlicher Tradition zur Verfügung haben, **sondern auch hermeneutische *Verfahren***.
Ich führe damit einen Gedanken *A. Boisen*s, eines der Väter der Pastoralpsychologie, weiter: Nach *Boisen* besteht die Kompetenz von pastoralpsychologischen BeraterInnen vor allem darin, die ihnen anvertrauten bzw. sich anvertrauenden Menschen ebenso sorgfältig wahrzunehmen, wie sie biblische Texte zu exegetisieren gelernt haben. Beide, **biblische Aussagen und Selbstaussagen der GesprächspartnerInnen** in Seelsorge, Beratung und Supervision können **mit demselben hermeneutischen Schlüssel ›gelesen‹** werden: nämlich indem man sie auf ihren *Erfahrungs*hintergrund hin befragt und der Art und Weise nachgeht, wie hier Erlebnisse *gedeutet*, d.h. zu einzelnen Glaubens- oder Sinnaussagen resp. zu einem mehr oder weniger geschlossenen Wirklichkeitsverständnis verarbeitet werden. TheologInnen haben gelernt, alte biblische Texte für die Gegenwart auszulegen, indem sie den »Sitz im Leben« aufspüren, der hinter biblischen Geschichten und Glaubensaussagen steht, d.h., indem sie erschließen, aus welchen Erlebnissen und aus welchen Deutungsmustern hier Sinnstrukturen entstanden sind. Die im biblischen Text ›geronnene‹ Lebenserfahrung wird gleichsam wieder ›verflüssigt‹ und für das aktuelle Leben und Erleben moderner Menschen nachvollziehbar gemacht – eine Leistung, die PastorInnen in jeder Predigt zu erbringen haben. Die gleiche Fähigkeit – ***Auslegungskompetenz*** – können sie m.E. auch im Beratungsgespräch anwenden, um die ›Texte‹ und Skripte ihrer GesprächspartnerInnen, d.h. deren (Lebens-)Geschichten und Sinnaussagen, aufzuschlüsseln. Natürlich ist Deutungs- oder Auslegungskompetenz auch bei anderen SupervisorInnen nötig und vorhanden; sie eignet nicht exklusiv den PastoralpsychologInnen. Worauf ich hier hinweisen möchte, ist, dass sie **bei TheologInnen durch ihren häufigen Umgang mit symbolischer Kommunikation und durch ihre exegetische Ausbildung auf besondere Weise geschult und geprägt** ist: Die Exegetin befragt biblische Lebensdeutungen auf ihren »Sitz im Leben«; die pastoralpsychologische Beraterin befragt aktuelle Lebensdeutungen ihrer jeweiligen KlientInnen nach ihrem »Sitz im *Er*leben« (*Winkler*, 1982, 874). Und umgekehrt: Die pastoralpsychologische Beraterin kann helfen, aktuelles Erleben durch Deutung zu Erfahrung zu verarbeiten und möglicherweise zu einer sinntragenden Geschichte zu ›verfestigen‹. Diese Auslegungskompetenz können PastoralpsychologInnen auch dort anwenden, wo sich der sinntragende Referenzrahmen der GesprächspartnerInnen von ihrem eigenen (dem christlichen) unterscheidet. Das wird im multikonfessionellen und multikulturellen Kontext der modernen Gesellschaft immer wichtiger.

TheologInnen sind ExpertInnen für Sinn(re)-konstruktion. Ihre hermeneutische Kompetenz befähigt sie, sich in die Erfahrungswelt und in die Deutungsmuster anderer hineinzudenken; sie können anderen helfen, sich selbst, genauer: ihr Selbst- und Weltbild, besser zu verstehen. Wo Selbstverständnis und Wirklichkeitsverständnis durch eine Krise ins Wanken geraten sind, können TheologInnen die Betroffenen auf ihre Lebenserfahrungen und die darin tragenden Sinnstrukturen hin befragen und sie bei deren Rekonstruktion unterstützen. *Es handelt sich dabei um eine Art Arbeit an der Selbstvergewisserung und an der Vergewisserung von Lebenssinn.*

Bei dieser Arbeit an Sinn(re)-konstruktion (d.h. allgemein: am Selbst- und Weltverständnis; und es heißt speziell in Krisensituationen: an der Kontingenzbewältigung) handelt es sich keineswegs um ein abseitiges Spezialgeschäft, das nur für eine besonders religiöse oder kirchliche Klientel relevant wäre. Es handelt sich vielmehr um eine fundamentale Dimension aller Lebens- und Arbeitsbezüge. Man kann dies u.a. daran ablesen, dass auch in Wirtschaftsunternehmen immer mehr Wert auf spirituelle Aspekte gelegt wird, z.B. darauf, sinntragende Visionen, Unternehmensphilosophien und Botschaften zu entwickeln, die für Mitarbeitende und KundInnen überzeugend sind.

Dazu eine kleine Anekdote von W. Drechsel (vgl. *Drechsel*, 2003, 28.32.31): Ein Klient erzählt Drechsel von seiner Psychotherapie bei einem Analytiker, der die Therapie eröffnet habe mit dem Satz: ›... nur mit dem Religiösen, da kenne ich mich nicht aus. Das verstehe ich nicht.‹ Daraufhin fragt Drechsel seine LeserInnen: »Was wäre denn, wenn jemand zum Therapeuten geht und der sagt: ›Gut, wir können zusammen arbeiten, nur im Blick auf die Sexualität – die müssen wir draußen lassen, da kenne ich mich nicht aus‹? Ich glaube, aus dieser Perspektive wird deutlich, dass es nicht unproblematisch ist, einen sehr breiten und ich denke auch in archaische Tiefen hineingehenden Bereich menschlicher Lebensäußerung schlicht zu negieren und so zu tun, als gäbe es ihn nicht.« Drechsel nennt u.a. folgende Funktionen »des Religiösen in der Beratung«, die er für hilfreich hält: »Von der kollektiven Dimension des Religiösen eröffnen sich neue Perspektiven für das Individuelle.« Und: Das Machtgefälle zwischen BeraterIn bzw. SupervisorIn und KlientIn erhalte einen Ausgleich; »vor Gott« stehen sie »... auf einer gleichen Ebene. Gott bietet gewissermaßen eine Triangulierung der Beratungsbeziehung.«

Die oben skizzierte pastoralpsychologische Hermeneutik ist gleichermaßen in Seelsorge und Beratung wie in der Supervision anzuwenden; in der (Lehr-)Supervision kann ihre Anwendung ggf. auch von den KlientInnen gelernt und eingeübt werden. Eigene Verstehensvoraussetzungen nicht nur *materialiter* anzubieten (z.B. im engeren Sinne christlich-religiöser Traditionselemente), sondern *methodisch*, d.h. erlernte Auslegungs- und Deutungs*verfahren* auch in der Arbeit mit anders identifizierten und weltanschaulich anders geprägten Menschen einzusetzen, entspricht dem Befund der Postmoderne nach *Lyotard*:

Die großen, ehemals kulturbildenden kollektiven Narrative (Erzählsysteme) besitzen keine allgemeine Plausibilität mehr; keines von ihnen kann mehr eine metaphysische oder auch nur innerweltlich geschichtsumgreifende Sinndeutung bieten, die als verbindendes und verbindliches Wirklichkeitsverständnis die Gesellschaft zusammenhält. Das gilt sowohl für religiöse als auch für psychologische Welt- und Menschenbilder und auch für die der sog. ›positiven‹ Wissenschaften. In einer Situation des Traditions- und Institutionsabbruchs sind »Sinn« und »Wahrheit« pluralisiert und privatisiert. Sie müssen in kleinen Erzählgemeinschaften immer wieder neu (re-)konstruiert, ge- oder erfunden werden. Die Plausibilität dessen, was für wahr und sinnvoll gehalten bzw. geglaubt werden kann, will stets persönlich und im Abgleich mit der eigenen Lebenswirklichkeit erfahren werden. Dazu ist intersubjektives und interdisziplinäres Vorgehen nötig. Die pastoralpsychologische Verbindung von objektivierender Betrachtung (Erfahrungsdeutung auf theologischem und psychologischem bzw. humanwissenschaftlichem Hintergrund) mit selbstreflexiven Prozessen (Plausibilitätsprüfung und Aneignung von Deutungsangeboten vor dem Hintergrund eigener sozialer und biografischer Wirklichkeitserfahrung) ist dem angemessen.

Beispiel 1, Verbatim-Ausschnitt: Eine Pastorin macht im Rahmen aufsuchender Seelsorgearbeit Patientenbesuche auf der internistischen Station eines Krankenhauses. In einem Zimmer trifft sie auf zwei etwa 70 Jahre alte Männer; einer davon steigt mit ihr in ein lockeres Gespräch auf einer Flirt-Ebene ein und lädt die Seelsorgerin schließlich scherzhaft zu einem Skatspiel ein. Im folgenden Dialog geht die Seelsorgerin ganz auf die im technischen Bereich angesiedelte Bildsprache ihres Gesprächspartners ein und eröffnet ihm die Möglichkeit, in seinem eigenen Referenzrahmen sein Selbstverständnis zu entfalten.
Seelsorgerin: »Skatspielen, das hört sich ja ganz gut an in einem Krankenzimmer.« Patient: »Ja, es geht schon ganz gut. Natürlich, wenn man älter wird ... Ich sage immer, das ist wie mit einem Auto, irgendwann gibt's Rost. Und irgendwann geht die Maschine eben kaputt. Solange es nur Lackschäden sind, ist es halb so wild.« Seelsorgerin: »Ja, Lackschäden sind halb so wild. Ich sehe ihre EKG-Kabel und denke: Etwas ist mit ihrem Herzen. Das Herz ist nicht mehr nur der Lack, das ist die Maschine.« Patient: »Ja, es ist das Herz ...« Der Patient fährt nun fort, über die Schwere seiner Krankheit (Verdacht auf Herzinfarkt) und seine Existenzängste zu sprechen.

Beispiel 2, Fallbericht: Eine Diplompsychologin bringt den Fall einer von ihr in einem Mutter-und-Kind-Kurhaus beratenen Kurpatientin in die Supervision. Die Patientin ist 39 Jahre alt, verheiratet, Mutter zweier Söhne (2 ½ und 9 Jahre). Kürzlich hat sie ihr Sozialpädagogik-Studium abgeschlossen und will bald ihr Anerkennungsjahr beginnen. Sie kommt mit einem ärztlich attestierten »Erschöpfungssyndrom, Herzrhythmusstörungen und Schlafstörungen« in die Kur zwecks »Wiederherstellung der allgemeinen Leistungsfähigkeit«. Die Patientin formuliert im Aufnahmegespräch als kurzfristiges Ziel »Abschalten von Mehrfachbelastungen« (durch die eigene berufliche Laufbahn, Anforderungen der Kinderbetreuung und einen erst kürzlich erfolgten Umzug) und »Kraft tanken«. Als Anwendungen lässt sie sich die Teilnahme an einer Stressbewältigungsgruppe, Progressive Muskel-Relaxation und Einzelgespräche mit der Psychologin verordnen. Im ersten

Einzelgespräch erzählt die Patientin vom erst wenige Wochen zurückliegenden Tod ihres Vaters, mit dem sie sich aus Zeitmangel bisher nicht habe auseinandersetzen können. In der zweiten Sitzung erzählt sie von ihrem Gefühl, durch den Vater in ihrer Kraft und Eigenständigkeit »immer blockiert« gewesen zu sein. Sie teilt mit, wie groß ihr Wunsch gewesen sei, mit dem Vater vor seinem Tod noch unter vier Augen ein klärendes Gespräch zu führen; sie sei aber von der Mutter daran gehindert worden, den Vater noch einmal allein zu sprechen. Die Patientin zeigt sich verzweifelt über die endgültig verpasste Chance; die Psychologin erfragt, was die Patientin den Vater gern noch gefragt hätte. Sie hat den Eindruck, dass dieser Gesprächsgang »noch nicht gereicht« habe und möchte in der Supervision klären, wie sie die Patientin noch effektiver unterstützen kann als bisher.
Eine Tonbandaufzeichnung des zweiten Gesprächs zeigt, dass die Psychologin merkwürdig gegenläufige Impulse gegeben hat: Einerseits lud sie die Patientin ein, das Erzählte zu vertiefen und ihre Gefühle dazu auszudrücken, andererseits bremste sie, sobald die Patientin das tat. In der Supervision wird sie damit konfrontiert und klärt ihren eigenen Erfahrungshintergrund: Für die Psychologin selbst war der frühe Verlust ihres Vaters traumatisch; als älteste von drei Töchtern hat sie in ihrer Jugend die eigene Trauer und Bedürftigkeit zurückgestellt, um die Mutter bei der Alltagsbewältigung und beim Durchbringen der jüngeren Geschwister zu unterstützen. Sie reflektiert diesen biografischen Hintergrund mit seinem teils hemmenden, teils förderlichen Einfluss auf die Beratung.
Nachdem dies geschehen ist, stellt sie Hypothesen darüber auf, was die Patientin von dem Gespräch mit dem sterbenden Vater erhofft und gebraucht habe und wie ihr (ersatzweise) die Beratung dazu verhelfen könne. Sie identifiziert als Schlüsselstelle des aufgezeichneten Gesprächs die Aussage der Patientin, sie habe den Vater als vorwiegend kritisch und entwertend erlebt; erst im Alter sei er etwas milder geworden. Die Psychologin glaubt, die Patientin habe sich vom Vater gewünscht, noch einmal freundlich und anerkennend angesehen zu werden; die Supervisorin fasst in religiöser Sprache zusammen: ... seinen »Segen«. Daraufhin erinnert sich die Psychologin, die Patientin habe von ihrer Hoffnung gesprochen, der Vater könne sich im Angesicht des Todes verwandelt haben oder durch den Tod verwandelt werden. Sie formuliert jetzt als ihr passend erscheinende Interventionen die Fragen: »Was glauben Sie, wenn Ihr Vater Sie jetzt, nach seinem Tod, sehen könnte, was würde er davon verstehen, wie es Ihnen geht? Wie würde er Sie jetzt sehen?«
In diesem Beispiel sind weder die Patientin noch die sie beratende Psychologin religiös eingestellt. Trotzdem öffnet ein einziges kleines Stichwort (»Segen«) eine neue Dimension; die Beraterin wird zu einer vertiefenden Weiterführung der Beratung angeregt. Sie kann dies in einer ganz säkularen Sprache tun (eine ähnliche Intervention wäre in verschiedenen beraterischen Kontexten denkbar, etwa im Bereich einer Gestalt-Therapie), die im nicht-religiösen Referenzrahmen der beiden Beratungspartnerinnen verbleibt und dennoch einen symbolischen Charakter mit mehreren möglichen Deutungsebenen, inklusive einer spirituellen Ebene, gewinnt.

3. Was ist pastoralpsychologische Lehr- oder Ausbildungssupervision? Dargestellt am Beispiel der Klinischen Seelsorgeausbildung (KSA)

Pastoralpsychologische Lehr- oder Ausbildungssupervision ist eine Spezialform pastoralpsychologischer Supervision. Darauf trifft also auch zu, was in den beiden obigen allgemeineren Abschnitten gesagt wurde. Darüber hinaus gelten für die pastoralpsychologische Lehr- und Ausbildungssupervision Besonderheiten, aber auch Einschränkungen: In einer Lehr- und Ausbildungssupervision gilt nicht (wie in vielen anderen Supervisionssettings) allein das Prinzip »Der Klient / die Klientin besitzt das Problem / hat Recht«; hier werden auch nicht allein die Fragestellungen und Ziele der jeweils einzelnen KlientInnen verfolgt. Denn nicht allein die KlientInnen sind AuftraggeberInnen der Supervision, sondern ggf. auch ihr Arbeitgeber (der sie für die Lehr- und Ausbildungssupervision u.U. von ihrer Arbeit freistellt, die Maßnahme evtl. genehmigt, beauftragt oder finanziert, damit der/die SupervisandIn eine bestimmte, in der Einrichtung benötigte Qualifikation erreicht, etc.) und der zuständige Fachverband, innerhalb dessen sich die KlientInnen ggf. qualifizieren wollen (z.B. als FachseelsorgerInnen, FachberaterInnen, SupervisorInnen, KursleiterInnen oder LehrsupervisorInnen) und dessen Ausbildungs- und Qualitätsstandards sie dazu folglich auch erfüllen bzw. erreichen müssen. Wer bestimmte Aus-, Fort- oder Weiterbildungsabschlüsse und die entsprechenden qualifizierenden Zertifikate erwerben möchte, muss die dazu erforderlichen Lernleistungen erbringen und die fachlich notwendigen Kompetenzen entwickeln und zeigen. (Das gilt übrigens auch für die AnbieterInnen-Seite: Wer solche Aus-, Fort- und Weiterbildungsmaßnahmen leitet, muss sich einer entsprechenden Qualitätskontrolle unterziehen, z.B. im Rahmen von Kontroll-Supervision.) Deshalb sind in Lehr- und Ausbildungssupervisionen (wie auch in Kontrollsupervisionen) besondere Kontrakte, Arbeitssettings und supervisorische Interventionsformen angezeigt. Themen, Inhalte und Arbeitsformen der Supervision orientieren sich teils an individuellen (d.h. persönlichen oder sich aus dem jeweiligen Arbeitskontext ergebenden) Fragestellungen der SupervisandInnen, teils an den ›objectives‹ der Ausbildungsziele.

Ich erläutere das am Beispiel der Grundstufe der Klinischen Seelsorgeausbildung, der »Pastoralpsychologischen Weiterbildung in Seelsorge (KSA)«.[87] Es handelt sich dabei um eine berufsbegleitende, qualifizierende Weiterbildung für praktizierende SeelsorgerInnen im Umfang von zwei Mal sechs Kurswochen mit zusammen 288 Ausbildungsstunden.[88] (Die Ausbildung zur pastoralpsychologischen Supervisorin DGfP/KSA umfasst weitere 432 Ausbildungsstunden zzgl. eigener Supervisionspraxis unter Begleitsupervision.)

[87] Weitere mögliche Ausbildungsstufen sind die Pastoralpsychologische Weiterbildung in Supervision, die Pastoralpsychologische Weiterbildung in KSA-Kursleitung und die Qualifizierung als Pastoralpsychologische LehrsupervisorIn.

[88] Ich habe hier die in der KSA üblichen 90-Minuten-Einheiten (2x72 90-minütige Kurseinheiten zzgl. 2x6 Stunden Einzelsupervision) auf Ausbildungsstunden umgerechnet, um eine allgemeine Vergleichbarkeit herzustellen.

Zum Kursprogramm gehören:
- Arbeit in einem (eigenen oder fremden) seelsorglichen bzw. beraterischen Praxisfeld;
- Supervision dieser Arbeit in einer Lerngruppe (in der Regel acht bis zehn SupervisandInnen und zwei SupervisorInnen);
- Wissensvermittlung: z.B. Grundwissen über gängige moderne Seelsorgekonzepte und deren Theologie sowie Grundkenntnisse der Psychoanalyse (mindestens: Projektion, Übertragungsphänomene, Abwehrmechanismen), der Gesprächspsychotherapie (mindestens: non-direktive Gesprächsführung nach Rogers) und der Krisenintervention (mindestens: stützende Beratung nach Clinebell) und ggf. anderer psychotherapeutischer Ansätze;
- methodisches und didaktisches Training, z.B. Einübung von Haltung und Techniken nach Rogers, Wahrnehmungs- und Kommunikationsübungen nach von Thun; Reflexion eigener Praxis durch supervidierte Predigtanalysen sowie Analysen von Gesprächsaufzeichnungen und Fallberichten; Praxistraining durch Rollenspiele, kontrollierte Dialoge etc. (mindestens ca. 60 Stunden);
- Selbsterfahrung in der Kursgruppe (mindestens ca. 60 Stunden);
- Einzelsupervision.

KSA-Supervision ist Supervision von Seelsorge und Beratung, also eine Supervision zweiter Ordnung (vgl. o.). Sie findet überwiegend im Gruppensetting statt. Die Peergroup steht einander dabei zu verschiedenen Zwecken zur Verfügung, u.a. zur gegenseitigen kollegialen Supervision bzw. Intervision; zur Herstellung von Spiegelphänomenen in Resonanz auf eingebrachte Fälle; zur Re-Inszenierung, Bewusstmachung und Bearbeitung von Beziehungsmustern der einzelnen TeilnehmerInnen. In einer Art »Labor«-Situation steht ein geschützter Raum zu Selbsterfahrung, vertiefter Selbst- und Fremdwahrnehmung, für Feedback, zur Entwicklung und Erweiterung eigenen Interaktionsverhaltens etc. zur Verfügung. Die Peergroup bildet eine Weg- und Lerngemeinschaft auf Zeit.
Den Kursen geht eine Auswahl der Teilnehmenden voraus: Aufgrund eingereichter Bewerbungsunterlagen, die Angaben zum Arbeitsfeld, Arbeitsproben und deren Reflexion, biografische und berufliche Reflexionen und eine Darstellung von Fragestellungen und Lernzielen enthalten, wird mindestens ein Kontraktgespräch mit der Kursleitung geführt. Darin werden Motivation und Eignung des Supervisanden / der Supervisandin, Kurssetting, Arbeitsformen und Kursziele etc. abgeklärt und festgestellt, ob SupervisorIn und SupervisandIn sich persönlich ein Arbeitsbündnis für die Dauer des Kurses miteinander vorstellen können. Zu Kursbeginn werden von allen TeilnehmerInnen in Absprache mit der Kursleitung eigene Lernziele definiert; Lerngewinne werden anhand von Wochenberichten der SupervisandInnen kontinu-

ierlich verfolgt. Nach jeweils sechs Kurswochen schreiben alle KursteilnehmerInnen eigne Abschlussberichte und erhalten von der Kursleitung Supervisionsberichte, in denen sowohl der Prozess wie auch die Ergebnisse des Supervisions- und Lernprozesses beschrieben werden.

KSA-Supervision ist Supervision von Seelsorge und Beratung. Sie ist nicht selbst Seelsorge. Sie ist nicht Therapie. Sie ist nicht Supervison von Therapie. Abschließend erläutere ich die Unterschiede und ihre Bedeutung für die Supervision im Lehr- und Ausbildungskontext.

a) (KSA-) Supervision und Seelsorge

KSA-Supervision ist nicht in erster Linie *Seelsorge* an SeelsorgerInnen oder »Lehr-Seelsorge« (das ist sie gelegentlich *auch*, schon aus Gründen des Lernens am Modell), sondern sie dient vornehmlich der *Befähigung bzw. Qualifizierung* von SeelsorgerInnen. Ziel der KSA-Supervision ist die pastoralpsychologische Weiterbildung von SeelsorgerInnen, SupervisorInnen und KursleiterInnen. Training und Kompetenzerweiterung gehören in besonderer Weise zum Kontrakt. Deshalb sind im KSA-Kurs vermehrt Realitäts- und Qualitätskontrolle, objektivierende, diagnostische und konfrontative Interventionen anzuwenden. Hinsichtlich der berufspraktischen und reflektorischen Fähigkeiten der SupervisandInnen sind Stärken zu bestätigen und zu fördern, aber auch Defizite klar zu benennen und der Bearbeitung zuzuführen (vgl. das folgende Bsp.). Im Kontraktgespräch ist darauf deutlich hinzuweisen und die Bereitschaft bzw. Fähigkeit der SupervisandInnen zur Bearbeitung eigener Defizite abzuklären.

Beispiel: Eine Pfarrerin bringt einen Trauerbesuch in die Fallsupervision. Sie soll eine etwa 60-jährige Frau bestatten, die an den Folgen ihres Alkoholismus verstorben ist; sie besucht die etwa 40-jährige Tochter und deren Ehemann. Die Hinterbliebenen haben erst nach dem Tod der Verstorbenen erfahren, dass diese bereits drei Wochen lang todkrank im Krankenhaus gelegen hatte. Die psychologisch geschulte Tochter erklärt der Pfarrerin: Von Jugend auf habe sie versucht, die Mutter zu stützen und ihr zu helfen; schließlich habe sie mit Hilfe ihres Ehemannes erkannt, dass die Mutter sich nicht helfen, sondern sich immer mehr gehen lasse; die zerstörerische Suchtstruktur der Mutter habe auch sie (die Tochter) und ihre Familie zu erfassen gedroht. Ihre Familie habe Distanz gebraucht; deshalb habe sie seit zwei Jahren den Kontakt zur Mutter auf ein Telefonat im Monat begrenzt. Sie schwankt nun zwischen eigenen Schuldgefühlen, Schuldzuweisungen an die Mutter und der Meinung, beide, sie und die Mutter hätten eben nicht anders gekonnt, als den je eigenen Weg zu gehen. Die Pfarrerin ist hin- und hergerissen zwischen Empathie und Parteinahme für die Mutter und für die Tochter sowie zwischen ihren eigenen verschiedenen Rollen: Hat sie nicht als Seelsorgerin der trauernden *Tochter* beizustehen? Hat sie nicht als Bestattungspredigerin die verstorbene *Mutter* mit ihrem Lebensweg zu würdigen und ins Licht der Liebe Gottes zu rücken? In der Supervision macht eine Aufstellungsarbeit deutlich, wie die Pfarrerin beim Trauerbesuch innerlich und in ihren Interventionen zwischen dem Platz der Verstorbenen und dem Platz des hinterbliebenen Paares hin- und herläuft, sich mal an die Seite der einen oder anderen ›Partei‹ stellt, mal (wie zum Schutz vor der anderen) vor sie. Sie ist mit den Fragen beschäftigt: Wer hat welche Schuld? Und: Wen kann ich wie rechtfertigen?

Die Supervisorin verfolgt in diesem Fall das Ziel, die Supervisandin möge sich über ihre professionelle Rolle und Aufgabe klar werden, und zwar in theologisch und seelsorglich sachgemäßer Weise. Die Frage der Supervisorin, wo denn in der beschriebenen Konstellation von ihrem professionellen Selbstverständnis her ihr Platz sei, kann die Pfarrerin nicht beantworten. Als Hilfestellung ändert die Supervisorin nun die Aufstellungsanordnung, indem sie sie in die Friedhofskapelle verlegt. Sie bittet die Pfarrerin, aufzustellen: »Wo steht der Sarg mit dem Leichnam der Verstorbenen, wo sitzen die Hinterbliebenen, wo stehen Sie selber?« Diese Versuchsanordnung regt die Pfarrerin an, Gott mit ins Spiel zu bringen, da die zu vergebenden Plätze von der Innenarchitektur der Kapelle abhängen und diese an Kreuz und Altar ausgerichtet ist. An der Stirnwand der Kapelle hängt in erhöhter Position das Kreuz, darunter steht der Altar, davor die Pfarrerin, Kreuz und Altar im Rücken, das Gesicht zu Sarg und Gemeinde gewandt. Der Rest des Raumes liegt drei Treppenstufen tiefer. Am Fuß der Stufen steht vor der Pfarrerin der Sarg, gegenüber sitzen die Hinterbliebenen. Auf Nachfrage der Supervisorin bestätigt die Pfarrerin: Als Architektin würde sie die Kapelle genau so anordnen, die Plätze »stimmen« für sie. Die Supervisorin bittet die Pfarrerin auszuführen, was diese räumliche Anordnung symbolisch aussagt. Mit Unterstützung der Supervisionsgruppe buchstabiert die Pfarrerin Antworten durch. Erstens: Die Verstorbene (der Sarg) steht im Mittelpunkt der Szene; die Blicke sind von verschiedenen Seiten auf sie gerichtet. Die Pfarrerin hat eine andere Perspektive als die Hinterbliebenen; sie betrachtet (während Eingangsliturgie und Predigt) sowohl die Verstorbene als auch die Hinterbliebenen von Kreuz und Altar her, also quasi stellvertretend aus der Perspektive Gottes. Ihr Job ist, *beide* Perspektiven auf die Verstorbene, die der Hinterbliebenen und die Gottes, nachzuzeichnen und sowohl voneinander zu unterscheiden als auch miteinander zu verschränken (d.h. im Sprachspiel der Systemischen Therapie gesprochen: Perspektivwechsel einzuführen). Zweitens: Zur Aussegnung und zum Abschied vom Leichnam wechselt die Pfarrerin den Platz; sie steigt aus dem Altarraum hinunter, sodass Sarg, Hinterbliebene und Pfarrerin miteinander ein Dreieck unter dem Kreuz bilden. Damit ist symbolisiert: Gegenüber Gott sind sie alle in derselben Position. D.h. aus der Sicht evangelischer Theologie: Beide Seiten, Mutter und Tochter, sind Sünderinnen, d.h. ›schuldig‹ *und* gerechtfertigt *zugleich*, und zwar von Gott gerechtfertigt, nicht von der Pfarrerin. Für die Person der Pfarrerin gilt dasselbe (schuldig und gerechtfertigt zugleich) wie für Mutter und Tochter, und ebenso für alle anderen in der Kapelle. Plötzlich macht sich bei der Pfarrerin und in der Supervisionsgruppe Erleichterung breit: Die Fragen nach Parteinahme, Schuld und Rechtfertigung sind gelöst. In diesem Fall klärt die theologische Reflexion auch das beraterische Problem. (Sollten sich systemische TherapeutInnen hier an ihr Prinzip der ›Allparteilichkeit‹ erinnert fühlen, ist das ganz im Sinne der Autorin.)

b) (KSA-) Supervision und Therapie

Therapeutische Elemente kommen in der KSA-Arbeit vor, aber KSA-Supervision ist keine Therapie. Sie *soll* nicht Therapie sein, weil mit den SupervisandInnen kein therapeutischer, sondern ein weiterbildnerischer Kontrakt geschlossen wird. Und sie *kann* nicht Therapie sein, weil (selbst wenn der/die SupervisorIn therapeutisch qualifiziert und ambitioniert ist) die enge Begrenzung des Kurssettings keine ausreichenden zeitlichen Möglichkeiten bietet, einen wirklichen Therapiebedarf angemessen zu decken. Zwar wird das Beziehungs- und Kommunikationsverhalten der SupervisandInnen auch mit therapeutischen Mitteln analysiert, jedoch mit der Zielrichtung, Störungen von *Arbeitsbeziehungen* zu verstehen und zu verringern. Zwar wird auch an der »Lebenslinie«, d.h. biografisch gearbeitet, jedoch im Dienst der »Arbeitslinie«. Wo ein Therapiebedarf erkennbar wird, müssen die SupervisandInnen in der Regel in andere Beratungssettings überwiesen werden. In der KSA-Arbeit werden also psychische und psychosoziale Konflikte der SupervisandInnen sichtbar gemacht bzw. freigelegt, können aber nicht oder nur ansatzweise bearbeitet werden. Dies kann für psychisch instabile Personen eine Gefährdung bedeuten. Auch das ist im Kontraktgespräch transparent zu machen; vor der Entscheidung über die Teilnahme am Kurs ist die psychische Belastbarkeit der SupervisandInnen zu evaluieren (durch Selbsteinschätzung des Supervisanden / der Supervisandin und durch supervisorische Einschätzung).

c) Seelsorge und Therapie

In KSA-Ausbildungskursen werden zwar therapeutische Grundkenntnisse und Grundfertigkeiten, aber keine therapeutischen Qualifikationen vermittelt. KSA-Supervision ist keine Supervision von Therapie, weil Seelsorge nicht mit Therapie (im kirchlichen Kontext) gleichzusetzen ist.[89] Ich gehe auf den Unterschied von Seelsorge und Therapie noch näher ein, weil die o.a. Überlegungen zur pastoralpsychologischen Hermeneutik noch einmal ein Stück weitergeführt werden (vgl. *Lammer*, 2004, a.a.O.):

Therapeutische Effekte sind in der Seelsorge, auch in der pastoralpsychologisch orientierten Seelsorge, Nebeneffekte. Sie sind durchaus erwünscht, da sie *heil*sam sind und somit auf der Linie christlicher Theologie und Anthropologie liegen.[90] Therapeutische Effekte sind an sich aber nicht Sinn oder Ziel der seelsorglichen Arbeit. Auch ehe oder ohne dass sie eintreten, findet Seelsorge statt. Denn deren Anliegen ist zunächst eine *zweckfreie* Zuwendung zum Mitmenschen, die nicht an therapeutische oder missionarische oder sonstwie geartete Erfolgsaussichten gebunden, sondern allein in der Gottes- und Nächstenliebe genügend motiviert ist. Seelsorge kann in diesem Sinne voraussetzungslos und ziellos arbeiten. Sie ist dabei nicht grundlos, sondern begründet in

[89] *Dietrich Stollbergs* Definition, Seelsorge sei Psychotherapie im kirchlichen Kontext, halte ich für unterbestimmt.

[90] Im Sinne christlicher Theologie stellen heilsame Effekte einen Vorschein des kommenden Heils bzw. einen Abglanz des Heils- und Erlösungswillens Gottes dar (vgl. die Heilungsgeschichten im Neuen Testament). Im Sinne christlicher Anthropologie unterstreichen heilsame Effekte die Würde des Menschen und versetzen ihn besser in die Lage, die gottgegebenen Möglichkeiten seines Person-Seins und seiner endlichen Freiheit umzusetzen.

der paulinischen Devise: »Nehmt einander an, wie Christus euch angenommen hat« (Röm 15,7).
Nun geht aber dem »Annehmen« das *Wahrnehmen* voraus. Nur wer sich gesehen und verstanden fühlt, wer Mitgefühl spürt, kann sich auch angenommen wissen. Deshalb gehören die Wahrnehmungsfähigkeit und die Fähigkeit zur Empathie zu den Grundvoraussetzungen seelsorglicher Arbeit; sie sind also in jeder seelsorglichen, insbesondere aber in einer pastoralpsychologischen Ausbildung ebenso zu schulen wie in einer therapeutischen.

Nicht zufällig ist eine der häufigsten Tätigkeitsbeschreibungen von Jesus in den Evangelien sein *Sehen* bzw. *Ansehen* eines Menschen (griech. *horao*; Bsp. Lk 7,13: »Und er sah sie [i.e. die trauernde Frau] an, und sie jammerte ihn«).

Seelsorge hat gegenüber Therapien den oben beschriebenen »Mehrwert«. Zugleich aber bringt es einen »Mehrwert« in die Seelsorge, wenn psychotherapeutische Paradigmen und Methoden integriert werden. Seelsorge wird dadurch verbessert – und zwar qualifiziert sie sich sowohl im Sinne der *Beratungskompetenz* als auch *theologisch* weiter: Mit Recht haben P. Tillich u.v.a. darauf hingewiesen, dass erst die Psychotherapie und die pastoralpsychologisch orientierte Seelsorge in jüngerer Vergangenheit die protestantische Rechtfertigungslehre für moderne Menschen wieder relevant und evident gemacht haben, und zwar dadurch, dass sie *praktiziert* und exemplarisch *erfahrbar* gemacht haben, was in protestantischen Kirchen *gepredigt* wird, nämlich die bedingungslose Annahme des Menschen, der sich selbst und seine Situation als unannehmbar vorfindet (in der Sprache der Tradition: die Rechtfertigung aus Gnade durch Glauben). PastoralpsychologInnen sehen allgemein darin, dass und wie der/die SeelsorgerIn sich ihren KlientInnen zuwendet, die geglaubte Zuwendung Gottes zum leidenden Menschen abgebildet. Die Beratungsbeziehung ist quasi ein Gleichnis der Gottesbeziehung.

In der pastoralpsychologischen Lehr- und Ausbildungssupervision sollen zum einen die hier beschriebenen Unterschiede bewusst gemacht und zum anderen die besondere pastoralpsychologische Hermeneutik erlernt und eingeübt werden.

Schluss

Der pastoralpsychologische Ansatz erweitert die supervisorische Perspektive. Theoretisch und methodisch steht über das psychologische Repertoire hinaus noch das theologische zur Verfügung. Symbolische Kommunikation im Allgemeinen und Religiosität bzw. Spiritualität im

Besonderen finden in der pastoralpsychologischen Supervision besondere Aufmerksamkeit und Kompetenz. Die für jedes Individuum und jede Organisation grundlegenden Fragen von Sinnkonstruktion und Sinnvermittlung können hier mit einem angemessenen Instrumentarium bearbeitet werden.

Literatur in Auswahl

Andriessen, Herman / Miethner, Reinhard, Praxis der Supervision. Beispiel: pastorale Supervision, 3., überarb. und veränd. Aufl., Heidelberg 1993

Belardi, Nando, Supervision. Grundlagen, Techniken, Perspektiven, München 2002

Drechsel, Wolfgang, Das Religiöse in der Beratung, in: Fokus Beratung, Informationen der Evangelischen Konferenz für Familien- und Lebensberatung e.V., Fachverband für Psychologische Beratung und Supervision, Mai 2003, 27–34

Fernkorn, Elisabeth, Supervision in kirchlichen Arbeitsfeldern. Was sollten SupervisorInnen können – was können sie im EZI lernen?, in: Fokus Beratung, Mai 2003, 131–141

Klessmann, Michael, Pastoralpsychologie. Ein Lehrbuch, Neukirchen-Vluyn 2004

Lammer, Kerstin, Den Tod begreifen. Neue Wege in der Trauerbegleitung, Neukirchen-Vluyn ^{3}2004 (Erstauflage 2002)

Lyotard, Jean-François, Das postmoderne Wissen, Wien 1986

Scharfenberg, J0achim, Einführung in die Pastoralpsychologie, Stuttgart ^{2}1990

Schreyögg, Astrid, Supervision – Didaktik und Evaluation, Paderborn 1994

Theißen, G., Zeichensprache des Glaubens. Chancen der Predigt heute, Gütersloh 1994

Winkler, Klaus, Pastoralpsychologische Aspekte der Rede von Gott, in: ThLZ 107 (1982), 866–876

Ausbildung zu Pastoralpsychologischer Supervision: Masterstudiengang der Evangelischen Hochschule Freiburg[91]

1. Freiburger Innovationen im Kontext der Professionsentwicklung der Supervision

Die Akademisierung der Supervision liegt im Trend und schreitet fort.[92] Die Deutsche Gesellschaft für Supervision (DGSv) begrüßt dies ausdrücklich als Beitrag zur Professionalisierung; sie veranstaltet Tagungen zur Beratungswissenschaft, sie kooperiert mit Hochschulen und HochschullehrerInnen und nimmt in Person ihres Geschäftführers an Akkreditierungen von Masterstudiengängen für Supervision teil. Derer drei gibt es meines Wissens derzeit in Deutschland: An der Katholischen Fachhochschule Nordrhein-Westfalen in Münster (hauptsächlich für Mitarbeitende der Katholischen Kirche), an der Universität Kassel und an der Evangelischen Hochschule Freiburg.

Die Evangelische Hochschule Freiburg war unter den drei Hochschulen die erste, die berufsbegleitende Supervisionsausbildungen angeboten hat, und zwar schon ab 1974 (also weit vor der Gründung der DGSv 1989) – zunächst als Weiterbildung, dann ab 1986 als Kontakt- und Diplomstudiengang. Nach der Europäischen Hochschulreform (Bologna) legte die Evangelische Hochschule Freiburg im Jahr 2003 den ersten Masterstudiengang Supervision in Deutschland auf. Die ersten Durchläufe leiteten Prof. Dr. Klaus Schneider (Gründungsmitglied der DGSv, Supervisor/Lehrsupervisor DGSv) und Prof. Dr. Susanne Ehmer (Diplom-Supervisorin, Supervisorin/Lehrsupervisorin DGSv).

91 Hier handelt es sich um die überarbeitete und gekürzte Fassung eines Beitrags, der unter dem Titel »Master-Studium Supervision an der Evangelischen Hochschule Freiburg – berufsbegleitende Qualifizierung in den zwei Zweigen Systemtheorie/Konstruktivismus und Pastoralpsychologie« in der Rubrik »Praxisbericht Forschung« veröffentlicht wurde in: Pastoralpsychologie, Heft 1/2011, 170–179.

92 Das gilt auch über die Supervision hinaus für Beratung und Beratungsausbildungen insgesamt, vgl. z.B. die zunehmenden Veröffentlichungen zur Beratungswissenschaft, zuletzt z.B. *Möller, Heidi / Hausinger, Brigitte* (Hg.), Quo vadis Beratungswissenschaft, Wiesbaden 2009; *Heidi Möller*, Beratung in einer ratlosen Arbeitswelt (Interdisziplinäre Beratungsforschung, Band 2), Göttingen 2010; *Busse, Stefan / Ehmer, Susanne* (Hg.), Wissen wir, was wir tun?: Beraterisches Handeln in Supervision und Coaching, Göttingen 2010.

Die Nachfrage ist groß und noch einmal gestiegen, seit im Jahr 2008 durch mich (Supervisorin/Lehrsupervisorin DGSv/DGfP, Systemische Therapie und Beratung) ein zweiter Studiengangszweig hinzugewachsen ist. Im Oktober 2008 lief unter Leitung von Susanne Ehmer und mir mit 24 Teilnehmenden der erste Durchlauf des nun neu konzipierten Masterstudiengangs Supervision mit zwei fachlichen Zweigen an; nachdem Susanne Ehmer die Hochschule verlassen hat, um nach Wien zu übersiedeln, startete im Oktober 2010 der zweite Durchlauf mit 22 Teilnehmenden unter meiner Leitung.

Neu am Freiburger Konzept ist das Y-Modell mit zwei Studierendengruppen, die ca. 70 Prozent der Studienmodule gemeinsam und ca. 30 Prozent aufgeteilt in zwei spezifische Studienzweige studieren, nämlich: »Systemtheorie und Konstruktivismus« und »Pastoralpsychologie«.

Beide Neuerungen, sowohl das Zwei-Zweige-Modell als auch die Möglichkeit, überhaupt an einer Hochschule Pastoralpsychologische Supervision zu studieren, sind im deutschsprachigen Raum einmalig. Die Hochschule leistet damit einen wichtigen Beitrag zur weiteren Akademisierung der Supervisionsausbildung und zur Integration verschiedener supervisorischer Fachrichtungen.[93]

Die Integration erstreckt sich auch auf die getrennt absolvierten Ausbildungsmodule. Denn an deren Ende findet ein »Cross-Over« statt, in dem die Studierenden eines Zweigs denen des jeweils anderen Zweigs die Essentials ihrer Lerngewinne vermitteln – ein äußerst fruchtbarer Vorgang: Man blickt nicht nur über den Zaun der jeweils *anderen* Fachlichkeit, sondern man festigt auch die *eigene*, indem man Anderen das selbst Erlernte präsentiert – beim Lehren lernt man ja bekanntlich am meisten.

Die beiden Zweige zeichnen sich 1. durch verschiedene Zielgruppen und 2. durch unterschiedliche theoretische (und zu einem geringeren Teil auch unterschiedliche methodische) Hintergründe aus, die aber, so hat sich im ersten Durchlauf gezeigt, hohe Affinität und Kompatibilität haben.

2. Zielgruppen

Der systemisch-konstruktivistische Zweig wendet sich an Menschen mit einer beliebigen akademischen Erstausbildung, die in der Regel in einem helfenden Beruf arbeiten oder in anderen Berufssparten mode-

93 Eine Frucht der fachübergreifenden Zusammenarbeit in der Studiengangsleitung ist das von Susanne Ehmer und mir herausgegebene aktuelle Heft der Fachzeitschrift Supervision (3/2010): Supervision in und aus der Kirche – ein weites Feld.

rierende, facilitierende oder gruppenleitende Aufgaben haben. Überwiegend nehmen SozialarbeiterInnen, (Sozial-) PädagogInnen und PsychotherapeutInnen teil, aber auch Hebammen, eine Musikerin, ein Ingenieur, ein kommunaler Amtsleiter sowie leitende Angestellte aus Gesundheitseinrichtungen und aus der Industrie. Für sie ist das Studium bei uns in Freiburg durch folgende Faktoren attraktiv:

- das akademische Niveau und das klare theoretische und methodische Profil der Ausbildung;
- das breite Spektrum der Berufsgruppen und fachlichen Perspektiven, die im Studiengang unter Studierenden (22–24) und Dozierenden (ca. 15) vertretenen sind;
- die Möglichkeit, durch die KommilitonInnen im pastoralpsychologischen Studienzweig Feldkenntnisse in den Arbeitsfeldern der Kirchen und ihrer Hilfswerke zu erwerben;

  Hier handelt es sich um einen großen und wichtigen Markt für SupervisorInnen. Denn erstens bilden Kirchen, Diakonie und Caritas in Deutschland mit rund 800.000 Mitarbeitenden (ohne Ehrenamtliche) den größten Arbeitgeber nach der Öffentlichen Hand, zweitens erbringen diese Mitarbeitenden großenteils sozialpsychologische und -pädagogische Dienstleistungen und brauchen dafür Supervision und drittens zahlen die Träger oft Fördermittel für Supervision.

- die Möglichkeit, Negativ-Erfahrungen eigener kirchlicher Sozialisation durch positive Begegnungen mit kirchlichen Mitarbeitenden abzubauen und zu relevanten existentiellen und religiösen Fragen wieder ins Gespräch zu kommen.

Der Pastoralpsychologische Zweig wendet sich an Menschen mit einer theologischen, religionspädagogischen, religions- oder diakoniewissenschaftlichen Erstausbildung, die in der Regel in einem kirchlichen Beruf arbeiten. Überwiegend nehmen PfarrerInnen und DiakonInnen verschiedener Konfessionen aus verschiedenen in- und ausländischen Kirchen teil. Für sie gibt es vor allem drei Anreize, ihre Supervisionsausbildung bei uns in Freiburg zu machen:

- Nur hier haben sie die Möglichkeit, eine pastoralpsychologische Supervisionsausbildung auf akademischem Niveau und mit einem Masterabschluss zu absolvieren;
- hier haben sie die Möglichkeit, zugleich einerseits im Rahmen ihrer eigenen Fachlichkeit weiter zu arbeiten und andererseits den Rahmen binnenkirchlicher Perspektiven zu verlassen. Denn die KommilitonInnen aus dem anderen Studienzweig bieten ihnen Einblicke in und Dialoge mit ganz anderen Lebens- und Arbeitswelten (vgl. o.);
- mit dem Studienabschluss bei uns erwerben sie eine Doppelqualifikation. Denn aufgrund fachlicher Anschlussfähigkeit und vergleichbarer Ausbildungsstandards bestehen Kooperationsverträge

der Hochschule sowohl mit der DGSv (Deutsche Gesellschaft für Supervision) als auch mit der DGfP (deutsche Gesellschaft für Pastoralpsychologie[94]), sodass unsere AbsolventInnen Zugang zur Mitgliedschaft in beiden großen Fachgesellschaften für Supervision erhalten.[95]

3. Theoretische und methodische Hintergründe

In der Frage nach den theoretischen und methodischen Hintergründen konzentriere ich mich hier auf den Pastoralpsychologischen Zweig, da dieser das neue und weniger bekannte Element im Studiengang darstellt, und komme anschließend kurz auf die Anschlussfähigkeit zwischen Pastoralpsychologie und Konstruktivismus zu sprechen.

Pastoralpsychologie wurde immer wieder als eine Art »Psychologie für PastorInnen« verstanden – was nur für die Anfänge der Pastoralpsycholgie richtig ist (vgl. dazu in diesem Band den Beitrag »Der kleine Unterschied. Was pastoralpsychologische Beratung ausmacht«). Die Propriumsfrage, d.h. die Frage nach dem unterscheidend Besonderen der Pastoralpsychologie, lässt sich natürlich viel leichter für die seelsorgliche als für die supervisorische Beratung beantworten. Denn pastoralpsychologische Seelsorgekonzepte unterscheiden sich von anderen Seelsorgekonzepten dadurch, dass neben theologischen konsequent auch *psychologische* Paradigmen und psychotherapeutische Verfahren angewendet werden, sodass eine methodisch kontrollierte Qualität der Beratung gesichert wird. Was aber ist das unterscheidend Besondere der pastoralpsychologischen *Supervision*, steht sie doch neben anderen Supervisionsschulen, die selbstverständlich alle auf psychologischen Paradigmen fußen? Ist pastoralpsychologische Supervision einfach die Supervision *von* PastorInnen (und anderen kirchlichen Mitarbeitenden) *an* PastorInnen (uns anderen kirchlichen Mitarbeitenden), d.h., ist das *Feld* bzw. die besondere *Feldkompetenz* für den

94 »Die DGfP ist der Ökumenische Fachverband für Seelsorge, Beratung und Supervision in Deutschland. In ihm sind rund 700 Pfarrerinnen und Pfarrer, Priester und kirchliche Mitarbeiterinnen und Mitarbeiter zusammengeschlossen, die neben ihrer theologischen Qualifikation auch eine psychologische, psychotherapeutische, supervisorische oder beraterische Weiterbildung absolviert haben.« (Quelle: www.pastoralpsychologie.de) Die DGfP hat fünf Sektionen, in denen sich unterschiedliche Organisationsmodelle von Ausbildung und unterschiedliche psychotherapeutische Schulen abbilden: GOS: Gruppe – Organisation – System; GPP: Gestaltseelsorge und Psychodrama in der Pastoralarbeit, KSA: Klinische Seelsorgeausbildung, PPS: Personzentrierte Psychotherapie und Seelsorge, T: Tiefenpsychologie.

95 Neuerdings besteht auch eine Kooperation mit der CPT (Clincal Pastoral Training) in der Schweiz.

kirchlichen Arbeitskontext die Besonderheit – oder der *Anbieter*?[96] Dann wäre Pastoralpsychologische Supervision vielleicht besser als *Pastorale* Supervision beschrieben.[97]
Doch darüber sind die fachliche und auch die meta-theoretische Entwicklung inzwischen hinausgegangen. PastoralpsychologInnen beraten längst nicht mehr nur intern in kirchlichen Kontexten, sondern sind auch außerhalb derer auf dem freien Markt gefragt und erfolgreich. Und es ist aus meiner Sicht nicht nur die besondere Feldkompetenz für die kirchliche Arbeitswelt, die die pastoralpsychologische SupervisorInnen auszeichnet, sondern – so habe ich es wiederholt in den fachwissenschaftlichen Diskurs eingebracht[98] – auch und vor allem die interdisziplinär *erweiterte Hermeneutik* (und z.T. auch Methodik), also die Verschränkung theologischer und psychologischer Zugänge. Insofern wäre Pastoralpsychologie vielleicht treffender als »Theopsychologie« bezeichnet.

Zur grundlegenden Bedeutung des *story-telling* nach Anthony Giddens vgl. im o.a. Beitrag »Was pastoralpsychologische Beratung ausmacht«, auf S. 6ff.

Pastoralpsychologisch sieht man quasi durch zwei hermeneutische Brillen bzw. durch eine Gleitsichtbrille.
Man hat Auslegungsmaterial und Auslegungsmethoden aus zwei Disziplinen, theologischerseits z.B. die Fragen nach dem Sitz im Leben und nach dem Sitz im Erleben dessen, was SupervisandInnen in die Supervision einbringen (vgl. o.). PastoralpsychologInnen sind (ich kann das hier nur andeuten, siehe ausführlicher Lammer 2005, Lammer/ Klessmann 2007, a.a.O.) hermeneutisch geschult. Sie verfügen über eine hohe Auslegungs- und Übersetzungskompetenz. Das heißt: Sie können Menschen helfen, ihr Selbst- und Weltverständnis weiterzuentwickeln (und zwar auch dann, wenn sich deren weltanschaulicher oder konkreter Referenzrahmen von ihrem eigenen unterscheidet!). Sie sind in der Lage, verschiedene Referenzrahmen zu identifizieren und miteinander in Dialoge zu bringen. Sie setzen – das ist mir wichtig zu betonen – einen Fokus bei der Sinndimension von Klärungsprozessen (vgl. u.).

[96] Davon klingt auf der Website der DGfP noch etwas durch.
[97] So möchte *Wolfgang Drechsel* auf eine »Hebung des Pastoralen in der pastoralen Supervision« hinaus. Vgl. *ders.*, Und das Pastorale? Zur Frage nach dem Spezifikum pastoralpsychologischer Supervision, in: Transformationen, Heft 4, Frankfurt a.M. 2004, 25–47, hier: 45.
[98] Vgl. hierzu und zum folgenden Abschnitt ausführlicher: *K. Lammer*, Was ist pastoralpsychologische Supervision?, in: *Härle, Wilfried / Haese, Bernd-Michael / Hansen, Kai / Herms, Eilert* (Hg.), Systematisch praktisch, Festschrift für Reiner Preul zum 65. Geburtstag, Marburg 2005, 374–391, sowie *dies.*, Pastoralpsychologische Supervision als erweiterte Hermeneutik, in: *Klessmann, Michael / Lammer, Kerstin* (Hg.), Das Kreuz mit dem Beruf. Supervision in Diakonie und Kirche, Neukirchen-Vluyn 2007, 52–62.

Spannungsfeld der supervisorischen Analyse nach Lammer 2007[99]

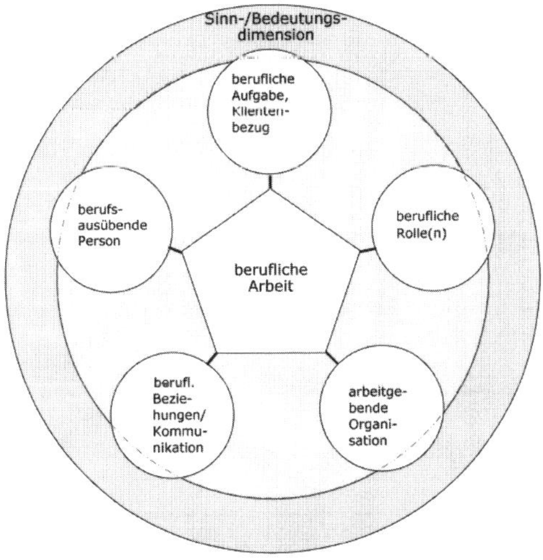

Wie der Grafik zu entnehmen ist, hat jeder *einzelne* der 5 abgebildeten Analysebereiche der Supervision eine eigene Sinndimension; dazu kommt die *alle umgreifende* Sinndimension, die den weltanschaulichen Hintergrund der jeweiligen Beteiligten abbildet.

Zwei Beispiele:
Der Supervisand ist Förster. Im Bereich »Auftrag/Ziele der arbeitgebenden Institution« wird z.B. die Bewirtschaftung des lokalen Staatsforstes XY vorkommen, *im Sinnsegment dieses Bereichs* etwa die Erhaltung des ökologischen Gleichgewichts in diesem Forst, *in der umgreifenden Sinndimension* etwa der Naturschutz oder (falls der Supervisand christlich-theologische Deutekategorien teilt) die Gestaltung und Bewahrung der Schöpfung.
Die Supervisandin ist Pflegekraft in einem Altenheim. Im Bereich »berufliche Aufgabe / Klientenbezug« wird z.B. eine Pflegequalität vorkommen, die über eine »satt- und sauber-Versorgung« hinaus auch die emotionale, psychosoziale und mentale Ansprache der Bewohnerinnen in den Blick nimmt; im *Sinnsegment dieses Bereichs* etwa die ganzheitliche Zuwendung zum betreuten Menschen, durch die er/sie als Subjekt und nicht nur als Objekt der Pflege wahrgenommen wird, *in der umgreifenden Sinndimension* etwa die unantastbare Würde des Menschen nach Art. 1 GG oder (falls die Supervisandin christlich-theologische Deutekategorien teilt) die Nächstenliebe, die im Mitmenschen unabhängig von seinen Leistungen, seinen Fähigkeiten und seiner Verwendbarkeit das von Gott geliebte und gewollte Mitgeschöpf sieht.

PastoralpsychologInnen sind dabei besonders im Umgang mit symbolischer Kommunikation geübt und setzen die Arbeit mit Symbolen und Ritualen methodisch ein. Sie reflektieren die supervisorischen Implika-

99 Vgl. *Lammer*, in: *Klessmann/Lammer* 2007, 12ff.

tionen ihres eigenen, christlich-anthropologischen Menschenbildes,[100] das sich vom humanistischen unterscheidet.[101]

Systemtheorie und Konstruktivismus gehen davon aus, dass Menschen und die sozialen Organisationen, in denen sie sich bewegen, weder »objektiv« betrachtet noch von außen gesteuert werden können, sondern ihr Selbst- und Wirklichkeitsverständnis selbstreferentiell (d.h. auf sich selbst rückbezüglich) konstruieren und sich autopoietisch (d.h. nach Eigengesetzlichkeiten) steuern. Sie betrachten die Handlungsweisen Einzelner niemals isoliert, sondern im Kontext des sozialen Systems, in dem sie entwickelt wurden. Sie fragen nicht nach einer »objektiven« Wahrheit, sondern nach verschiedenen Sichtweisen, die gleich gültig sind und einander gegenseitig ergänzen. Sie fragen nicht nach einfachen Ursache-Wirkung-Zusammmenhängen, sondern nach zirkulären Wechselwirkungen in der Kommunikation zwischen Menschen. SystemikerInnen sind darin geübt, Menschen nach ihren Denk- und Handlungsmustern zu befragen, das Gute im Schlechten und das Schlechte im Guten betrachten zu helfen und erweiterte und alternative Sichtweisen auf Probleme beizusteuern. Sie nehmen an, dass es nicht die »richtige« Lösung für Probleme gibt, sondern verschiedene passende Lösungen, und dass die Beteiligten die zur Lösung ihres Problems nötigen Ressourcen selbst in sich tragen und aktivieren können. Dazu regen SystemikerInnen durch spezielle Fragetechniken an. Sie arbeiten lösungs- und ressourcenorientiert.

Gemeinsam ist beiden Ansätzen:
- methodisch-beraterisch das Bemühen um die Verflüssigung verfestigter, nicht hilfreicher Deutungsmuster und
- das dialogische Einführen alternativer Betrachtungsweisen im Sinne einer Perspektiverweiterung.

[100] Darauf hat besonders mein Kollege *Michael Klessmann* hingewiesen, vgl. *ders.*, Pastoralpsychologische Supervision – was ist das und was bringt sie?, in: Supervision 3/2010, Supervision in und aus der Kirche – ein weites Feld (hg. von *Ehmer, Susanne* und *Lammer, Kerstin*), 37–42, hier 39f, sowie *ders.*, in: *Klessmann/Lammer*, a.a.O., 47–52.

[101] In der christlichen Anthropologie wird der Mensch nicht als ungebrochen gut angesehen, sondern immer als ambivalent und konflikthaft, als begrenzt und darin gleichermaßen angelegt auf Selbstüberschreitung wie angewiesen auf Ergänzung von außen. Angesichts dieser Spannung der menschlichen Konstitution legen sich beraterisch sowohl emanzipatorische Impulse zur Entfaltung von Individualität, Kreativität und Gemeinschaftsfähigkeit nahe als auch eine Kritik gegenüber allen Machbarkeitsideologien und die Anregung, die eigenen Grenzen (und die anderer) zu akzeptieren. – Zu den Implikationen der christlichen und besonders der *evangelischen* Anthropologie vgl. ausführlicher: *Lammer,* in: *Klessmann/Lammer* 2007, 70–78, sowie zur christlichen und besonders zum evangelischen Verständnis von Arbeit und Arbeitsethik *dies.*, a.a.O., 66–70.

- In Bezug auf das Menschenbild ist beiden Ansätzen die Ermutigung zur individuellen und sozialen Entfaltung der KlientInnen i.S. der Erweiterung der bisherigen eigenen Möglichkeiten gemeinsam.

Mindestens in diesen Punkten sind pastoralpsychologische und konstruktivistische Zugänge zur Beratung aneinander bestens anschlussfähig (die Liste ließe sich sicher erweitern).

Es bestehen aber auch *spezifische Unterschiede* zwischen beiden (ohne dass ich die Konsequenzen hier im Einzelnen entfalten könnte – das wäre ein eigener Artikel).
Einer davon betrifft wiederum
- das *Menschenbild* und die daraus folgenden beraterischen Ziele (vgl. o. und Anm. 10); darüber hinaus unterscheiden sich
- methodische Verfahren (PastoralpsychologInnen nutzen besonders die symbolische Kommunikation) und
- das angebotene hermeneutische Material (PastoralpsychologInnen nutzen u.a. christliches Traditionsgut als alternative Deutungsmöglichkeiten / Einladung zu Perspektivwechseln).

Alle oben gemachten Aussagen zu Pastoralpsychologie und Konstruktivismus gelten natürlich für die Anwendung in *allen* Beratungskontexten. Das Spezifikum der *supervisorischen* Beratung gegenüber anderen Beratungsformen liegt weniger in Hermeneutik und Methodik als vielmehr *in Perspektive und Fokus des Beratungskontrakts:* Supervision ist eine praxisorientierte Beratung für berufliche Zusammenhänge. Die berufliche Arbeit der Ratsuchenden soll reflektiert und optimiert werden, d.h. der Fokus der Beratung liegt nicht auf Person und Persönlichkeit, sondern auf arbeitsbezogenen Themen bzw. Arbeitsproblemen. Ziele eines Supervisionsprozesses sind *Kompetenzsteigerung* und die *Verbesserung der Arbeit* der Ratsuchenden (in den Facetten Arbeitsleistungen, Arbeitsbeziehungen, Arbeitszufriedenheit und berufliches Selbstverständnis, d.h. Verständnis der eigenen beruflichen Rolle im Kontext der Philosophie und Struktur der Arbeit gebenden Organisation).[102] Supervision dient der Qualitätsentwicklung und der Personalentwicklung. Daher ist in der Supervision im Unterschied zu anderen Beratungsformaten weniger person- und persönlichkeitsbezogen als vielmehr konsequent arbeitsbezogen zu beraten – vgl. o., Abb. 2: im Mittelpunkt steht als Gegenstand der Supervision die Arbeit, nicht die Person.

4. Praxiserfahrungen

Dass es vor allem das hermeneutische Repertoire ist, das PastoralpsychologInnen zu interessanten FachkollegInnen unter BeraterInnen macht, hat sich in der Studiengruppe bestätigt. Äußerten anfangs insbesondere Studierende des Zweigs Systemtheorie und Konstruktivis-

102 Vgl. dazu ausführlicher *Lammer, Kerstin*, Was ist Supervision? Grundlegendes. Definition und Ziele, in: *Klessmann, Michael / Lammer, Kerstin* (Hg.), a.a.O., 11–14.

mus durchaus Fremdheitserfahrungen und Misstrauen gegenüber denen des pastoralpsychologischen Zweigs (manche fühlten sich von den vielen Teilnehmenden aus kirchlichen Berufen »umzingelt«), so wurden die befremdlichen KommilitonInnen sehr bald zu gesuchten GesprächspartnerInnen. Als FachkollegInnen in Supervisionsfragen. Und – nachdem sich gezeigt hatte, dass die Theologie nicht märchenhafte Vorstellungen von einer übersinnlichen Welt, sondern relevante existentielle Fragen verhandelt – auch für eigene Sinnfragen. Eine Teilnehmerin des Zweigs Systemtheorie und Konstruktivismus ließ sich am Ende des Studiengangs, nachdem sie bereits jahrelang standesamtlich verheiratet war, von einer pastoralpsychologischen Kollegin kirchlich trauen.

Die Seminare des ersten Durchlaufs sind inzwischen abgeschlossen; die Teilnehmenden arbeiten noch ihre Abschlussarbeiten aus, zu breit gefächerten Themen wie: Supervisorische Beratung in Fusionsprozessen; Biblische Symbole des Sinns in Pastoralpsychologischer Supervisionspraxis; Supervision und Coaching als adäquate Personalentwicklungsmaßnamen in Industrieunternehmen, Religiöse Übertragungen in der Supervision; Ehtische Ansätze im Kontext der systemisch-konstruktivistischen Supervision; Biografiearbeit in der Supervision; Supervision mit primär oder sekundär traumatisierten SupervisandInnen; Supervision mit Ehrenamtlichen, Professionelle Identitätsentwicklung in der Supervision; Supervision als Burnoutprophylaxe; etc. Die Abschlussprüfung werden wir in Verbindung mit einem Fachtag Supervision gestalten, bei dem die AbsolventInnen einander und der interessierten supervisorischen Fachcommunity öffentlich ihre Forschungsergebnisse präsentieren.

Jetzt schon zeigt sich, dass der Masterstudiengang Supervision den Studierenden sowohl die zweite berufliche Qualifikation als SupervisorIn einbringt als auch Weiterentwicklungen im Erstberuf: Mehrere TeilnehmerInnen wurden im Laufe des Studiums für fachlich qualifizierte Stellen und Beförderungen vorgeschlagen, andere führen ihre vorhandenen Aufgaben in Personalführung, Changemanagement und Organisationsentwicklung sicherer und besser aus als vorher – denn sie wissen, was sie tun, und beobachten, was sie tun. Ein Teilnehmer hat (als Alternative zu Familienbrett u.ä.) für BeraterInnen ein neues Modell zur Abbildung von Konfliktsituationen etc. entwickelt und beginnt bereits mit Produktion und Vermarktung – andere Teilnehmende testen es in ihrer supervisorischen Praxis. Eine Teilnehmerin hat gerade ihre Hausarbeit zum Thema Burnout im Pfarrberuf veröffentlicht.[103]

[103] Vgl. *Winkelmann, Judith*, Wieviel von 75 % ist unendlich?, in: Pastoraltheologie, Heft 2011, 100,4, 198–214.

5. Perspektiven

Der zweite Studien-Durchlauf ist im Oktober 2010 angelaufen mit 22 Teilnehmenden verschiedenster Professionen aus der Freiburger Region, aber auch von so weit entfernten Orten wie Wiesbaden, Essen, Berlin, Zürich und Wien. Der Studiengang wird berufsbegleitend studiert: In zweieinhalb Jahren kommen die Studierenden elf Mal zur einem Präsenzmodul mit je 3–5 Tagen zum face-to-face-teaching nach Freiburg; Selbststudium, Peergroups, Lern- und Lehrsupervision absolvieren sie zu Hause in ihrer Region. In der Lehre arbeiten mehr als fünfzehn SupervisorInnen, TherapeutInnen und ProfessorInnen mit einem breiten fachlichen Spektrum mit. Zahlreiche externe LehrsupervisorInnen (DGSv und DGfP) werden die Studierenden bei ihren ersten Lernsupervisionen begleiten.

InteressentInnen, die keinen Studienabschluss haben und daher die Zugangsvoraussetzungen zu einem Masterstudium nicht erfüllen, können das Programm ohne akademische Prüfungen als qualifizierende Weiterbildung absolvieren; auch sie erhalten einen Abschluss als staatlich anerkannte SupervisorInnen und können in die Deutsche Gesellschaft für Supervision aufgenommen werden. Diese Wahl, Weiterbildung statt Masterstudium, steht auch InteressentInnen offen, die ein abgeschlossenes Erststudium mitbringen, aber dennoch nicht anstreben, mit dem Supervisionsabschluss auch eine akademische Weiterqualifizierung (Master-Abschluss) zu erlangen – auch sie können am Studienprogramm ohne Prüfungen teilnehmen.

Die räumliche Heimat des Freiburger Masterstudiengangs Supervision wird künftig das Kloster Sankt Lioba am Fuße des bewaldeten Berges Schauinsland in Freiburg-Günterstal sein. Der nächste Durchlauf beginnt im Oktober 2012.

B. Theologie in der Supervision
Supervision und christliches Menschenbild

Das Glaubensbekenntnis anthropologisch gelesen[104]

Im vorigen Beitrag habe ich als einen der spezifischen Unterschiede zwischen systemisch-konstruktivistischer und pastoralpsychologischer Supervision das jeweils zugrunde gelegte Menschenbild und die daraus folgenden Beratungsziele benannt. Nachstehend möchte ich daher das christliche Menschenbild skizzieren, das PastoralpsychologInnen explizit oder implizit in die Supervision (und in andere Formen von Beratung) eintragen. Ich erläutere das christliche Menschenbild hier vom christlichen Gottesbild her, wie es im Grundbekenntnis der Christenheit, dem Apostolischen Glaubensbekenntnis, überliefert ist:

Artikel 1
Ich glaube an Gott, den Vater, den Allmächtigen, Schöpfer des Himmels und der Erde

Artikel 2
und an Jesus Christus, seinen eingeborenen Sohn, unseren Herrn,
empfangen durch den Heiligen Geist, geboren von der Jungfrau Maria, gelitten unter Pontius Pilatus, gekreuzigt, gestorben und begraben, am dritten Tage auferstanden von den Toten, aufgefahren in den Himmel. Er sitzt zur Rechten Gottes, von dort wird er kommen zu richten die Lebenden und die Toten.

Artikel 3
Ich glaube an den Heiligen Geist, die heilige christliche Kirche, Gemeinschaft der Heiligen, Vergebung der Sünden, Auferstehung der Toten und das Ewige Leben. Amen.

Das mag überraschend erscheinen, ist aber ohne Weiteres möglich, denn jede Be- oder Erkenntnis-Aussage des Menschen über Gott ist ja in umgekehrter Perspektive auch eine Aussage des Menschen über sich selbst. So befrage ich also das Glaubensbekenntnis hier weniger auf seine Aussagen über Gott, sondern auf seine mittelbaren Aussagen

[104] Beim nachstehenden Beitrag handelt es sich um eine leicht überarbeitete Version eines Textes, den ich für das von *Michael Klessmann* und mir herausgegebene Buch »Das Kreuz mit dem Beruf. Supervision in Kirche und Diakonie«, Neukirchen-Vluyn 2007 geschrieben habe, vgl. a.a.O., 70–78.

über die *conditio humana*, die Existenz des *Menschen* – ich lese also das Glaubensbekenntnis anthropologisch.

Das apostolische Glaubensbekenntnis bezieht sich in seinen drei Artikeln auf Gott, den Vater, Sohn und Heiligen Geist als Schöpfer, Erlöser und Heiliger, d.h. Heil-Macher oder Vollender. In umgekehrter Perspektive bedeutet das, dass wir Menschen nicht Schöpfer, Erlöser und Vollender unseres eigenen Lebens sind, sondern:

- endlich und begrenzt (in der Sprache der Tradition: geschaffen);
- gebrochen bzw. gespalten und in uns gefangen (in der Sprache der Tradition: sündig);
- fragmentarisch und unvollendet (in der Sprache der Tradition: unheil).

Es bedeutet zugleich, dass die Überwindung dieser unserer Vorfindlichkeit jenseits unserer selbst liegt. Wir sind angewiesen auf das, was uns ohne unser eigenes Zutun von außen (*extra nos*) entgegenkommt und bewirkt, was wir aus uns allein heraus nicht schaffen können. In Bezogenheit auf ein Gegenüber, das uns Selbsterkenntnis und Selbstüberschreitung ermöglicht, sind wir:

- endlich und begrenzt, und dennoch über-uns-selbst-hinaus-angelegt (in der Sprache der Tradition: Ebenbild Gottes),
- gebrochen bzw. gespalten und in uns gefangen, und dennoch durch Liebe aufgerichtet bzw. geheilt und befreit (in der Sprache der Tradition: erlöst; in protestantischer Zuspitzung: gerechtfertigt),
- fragmentarisch und unvollendet, und dennoch zur Teilhabe an der Ganzheit des Lebens (in der Sprache der Tradition: zur Heiligung) bestimmt.

Die Erfahrung dieser *conditio humana* prägt sich aus als:

- Kontingenzerfahrung
- Differenzerfahrung
- Transzendenzerfahrung

Diese drei Perspektiven auf die menschliche Wirklichkeit werden im Folgenden ausgeführt.

1. Artikel: Kontingenzerfahrung – »Er hat uns gemacht und nicht wir selbst«

Endlichkeit und Begrenztheit sind Grundgegebenheiten der menschlichen Verfasstheit. Von Geburt an bedroht das Sterben unser Leben. Immer schon, in jedem der »kleinen« Tode, die wir sozial und psychisch sterben, sind wir der Ambiguität von Leben und Tod, Möglichkeit und Begrenztheit ausgesetzt. Letztlich im Angesicht des Todes werden wir der eigenen Endlichkeit gewahr; daran entsteht uns die Frage nach dem eigenen Sein – und mit ihr auch die nach einem Sein, das über uns selbst hinausgeht. Insofern ist der Tod der hermeneutische

Lehrmeister des Lebens, wie Ps 90,12 sagt: »Lehre uns bedenken, dass wir sterben müssen, auf dass wir klug werden.«
Indem er die menschliche Endlichkeit und Begrenztheit vor Augen führt, lehrt der Tod uns unser Angewiesensein auf Bezogenheit. F.D.E. Schleiermacher nannte dies bekanntlich »schlechthinnige Abhängigkeit«; E. Jüngel spricht vom »anthropologischen Passiv« (*Jüngel,* 1993, 80f): Man *wird* geboren, man *wird* geliebt, man stirbt. In keiner dieser Situationen ist der Mensch Herr seiner oder Herrin ihrer selbst. In den wesentlichen Dingen seines Lebens ist der Mensch vielmehr sich selbst entzogen und existiert nur *be*zogen, d.h. in Beziehungen, die über ihn selbst hinausgehen. »Ich bin menschlich, indem ich einen anderen für mich da sein lasse.« (*Jüngel*, 1994, 306) Alles, worauf er im Leben wirklich angewiesen ist, kann sich der Mensch nicht selbst geben, sondern sich nur geben lassen. Er ist in seiner Existenz (an ihrem Anfang und immer wieder) *angewiesen* auf ein anderes Ich, von dem her er sich selbst empfangen kann. Er muss sich auch am Ende seiner Existenz loslassen und in andere Hände geben.
Als *spezifisches* anderes Ich, von dem her sie sich selbst empfangen, als Herrn über Leben und Tod, Ursprung und Ziel ihres Lebens, bekennen nun Christinnen im ersten Artikel des Credo Gott, den Schöpfer. »Er hat uns gemacht und nicht wir selbst« (Ps 100,3). Nach christlichem Verständnis ist der Mensch nicht kraft seiner selbst und nicht »zufällig« in der Welt, sondern weil er ein gewolltes und geliebtes Geschöpf Gottes ist, als Mann und Frau zu Gottes Ebenbild erschaffen (1Mose 1,27f).
Daher, und nicht aus dem, was er nach den Maßstäben der Gesellschaft gegolten, erreicht, getan, geleistet oder verdient hat, erhält der Mensch seine Identität, seinen Wert und seine Würde – schon aus dem Gewollt- und Geliebtsein von Gott, und darüber hinaus aus seiner Gottebenbildlichkeit: Denn damit ist der Mensch über-sich-selbst-hinaus angelegt, bestimmt zur Gestaltung seiner Umwelt und bestimmt zur Bezogenheit auf den Mitmenschen und auf Gott (1Mose 1,26–28 und 2,18–22). Als dessen Ebenbild strebt er nach Vollkommenheit und hat, wie unvollkommen seine Existenz auch bleibt, dennoch Anteil an der Würde des Schöpfers selbst (vgl. auch Mt 5,48 und Mt 25,40).

Für die Supervision wie für andere Formen der Beratung ***folgt daraus*** die voraussetzungslos wertschätzende Haltung gegenüber den Beratenen und der Impuls sowohl zur Anerkennung der eigenen Begrenztheit als auch die Befreiung zum Vollzug der eigenen, wenn auch begrenzten Möglichkeiten.
Speziell in der supervisorischen Beratung heißt das: einerseits Entwicklung des kreativen Potentials bzw. Leistungspotentials der Supervidierten, andererseits Begrenzung einer überzogenen Arbeits- und Leistungsethik, Ermutigung zur Rekreation (vgl. o.).

2. Artikel: Differenzerfahrung – »Denn das Gute, das ich will, das tue ich nicht; sondern das Böse, das ich nicht will, das tue ich.«

War im vorigen Abschnitt von der Ambiguität menschlicher Wirklichkeitserfahrung die Rede, geht es nun um die Ambivalenz menschlicher Selbsterfahrung. Nicht nur das Leben ist dem Menschen unverfügbar, sondern auch die eigene Person. Die Tragik unserer menschlichen Existenz ist, dass wir nicht mit uns selbst identisch sein können. Durch Bewusstsein und Vorstellungsvermögen über uns selbst hinaus angelegt (vgl. o.), bleiben wir gleichzeitig immer hinter dem Entwurf von uns selbst zurück und getrennt von dem, was wir anstreben. All unsere Möglichkeiten, Fähigkeiten und Strebungen stoßen zwangsläufig an ihre Grenze und offenbaren die Schattenseite, die in einem Leben in Begrenztheit zu ihnen gehört: kein Streben ohne Scheitern, keine Liebe ohne Hass, keine Gemeinschaft ohne Einsamkeit, kein Gut ohne Böse, kein Gewinn ohne Verlust, keine Macht ohne Ohnmacht, keine Freiheit ohne Abhängigkeit usf. – alles Gute und Schöne außerhalb und eben auch innerhalb unserer selbst erleben wir nur mit seinem Gegenteil. »Die Hölle«, das sind nicht nur »die anderen«[105] (J.P. Sartre), es ist auch das eigene gespaltene Ich, in dem man gefangen ist wie in einem Hamsterrad. Die Gefangenheit und Gespaltenheit, die Paulus im Römerbrief (Röm 7,25) für den Bereich des menschlichen Wollens und Handelns beklagt (vgl. das Zitat in der Abschnittsüberschrift), ist für *alle* Bereiche der menschlichen Selbsterfahrung zu konstatieren.
Die beschriebene Kluft zwischen Wunsch und Wirklichkeit, Entwurf (bzw. Bestimmung) und Existenz des Menschen wird in der humanwissenschaftlichen Literatur gemeinhin als »Differenzerfahrung« bezeichnet (vgl. z.B. *H. Luther,* 1992, 250ff), in der Theologie traditionell als »Sünde«. P. Tillich (*Tillich,* 1958, 52ff) unterscheidet hier zwischen der »Existenz« des Menschen und seiner »Essenz«, nämlich der »potentiellen Vollkommenheit«, von der er getrennt, oder, wie Tillich den Begriff der Sünde paraphrasiert, ›entfremdet‹ ist – der Begriff der Entfremdung ist im Zusammenhang der ***Supervision*** natürlich interessant, weil er ja in der von Karl Marx angestoßenen politischen und sozialethischen Diskussion der industriellen Arbeit ebenfalls verwendet wird.
Nach biblischem Verständnis (vgl. 1Mose 3 und Röm 6) ist die Sünde darin begründet, dass der Mensch eigenmächtig sein und sich nur auf sich selbst anstatt auf Gott verlassen will. In sich selbst verkrümmt (*incurvatus in se ipsum*), entzieht er sich seiner Bezogenheit auf Gott und den Mitmenschen, auf die er angewiesen ist – obwohl durch sie allein seine Begrenztheit zu überwinden wäre (vgl. u.). So bleibt er

105 So das berühmte Zitat des Garcin aus *Jean Paul Sartres* Theaterstück »Geschlossene Gesellschaft« von 1944.

nicht nur in der Begrenzung seiner Existenz durch Zeit und Raum, sondern auch in seiner inneren Ambivalenz gefangen und immer wieder ausgeliefert an Schuld, Verlust, Einsamkeit, Angst, Ohnmacht, das Uneins-Sein mit Gott, Mitmensch und sich selbst, m.a.W.: an den Tod und alle seine Vor- und Alltagsformen. Die Universalität und Unausweichlichkeit dieser Vorfindlichkeit des Menschen nennt die theologische Tradition »Erbsünde«. Daraus kann der Mensch sich nicht befreien, sondern bedarf der Erlösung von außen.

Als Erlöser aus der Entzweiung bzw. Gebrochenheit der menschlichen Existenz bekennen Christen nun im zweiten Artikel des Glaubensbekenntnisses Jesus Christus, in dem Gott Mensch wurde. In ihm wird das Entzweite von Neuem in Beziehung gesetzt und versöhnt. Die durch die Sünde gestörte Gemeinschaft zwischen Gott und Mensch wird erneuert und der Mensch wieder in seine schöpfungsgemäße Relation zum Schöpfer eingesetzt, indem Gott die Trennung durch seine liebende Zuwendung zum Menschen überwindet. Anstatt vom Menschen zu fordern und ihm vorzuwerfen, was der sich selbst und seinem Schöpfer schuldig bleibt: die liebevolle Bezogenheit auf den- und diejenigen, auf die er angewiesen ist –, stellt Gott das Fehlende nun seinerseits her. Der menschgewordene Gott, »... geboren ..., gelitten ..., gekreuzigt, gestorben und begraben, hinabgestiegen in das Reich des Todes«, teilt die Existenz des Menschen und versöhnt sich und ihn damit. Hat Gott zunächst den Menschen zu seinem Ebenbild geschaffen, gibt nun er, Gott, sich als Ebenbild des Menschen her:
Im Bild des *Gekreuzigten* ist Gott erkennbar identifiziert mit dem, was der Mensch seiner *Existenz* nach ist: leidend, entfremdet, dem Tod verfallen.[106] Indem ihm dies als seine Identität zugeeignet und er der Anteilnahme Gottes daran vergewissert wird, wird der Mensch beauftragt und befähigt, *seine geschöpfliche Existenz anzunehmen, anstatt in die »apathische«*[107] *Erstarrung der Leidensverdrängung zu verfallen.*
Im Bild des *Auferstandenen* dagegen offenbart sich, was der Mensch über das Vorfindliche hinaus seiner *Essenz* nach ist: zum Heil bestimmt, versöhnt, ins Leben gerufen. Indem ihm auch dieses als seine Identität zugeeignet wird, wird der Mensch beauftragt und befähigt, *immer wieder ins Leben aufzuerstehen – auch angesichts seiner vielen »kleinen Tode« und seiner Krisen. Hier wird der Mensch mit Gott*

106 Vgl. auch den Ausruf des Gekreuzigten: »Mein Gott, mein Gott, warum hast du mich verlassen?«, in Mk 15,34 par; Ps 22,3 – Jesus Christus teilt hier die Entfremdung in ihrer tiefsten Dimension: Der, in dem Gott selbst erkannt wird, hat den Bezug zu Gott, zu seiner eigenen göttlichen Natur verloren.

107 »Apathie als Leidensverleugnung nach innen, Apathie als Mitleidensunfähigkeit nach außen« beschreibt Dorothee Sölle treffend als zeitgenössische Ausprägung von Sünde bzw. Entfremdung. Vgl. *Sölle, Dorothee*, Leiden, Stuttgart/Berlin 21978, 34.

identifiziert, der über ihn hinausgeht und ihn über sich hinaus zu neuem Leben führt.
Die *Zusammenschau* der Bilder des Gekreuzigten und Auferstandenen schließlich zeigt, wie Erlösung als *Prozess* verläuft: *dass nämlich durch Liebe und durch Hingabe des Lebens (an andere) dessen Begrenzung überwunden und neues Leben gewonnen wird* (vgl. auch Mt 16,24f). Dies ist dem Menschen durch die *imago Christi* zugeeignet. Sich der *imago Christi* anzuverwandeln, kann der Mensch in seinem irdischen Leben allerdings nur ansatzweise verwirklichen.
Der zweite Glaubensartikel behauptet in bezug auf die *conditio humana* realistischerweise *nicht* die Auflösung der Spannung zwischen Kreuz und Auferstehung, Tod und Leben. Wenn es dort (in mythischer Sprache) heißt, Jesus Christus, »... am dritten Tage auferstanden von den Toten, aufgefahren in den Himmel, sitzend zur Rechten Gottes ...« werde wiederkommen »... zu richten die Lebenden und die Toten«, ist vielmehr ausgesagt: Auch nach dem Heilsereignis von Tod und Auferstehung des menschgewordenen Gottes *bleibt die Ambivalenz der irdischen Existenz des Menschen bis zum Ende bestehen.* Die Überwindung des Todes liegt weiterhin jenseits unserer selbst. Das Leben wird begrenzt und unvollkommen bleiben; jede Bilanz eines individuellen Lebens wird realistischerweise Gutes und Schlechtes feststellen. Es bleibt die Frage, welchem von beiden stärkere Geltung und Bedeutung gegeben wird, wie also das *Urteil* darüber ausfällt. *Die Pointe des protestantischen Rechtfertigungsglaubens ist nicht etwa, dass am Menschen und seinem Leben plötzlich alles gut sei. Vielmehr, dass Gott den Menschen wegen des Schlechten nicht mehr verurteilt, sondern sich und ihn damit versöhnt. Der Mensch wird nicht ganz und heil, aber er wird gesegnet statt verflucht* – im Sprachgebrauch Luthers: Er wird nicht gerecht, aber dennoch von Gott gerechtfertigt.

Für Supervision *wie für andere Formen der Beratung* ***folgt daraus*** eine Ermutigung zur Akzeptanz unvermeidlicher Ambivalenzen, einerseits zur Selbstverwirklichung und Selbstüberschreitung, andererseits zur realistischen Selbstwahrnehmung und zur Versöhnung mit Brüchen und Unvollkommenheiten sowie zur Übernahme von Verantwortung und Schuld im eigenen Leben.
Und weitergehend:
1. Auch im Beruf sind Hingabe und Selbstverwirklichung möglich, auch hier kann man seiner Bestimmung folgen – in Grenzen.
2. Wer beruflich verantwortlich handelt, kann dabei nicht unschuldig bleiben – nicht, weil er oder sie besonders böse wäre, sondern weil Menschen begrenzt sind und unter den Bedingungen der Sünde leben. Berufliche Entscheidungen und berufliches Handeln haben in der Regel auch unerwünschte negative Konsequenzen. Die Alternative ist nicht, das zu vermeiden – dann würde man handlungsunfähig. Sondern

die Alternative ist, nach bestem Wissen und Gewissen zu handeln und die Verantwortung für die Folgen, auch für die negativen Folgen, zu übernehmen. Dies ist besonders dort wichtig, wo SupervisandInnen Leitungsfunktionen bzw. Arbeitgeberfunktionen ausüben und schmerzhafte Entscheidungen zu treffen und zu vertreten haben – etwa die Entlassungen von Mitarbeitenden. Auf die Frage: Kann man »christlich kündigen« lautet die Antwort: Ja, aber nicht ohne sich schuldig zu machen.

3. Artikel: Transzendenzerfahrung – »Niemand von uns lebt sich selber, niemand von uns stirbt sich selber; darum, ob wir leben oder sterben sind wir des Herrn.«

Da er sich der Grenzen des Lebens und seiner selbst bewusst ist, erlebt der Mensch sich und die Welt als fragmentarisch und unvollendet und drängt mit Schmerz und Sehnsucht über das Stückwerk hinaus zur Ganzheit des Lebens. Sein Bewusstsein transzendiert sich selbst; er möchte die o.a. Ambiguität seiner Wirklichkeitserfahrung und die Ambivalenz seiner Selbsterfahrung hinter sich lassen. Er möchte vollkommene Lebendigkeit erleben, sich selbst und das Sein als ganz und heil erfahren. Da er aber endlich und begrenzt bleibt, kann er nie *selbst* Ganzheit erlangen, sondern die eigenen Grenzen nur durch *Teilhabe* an einem über ihn selbst hinausgehenden, größeren Zusammenhang des Lebens überwinden.
Teilhabe an der Ganzheit des Lebens bzw. die Gegenwart wirklicher Lebendigkeit erlebt man in Momenten der Ehrfurcht, der Liebe und des Todes. In solchen Momenten erleben wir schon jetzt, was die christliche Tradition »ewiges Leben« nennt.

Wenn man wie Hiob im Angesicht der über seinem Leiden aufgehenden Morgenröte erkennt, dass die Wirklichkeit weit über das eigene kleine Leben hinausgeht und erhaben und wunderbar ist und man dort mit hineingehört. Wenn man sich angeschaut weiß, so wie man wirklich ist (nämlich in seiner Begrenztheit), und erlebt, dass man genau so sein darf und geliebt wird – und das glauben kann (die Tradition nennt das: »Vergebung der Sünden«). Wenn man im Augenblick der Hingabe und Selbstentäußerung die eigene Begrenztheit überschreitet hin auf ein Du, hin auf das Leben selbst – und das Leben so tief erfährt, dass Zeit und Raum keine Rolle mehr spielen (was in der Liebe und im Tod geschieht). Dann erfährt man Momente, in denen man ahnt, wie das eigene Leben, wie man selbst im Grunde (d.h. der Essenz nach, vgl. o.) gemeint ist. Sie sind es, die die Unvollständigkeit und Ambivalenz des Alltagslebens ertragen lassen und die Sehnsucht wecken, die Menschen über sich selbst zu ihrer Bestimmung hinaustreiben.

Christen bekennen im dritten Artikel des Glaubensbekenntnisses Gott, den Heiligen Geist, als Kraft, die wirkt, dass wir das Ewige Leben erhalten. Unser fragmentarisches Leben wird nach christlichem Verständnis vollendet durch Bezogenheit auf und Teilhabe an der Ganzheit des Lebens, d.h. am ewigen Leben Gottes selbst. Dort endet das Leiden an allem, was unvollkommen und un-heil ist, und man kehrt heim in das, zu dem man gehört. Diese Hoffnung drückt der Kirchenvater Augustin lyrisch aus: »Geschaffen hast du uns zu dir, und ruhelos ist unser Herz, bis es ruht in dir.«[108]

Fazit

Zusammenfassend kann man sagen: Der Mensch existiert nach christlichem Verständnis, weil Gott ihn gewollt und ihm das Leben geschenkt hat. Er stirbt, weil er nicht Gott ist, sondern ein Geschöpf, dessen individuelles Leben begrenzt ist. Nach christlicher Auffassung liegt die geschöpfliche Bestimmung des Menschen im Aushalten der Spannung zwischen der Akzeptanz der eigenen Begrenztheit einerseits und der Selbstüberschreitung andererseits. Das gemeinsame Dritte, auf das hin diese Spannung angelegt ist, ist ein Leben-in-Beziehung. Dieser Lebensentwurf kann auch im Arbeitsleben umgesetzt werden, wenn Arbeit dabei verstanden wird als Vollzug der eigenen Möglichkeiten auf andere (d.h. auf die Mitmenschen und letztlich auf Gott) hin.

Für die Supervision folgt daraus die Befreiung von dem Druck, die eigene Selbstverwirklichung selbst und allein zu leisten. Arbeit ist – bestenfalls – das halbe Leben. Es ist heilsam, sie in den Horizont des ganzen Lebens einzustellen; erst dadurch erhält sie den reellen Stellenwert. Das gilt auch für den Blick auf arbeitsfreie und arbeitslose Zeiten und Menschen.

108 *Aurelius Augustinus,* Confessiones I,1, im lateinischen Original: »... fecisti nos ad te, et inquietum est cor nostrum, donec requiescat in te.«

C. Praxisbeispiele

Zur Verwendung von Symbolarbeit und christlichem Traditionsgut in der Supervision

In einigen Beiträgen in diesem Band wurde die Verwendung von Symbolen und christlichem Traditionsgut als eines der Merkmale pastoralpsychologischer Supervision genannt. Nachstehend stelle ich einige Fallbeispiele aus meiner eigenen supervisorischen und lehrsupervisorischen Praxis dazu zusammen.

Mehr als 1000 Worte – symbolische Kommunikation

»Darf ich einmal zu einem persönlichen Gespräch zu Ihnen kommen? Es überrascht mich selbst, wie mich das alles noch einmal einholt. Jetzt ist das schon so lange her! Aber ...« Die Frau hat vor Jahren ein Kind verloren, gleich nach der Geburt. Ein kleines Mädchen. Sie hat getrauert. Sie dachte, es sei längst bewältigt. Sie ist heute selbst Beraterin. Nun hat sie meinen Vortrag zur Trauerbegleitung gehört, und plötzlich ist alles wieder da: die Bilder, der Schmerz, die Tränen.
Wir verabreden uns zu einer Supervision. »Bringen Sie doch etwas mit, das Sie an Ihre Tochter erinnert«, sage ich, als wir die Terminkalender zuklappen. Sie stutzt nur Sekundenbruchteile, dann nickt sie kräftig. Offenbar weiß sie sofort, was es sein wird.

Erinnern und erzählen
Eine Woche später steht die Frau in meinem Beratungszimmer. Sie lächelt höflich, doch ehe sie mir die Hand gibt, wendet sie sich ab, um ihre Tasche auf einen Stuhl zu legen. Sie rückt sie zurecht, langsam, behutsam. Dann erst begrüßt sie mich, setzt sich, beginnt zu erzählen. Lange ehe sie ihre jüngeren Kinder – sie gehen schon in den Kindergarten und zur Schule – zur Welt brachte, hatte sie eine sehr schwere Schwangerschaft. Sie wurde krank, war bettlägerig. Die Medikamente, die sie gebraucht hätte, hätten das ungeborene Kind gefährdet. Sie verzichtete, obwohl es riskant war. Das konnte bedeuten: Das Kind oder sie. Sie nahm es in Kauf. Die Lage spitzte sich zu: Eine Sepsis, die immer schlimmer wurde. Sie wurde immer schwächer – und das Kind

in ihr auch. Schließlich war kein Halten mehr; das Kind kam, eine Frühgeburt. Es starb nach wenigen Minuten.
Die Frau erzählt und weint, weint und erzählt, von ihrer Trauer, von der ihres Mannes. Davon, wie schwer es war, drei Krisen auf einmal zu durchleben: die Geburt ihres ersten Kindes, den Tod ihres ersten Kindes, die Gefährdung ihres eigenen Lebens. Wie viel Kraft es von ihr verlangte, ihren Verlust und ihre Krankheit zugleich zu bewältigen. Sie kann das alles einordnen und reflektieren, sie hat es 1000-mal bedacht und besprochen, natürlich. Noch einmal alles erzählen, bedenken und beweinen, nach langer Zeit – das tut gut. Als käme die Erinnerung wie eine alte, vertraute Bekannte zu Besuch. Man lädt sie ab und zu noch einmal ein, weil man weiß: Sie gehört zur eigenen Lebensgeschichte dazu. Und man ist sicher: Sie wird bald wieder gehen.
Aber ist das alles, was die Frau wollte? Ich erinnere mich an ihre Eingangssignale.

Zeigen und angeschaut wissen
»Sie haben eingangs, als Sie kamen, Ihre Tasche so sorgsam auf den Stuhl gebettet«, sage ich. »Haben Sie darin etwas mitgebracht, das Sie an ihre kleine Tochter erinnert?« Sie nickt. »Möchten Sie es mit mir anschauen?«
Und nun packt sie aus. Sie steht auf und hebt etwas offenbar Schweres aus der Tasche. Sie hat es in weiche Frotteetücher gewickelt, drückt es an sich und setzt sich, legt es auf ihren Schoß und deckt es zärtlich auf: ein nacktes Baby in Embryonalhaltung! Mir stockt zuerst der Atmen, so lebensecht sieht die Skulptur aus – und so tot die »Haut«, die kalte; gräulich-weiße Oberfläche aus hellem Ton. Dann entspanne ich mich: Die kleine Gestalt ist sehr schön, anrührend schön.
Die Frau hebt die Figur von ihrem Schoß und bewegt die haltenden Hände nach vorne – in meine Richtung? Ehe ich mir darüber klar bin, setzt sie die Figur auf den zu unseren Füßen stehenden Glastisch. Wir schauen und schweigen. »Wie schön sie ist!«, sage ich nach einer Weile. Ein Strahlen erscheint auf dem Gesicht der Frau. Und sie erzählt: Wie schön ihre kleine Tochter war! Wie gern sie sie ihrer Mutter gezeigt hätte. Wie es war, sie tot im Arm zu halten. Zur Erinnerung an ihr verstorbenes Kind hat ein befreundeter Künstler den Eltern die Skulptur gemacht. Auf meine Anregung hin nimmt die Frau die Figur in die Arme, wie damals ihre Tochter, und erlebt die Szene nach: Sie streicheln, an sich drücken, zu ihr sprechen: »Was ich dir noch sagen wollte: ...« Und sie spricht aus, was damals ungesagt blieb. Sie tut das Ihre, ganz leise, dann blickt sie auf und teilt mir mit, was wichtig war. Und nun ist alles da: Schmerz und Zärtlichkeit, Freude, Leid und Stolz. Wir sind durch eine neue Tür gegangen und haben einen neuen Raum betreten. Aber ich habe das Gefühl, dass noch immer etwas fehlt. Und wieder hat der Körper das entscheidende Signal gesetzt.

Abgeben und gehalten wissen
»Frau P.«, sage ich, »ich hatte vorhin, ehe Sie sie auf den Tisch gesetzt haben, einen Augenblick lang den Eindruck, Sie wollten mir die kleine Gestalt am liebsten geben. Sie haben sich bewegt, als wollten sie sie ...« – ich strecke die geöffneten Hände aus – »... von Ihren in meine Hände legen – stimmt das?«. Es stimmt. Vorhin hat sie gezögert, merkt aber jetzt, dass sie den Wunsch noch immer hat. Und als sie mir endlich den Kinderkörper in die Arme legen kann und ich ihn zu mir nehme, bricht hemmungsloses Schluchzen aus ihr heraus. Das ist es, was gefehlt hat, damals, ganz am Anfang schon: Dass ihr jemand nicht nur beisteht, sondern ihr Kind wie sie in seinen Armen hält und selbst fühlt, was sie fühlt, selbst erlebt, was sie erlebt, es mit ihr teilt, anstatt sie nur zu trösten. Jemand, an den sie (ein archaisches Symbol für das Gebet) abgeben kann, was ihr selbst zu schwer wird, und bei dem sie (ein archaisches Symbol dafür, wie unsere Toten aufgehoben sind bei Gott) ihr Kind gehalten weiß, wenn sie es loslässt. Und endlich kann sie zeigen, spüren, was sie braucht.

Mehr als 1000 Worte sagen Symbole – in diesem Fall das figürliche Bild, die Gestik, die Körpersprache. Achtsamer Umgang mit dem, was sich hier ausdrückt, ist dem diskursiven Gespräch oft weit überlegen.

Die Symbolik der Körpersprache ist auch Gegenstand des nächsten Fallberichts.

Der Pastor als religiöse Symbolfigur mit haltender Funktion

Ein junger Gemeindepastor berichtet in der Gruppensupervision:
Vor wenigen Tagen bat ihn ein Ehepaar aus der Kerngemeinde um einen Hausbesuch, nachdem sie gerade ein Kind bekommen hatten. In der Annahme, dass es sich um ein Taufgespräch handeln soll, ging er hin und wurde (es war ein Sommertag) im Garten empfangen. Die junge Mutter saß verweint neben dem Kinderwagen. Als der Pastor die Terrasse betrat, sah sie zu ihm auf, stand auf, nahm das Kind hoch und drückte es ihm ungefragt in die Arme. Was er sah, erschreckte ihn: Das Kind sah entstellt aus; es war missgebildet und offenbar schwer behindert. Stockend erzählt er: Er habe einfach nur dagestanden, sprachlos, stumm. Im ersten Moment hatte er Angst, das Kind vor Schreck fallen zu lassen. Minutenlang habe niemand ein Wort gesagt. Er habe sich vollkommen hilflos gefühlt und nichts zu tun oder zu sagen gewusst. Er habe einfach nur das Kind festgehalten. Weil er nicht wusste, wie er der Mutter begegnen könne, habe er dann einfach das Kind in seinem Arm angeschaut, ein bisschen gewiegt und angelächelt. Dann habe die Mutter es ihm schließlich wieder abgenommen. Er habe als Seelsorger versagt. Seine Frage an die Supervisionsgruppe ist, was er hätte tun oder sagen, wie er ein besserer Seelsorger hätte sein können.

Die Gruppe macht eine Sharing-Runde: Wie wäre es den einzelnen Mitgliedern in vergleichbarer Situation gegangen? Wer hat schon Ähnliches erlebt? Wer hat welchen Vorschlag, seelsorglich mit der Situation umzugehen?
Als Supervisorin rege ich an, einen Perspektivwechsel zu versuchen und sich an die Stelle der Mutter zu versetzten. Wie mag es ihr gehen? Was wird ihr Anliegen an den Seelsorger sein? Der Supervisand sagt: Was er nicht verstehe, sei, dass die Mutter gar nichts gefragt und gar nichts weiter von ihm gewollt habe. Vermutlich habe sie einem solchen »Schwachmaten«, als der er sich erwiesen habe, schlicht nichts mehr zugetraut.
Ich frage ihn, wie denn der Besuch geendet habe. Ob er den Eindruck gehabt habe, dass die Mutter enttäuscht, irritiert oder ärgerlich gewesen sei? – Nein, wundert sich der Supervisand, sie habe sich nach einer Weile das Kind zurückgeben lassen, es an sich gedrückt, angeschaut, wieder in den Kinderwagen gelegt und sich sehr für seinen Besuch bedankt. Er sei dann schnell gegangen, verwirrt und beschämt.
Die Gruppenmitglieder äußern Assoziationen zu vermuteten Gefühlen und Anliegen der Mutter. Was sie denn in der beschriebenen Begegnung *tatsächlich* zu verstehen gegeben habe, frage ich. Wofür sie sich wohl bedankt habe? Vielleicht könne man ja die weitgehend wortlose Kommunikation in diesem »Gespräch« als Verständigung auf der Ebene von Symbolhandlungen verstehen, ggf. auch als Inszenierung der Mutter. Falls das Sinn mache, welchen Inhalt die symbolische Kommunikation dann gehabt haben könne?
Die Gruppe kommt zu dem Ergebnis: Womöglich habe die Frau sich bedankt, weil sie genau das bekommen (oder sich geholt) habe, was sie brauchte. Nämlich, dass der Pastor als religiöse Symbolfigur ihr Kind gehalten und geborgen und es wohlwollend angesehen habe – was für die Mutter vielleicht symbolisiert habe, dass Gott auch ihr versehrtes Kind halte und berge und wohlwollend ansehe. Damit wäre sie als Mutter, die ein behindertes Kind zur Welt gebracht hat, entlastet und gestärkt. Der Pastor atmet auf.
Auf meine Frage, ob den Gruppenmitgliedern Assoziationen dazu kommen, welche Qualität die Repräsentanz der religiösen Figur für die Frau gehabt haben könne, falls ihre Hypothese richtig sei, werden u.a. die folgenden biblischen Gottesbilder genannt:
»Tröstet, tröstet mein Volk, spricht Gott. … Er wird seine Herde weiden wie ein Hirte. Er wird die Lämmer in seinen Arm sammeln und im Bausch seines Gewandes (oder in anderer Übersetzung: an seinem Busen) tragen und ihre Mütter führen.« (Jes 40,1.11)
»Gott sprach: Ich habe gesehen das Elend meines Volkes … und habe ihr Geschrei gehört …; ich habe ihr Leid erkannt.« (2Mose 3.7)
»Fürchte dich nicht, sprich Gott. Ich halte dich bei deiner rechten Hand. Ich habe dich bei deinem Namen gerufen. Du bist mein.«

»Gott segnet dich und behütet dich. Er lässt sein Angesicht leuchten über dir und ist dir gnädig. Er erhebt sein Angesicht auf dich und gibt dir Frieden.« (4Mose 6,24–26)
»Und nun sprich Gott, der dich geschaffen hat und dich gemacht hat: Fürchte dich nicht, denn ich habe dich erlöst; ich habe dich bei deinem Namen gerufen; du bist mein!« (Jes 43,1)
»Ich will euch trösten, wie einen seine Mutter tröstet, spricht Gott.« (Jes 66,13)

»Wo du hingehst, will auch ich hingehen« (Ruth 1,16) – und wenn du den Ast absägst, auf dem du sitzt?

In die Ausbildungssupervision bringt ein angehender Supervisor den folgenden Fall:
Zu ihm kommt eine etwa 50 Jahre alte Frau in die Supervision. Sie ist von Beruf Krankenschwester, hat den erlernten Beruf in den vergangenen fast dreißig Jahren aber nur sporadisch stundenweise ausgeübt. Jetzt aber arbeitet sie seit einigen Monaten mit einer halben Stelle im Hospizdienst eines gemeinnützigen Trägers. Dort ist sie so erfolgreich, dass der Träger ihr eine Aufstockung ihrer Stelle und perspektivisch die Leitung des Hospizdienstes angetragen hat. Aber – und das ist die Frage, mit der sie in die Supervision kommt – sie weiß nicht, ob sie zugreifen und diesen unverhofften Karriereschritt machen »soll«. Bei der Erkundung des Konflikt-Hintergrunds erzählt sie:
»Seit unserer Heirat habe ich *meine* Berufstätigkeit für die Familie, für die Kirche, für meinen Mann hinten angestellt. Ich war nur ab und zu zeitweise als Krankenschwester tätig, so dass ich meinem Mann den Rücken frei halten konnte. Er kannte keine Grenzen bei der Arbeit und hat mich Tag und Nacht auch noch mitarbeiten lassen. Dazu noch der Haushalt – da hilft mir keiner.«
Ihr Mann sei inzwischen in seinem Beruf als Pfarrer immer weniger erfolgreich. Er habe immer mehr Ermüdungserscheinungen gezeigt und schließlich mit seinem Kirchenvorstand vereinbart, dass er (um sich zu regenerieren) in seinen pastoralen Aufgaben kürzer treten und statt dessen zusätzliche bauliche, handwerkliche und gärtnerische Tätigkeiten in der Gemeinde übernehmen werde. Beim Beschneiden der Bäume auf dem Kirchengelände sei er vom Baum gestürzt und habe sich den Fuß so verletzt, dass er nun arbeitsunfähig sei. Die vorgesetzte Behörde habe dadurch von dem rechtswidrigen Arrangement mit dem Kirchenvorstand gehört, dieses ausgesetzt und den Mann vom Dienst suspendiert. Da könne sie ihm doch jetzt nicht die Solidarität aufkündigen und an ihrem beruflichen Aufstieg arbeiten, während es mit ihrem Mann bergab gehe. Schließlich habe sie bei der Eheschließung das Trauversprechen gegeben »Wo du hingehst, da will auch ich hingehen« (Ruth 1,16), und das habe sie immer sehr ernst genommen.

Die Ausbildungs-Supervisiongruppe arbeitet an den beiden Symbolen im Fallbericht. Erst an der Handlungsweise des Ehemannes der Supervisandin, der quasi buchstäblich selbst den Ast absägt, auf dem er sitzt – das wirkt zunächst absurd und selbstzerstörerisch, auf den zweiten Blick aber auch (er)lösend. Dann an der Wirkung des Trauspruch-Motivs und an der Bedeutung, die ihm gegeben wird: Der Spruch sei ursprünglich kein Trauspruch, sondern stehe biblisch im Kontext der Solidarisierung zweier sozial unterprivilegierter und schutzloser (weil alleinstehender) Frauen. Wähle man ihn als Trauspruch, sei der Solidaritätsgedanke in beiderlei Richtung aufzugreifen: Es sei keineswegs ausgemacht, wer hinter wem hergehen solle. Die Frau sei schon Jahrzehnte lang hinter dem Mann hergegangen, obwohl dieser schon lange keinen guten Weg mehr beschritten habe – jetzt aber »gehe« es nicht mehr so weiter, da der Mann ganz vom Weg abgekommen sei. Es werde auch dem Mann nichts nützen, wenn die Frau ihm in den Absturz folge. Ob der Spruch, ob das dahinter stehende Konzept von Solidarität und Treue zueinander denn nur so zu verstehen sei, als so, dass immer die Frau hinter dem führenden Mann hergehen müsse, oder auch anders? Nämlich so, dass man *gemeinsam* gehen solle, nebeneinander her oder in wechselnden Führungspositionen, wobei die Positionen und die passenden Abstände immer wieder neu auszutarieren seien? Der Supervisor könne doch das symbolische Leitkonzept der Supervisandin bekräftigen, aber alternative Betrachtungsweise anregen. Dadurch könne die verfestigte Deutung verflüssigt werden bzw. das zum Klischee erstarrte Bildwort wieder seine mehrdimensionale und mehrdeutige Symbolkraft zurückgewinnen.[109]

[109] Dieser Gedanke geht auf ein pastoralpsychologisches Symbolverständnis zurück: Im Anschluss an Alfred Lorenzer, Paul Ricœur, Paul Tillich und Susan Langer entwickelte Joachim Scharfenberg eine Symboltheorie, in der Zeichen, Klischee und Symbol voneinander unterschieden werden. Danach liegt die Kraft von Symbolen darin, dass sie mehrdeutig und mehrdimensional sind. Sie sprechen das Bewusste und das Unbewusste des Menschen an. Sie geben der Ambiguität der Wirklichkeit und den Ambivalenzen des Erlebens Ausdruck. Sie haben also niemals eine eindeutige Bedeutung, sondern sind immer in verschiedener Weise interpretationsfähig und interpretationsbedürftig. Daher sind Fragen wie: »Was wollte uns der Künstler damit sagen?« unsinnig. Könnte man die Bedeutung eines Symbols oder einer Symbolhandlung eindeutig erklären, wäre das Symbol bereits zum Klischee oder zum Zeichen erstarrt (wie im Fallbeispiel im obigen Text der verengt gedeutete Trauspruch); es wäre seiner Tiefendimension und seiner symbolischen Kraft beraubt. »Das Symbol, das die Spannung der Mehrdeutigkeit in sich trägt, gibt zu denken« – es gibt aber auch zu fühlen, insofern seine Bildhaftigkeit Assoziationen und Emotionen anspricht (im Unterschied zu diskursiver Wort- oder Zeichensprache, die auf Eindeutigkeit zielt). Symbole haben Verweischarakter, d.h. sie weisen auf eine jenseits ihrer selbst liegende Wirklichkeit hin – daher ist religiöse Kommunikation, wenn sie nicht dogmatisch ist, symbolische Kommunikation. Vgl. zu diesem Zusammenhang *Scharfenberg, Joachim / Kämpfer, Horst,* Mit Symbolen leben. Soziologische, psychologische und religiöse Konfliktbearbeitung, Olten 1980, sowie *Scharfenberg,*

Der Ausbildungs-Supervisand geht mit diesen Anregungen in die nächsten Supervisionssitzungen mit der Krankenschwester. Später berichtet er der Gruppe, seine Supervisandin sei sehr gern auf seinen Vorschlag eingegangen, den handlungsleitenden Trauspruch vertieft zu betrachten. Man habe eine ganze Sitzung lang mit den Bildern des gemeinsamen Weges gespielt (Führen und Folgen, Nähe und Abstand) und dadurch die Erlebnisse der Supervisandin ins Bewusstsein gehoben. Die Supervisandin habe gemerkt, dass es sie viel mehr Kraft gekostet habe, ihrem Mann bedingungslos hinterherzulaufen und »überall die entstehenden Brände zu löschen«, als ihre eigene anspruchsvolle Arbeit beim Hospizdienst zu tun. Sie finde es heilsam, auf dem gemeinsamen Lebensweg mit ihrem Mann zurzeit einen größeren Abstand zu halten. Der Mann erhole sich in seiner Kur. Sie selbst habe gespürt, wie sehr es sie stärke, zum ersten Mal kontinuierlich und in nennenswertem Umfang ein eigenes Einkommen zu haben, Wertschätzung für ihr berufliches Tun zu erhalten und die Erfahrung zu machen, dass ihre Arbeit und sie selbst viel »wert« seien. Es sei keine sinnvolle Gefolgschaftsleistung, angesichts der (beruflichen) Krise des Ehemannes auch die eigene Arbeit, die eigene Stärke und das eigene Einkommen aufzugeben. Sinnvoller scheine es ihr nun, wenn in der Beziehung immer diejenige Person vorangehen könne, die gerade die meiste Kraft, die beste Struktur und die tragfähigere Lebens- bzw. Arbeitskonzeption habe. Das sei einige Zeit lang ihr Mann gewesen, und im Augenblick sei sie es. Nun kann sie sich entscheiden, die eigene Berufstätigkeit erfolgreich fortzuführen. Der Supervisor soll sie bei den neuen Herausforderungen weiter beraten.
Der Ausbildungs-Supervisand schreibt in seiner Fall-Auswertung:
»Mir macht es immer wieder Freude, religiöse Symbolik – zumal wenn sie vom Supervisanden angeboten wird wie hier – in der Supervision aufzugreifen und zu verwenden. In diesem Fall war sozusagen das Problem (der in einer bestimmten Weise enggeführte Trauspruch) die Lösung, oder anders gewendet: Im Trauspruch lag bereits die Lösung. In der Supervision war es möglich, den Trauspruch einmal unabhängig von seinen traditionellen Konnotationen anzuschauen und eben dadurch die Optionen zu schaffen, dieses Wort wieder als beziehungsstiftendes und weiter-›führendes‹ Wort zu erfahren, nicht als einengendes, sondern als Raum gebendes.«[110]

Joachim, Einführung in die Pastoralpsychologie, Göttingen 1985, ^{2}1990. Die pastoralpsychologische Bewegung entwickelte in der Folge nicht nur eine neue Aufmerksamkeit für die Kraft liturgischer Symbole im Gottesdienst, durch die Konflikte bearbeitet werden können, sondern auch einen neuen religionspädagogischen Ansatz, die Symboldidaktik, deren Exponenten Hubertus Halbfas und Peter Biehl sind.

110 Für das Einbringen dieses Falls in meine Ausbildungssupervisionsgruppe und dafür, dass er mir sein evaluierendes Zitat zur Verfügung gestellt hat, danke ich Herrn Pfarrer Dirk Brüseke, Bochum.

Burnoutprophylaxe in pastoralpsychologischer Supervision

»Ich habe mir keine Grenzen gesetzt, mir selbst nicht und auch nicht meiner Umwelt, die zuweilen viel verlangt, mich ausgesaugt hat wie ein Blutegel seinen Wirt. Und das meiste von dem, was ich gemacht habe, hat mir tatsächlich Freude gemacht ... Aber ich habe in alldem nicht die aristotelische Mitte finden können zwischen dem ›Zuviel‹ und dem ›Zuwenig‹. Nun war ich plötzlich stillgelegt«, schreibt Miriam Meckel, Professorin für Publizistik und Kommunikation, Regierungssprecherin, Staatssekretärin.[111]
»Ich habe meine Kraft überschätzt«, sagte der zurückgetretene Matthias Platzeck am 10.4.2006 nach nur knapp 150 Tagen Amtszeit als Parteivorsitzender der Bundes-SPD.
»Ich habe mich gefühlt wie ein Farbfernseher, der zu viele Kanäle hat. Und irgendwann war es einfach Zeit, mir diese Fernbedienung zurückzuholen und wieder selbst zu schalten, selbst zu dirigieren, selbst zu entscheiden«, sagte die Schauspielerin Yvonne Catterfeld am 12.10.2006 in der Fernseh-Talkshow »Kerner«.

Spätestens seit den Outings dieser und zahlreicher weiterer betroffener Prominenter wie Skispringer Sven Hannawald, Fußballspieler Sebastian Deisler, Jazz-Pianist Keith Jarrett, Fernsehkoch Tim Mälzer, Rap-Musiker Enimem, Torwart Markus Miller und anderen ist das Phänomen in aller Munde:

»Burnout«, eine arbeitsbedingte, chronische seelische Erschöpfung, verbunden mit einer Entpersönlichung im Umgang mit sich selbst und anderen Menschen und mit einem starken Absinken von beruflicher Effektivität, beruflicher Zufriedenheit sowie allgemeiner Leistungsfähigkeit und Lebensfreude.

Umfassende Folgen sind möglich[112]: Verlust der Selbstregulation, soziale Selbstisolation, psychovegetative Störungen bis hin zu existen-

[111] *Meckel, Miriam*, Brief an mein Leben. Erfahrungen mit einem Burnout, Reinbek 2010, Rückencover.
[112] Vgl. *Berg, Christine*, Erschöpfungssyndrom: Wege aus der Burnoutfalle, in: Pharmazeutische Zeitung online 17/2011 vom 10.2.2011, 1–8, hier 1–3.

tieller Verzweiflung und Suizidalität, kardiovaskuläre Verwirrung bis hin zum Tod durch plötzlichen Herzstillstand (in Japan »Karoshi« genannt und diagnostisch als Endstadium einer Berufskrankheit in Folge von Überarbeitung eingestuft) etc.

Zwar ist Burnout ist in Deutschland keine anerkannte Krankheit und nicht im Leistungskatalog der Krankenkassen enthalten[113], sodass behandelnde Ärzte auf andere Diagnosen wie (Erschöpfungs-)Depression, Fibromyalgiesyndrom oder Anpassungsstörung ausweichen müssen, um Arbeitsunfähigkeitsbescheinigungen ausstellen und Therapien verordnen zu können. Aber die unter dem Stichwort »Burnout« zusammengefassten Phänomene sind in ihrer Entstehung und Entwicklung bereits gut erforscht, und es liegen erste Wirksamkeitsstudien zu therapeutischen resp. supervisorischen Interventionen vor.[114] Zusammen mit verwandten psychischen und psychosomatischen Gesundheitsstörungen ist Burnout zum relevanten Wirtschaftsfaktor geworden: Von 1997 bis 2009 haben psychische Erkrankungen als Ursachen für Arbeitsunfähigkeit um 93 Prozent zugenommen; im Jahr 2009 wurden bei Erwerbstätigen erstmals mehr Krankheitstage aufgrund psychischer Störungen als aufgrund von Herz-Kreislauferkrankungen registriert.[115] Laut einer im Wochenmagazin DER SPIEGEL 30/2011 veröffentlichten Statistik beträgt zwischen den Jahren 2004 und 2010 die Zunahme der Fallzahlen psychischer Erkrankungen von ArbeitnehmerInnen 110 Prozent und die Zunahme der Krankheitstage von ArbeitnehmerInnen aufgrund psychischer Erkrankungen ca. 85 Prozent. Ein Krankheitstag koste Unternehmen durchschnittlich 400 Euro, der sechs- bis achtwöchige Ausfall eines Mitarbeiters aufgrund eines Burnouts schnell bis zu 16.000 Euro – wobei die verminderte Leistungsfähigkeit vor dem Ausfall noch nicht einberechnet sei. Der volkswirtschaftliche Schaden von psychischen Erkrankungen aufgrund

[113] In der im deutschen Gesundheitswesen verbindlichen 10. Auflage der »Internationalen Klassifikation der Erkrankungen und verwandter Gesundheitsprobleme« (ICD-10) wird Burnout mit der Zusatzziffer Z 73.0 unter »Probleme mit Bezug auf die Lebensbewältigung« gelistet als »Faktor, der den Gesundheitszustand beeinflusst und zur Inanspruchnahme des Gesundheitswesens führt«. Vgl. *DIMDI (Deutsches Institut für Medizinische Dokumentation und Information)*, Klassifikationen im Gesundheitswesen, ICD-10-GM Version 2011, im Internet abrufbar unter: www.dimdi.de.

[114] Einen sehr guten Forschungsüberblick zu Phänomenologie und Entstehung von Burnout gibt *Burisch, Matthias*, Das Burnout-Syndrom. Theorie der inneren Erschöpfung, Heidelberg [4]2010. Empirische Wirksamkeitsstudien wurden einer kritischen Revision unterzogen von *Rösing, Ina*, Ist die Burnout-Forschung ausgebrannt? Eine wissenschaftssoziologische und kulturanthropologische Kritik der internationalen Burnout-Forschung, Kröning 2003.

[115] *Badura, Bernhard / Schröder, Helmut, et al.* (Hg.), Fehlzeiten-Report, Heidelberg 2010, 271.

arbeitsbedingter psychischer Belastungen belaufe sich in Deutschland auf ca. 6,3 Milliarden Euro im Jahr.[116] Unternehmen wie die Telekom, adidas und MAN, Berufsgenossenschaften und Beraterfirmen bieten zunehmend Programme zur Erhaltung und Förderung der *psychischen* Gesundheit an, darunter insbesondere Programme zur Work-Life-Balance und zur Burnoutprophylaxe. Auch die Kirchen haben inzwischen erste Einrichtungen für ausgebrannte Geistliche geschaffen.[117]

Vielfach wird inzwischen in Personalentwicklungsprogrammen ***Supervision* als Maßnahme zur psychohygienischen Gesundheitsförderung und zur Burnoutprophylaxe** empfohlen.[118] Das ist sehr plausibel, denn: Burnout entsteht in Arbeitskontexten, und Supervision ist eine arbeitsbezogene Beratung. Burnout ist keine Krankheit, macht aber krank. Für Burnout-Betroffene gibt es keinen anerkannten Therapiebedarf, aber (auch im Interesse der Arbeitgeber) mehr und mehr anerkannten Beratungsbedarf.

Folglich steigt der Bedarf an Supervision in Burnout-Fällen, und SupervisorInnen brauchen Orientierungs- und Handlungswissen über Burnout, um Betroffene qualifiziert zu beraten. Mit dieser Zielrichtung werden nachstehend folgende Fragen erörtert:

Wie sind Burnout und Burnout-Gefährdung zu beschreiben und zu erkennen (1.)?
Wie kann Burnout-gefährdeten Menschen supervisorisch geholfen werden? Der Beitrag bietet pastoralpsychologische Überlegungen
- zum deutenden Verstehen des Burnout-Phänomens auf der gesellschaftlichen Ebene der Entwicklung von Arbeitswelten (2.);
- zum deutenden Verstehen des Phänomens auf der Ebene der betroffenen Personen (und Organisationen) (3.);
- zur Feldkenntnis spezieller Risiken und Chancen in kirchlichen Arbeitsfeldern und Berufen (4.);
- zu gesundheitsfördernden, heilsamen Interventionen (5.).

1. Burnout und Burnout-Gefährdung erkennen – Indikatoren, Entwicklung, Risikofaktoren

»Ich befinde mich mit einem Ruderboot in der Mitte eines großen Sees. Plötzlich dringt durch ein Leck Wasser ins Bootsinnere ein. Mit einem kleinen Eimer versuche ich, das Wasser weg zu schippen. Aber ich mühe mich vergeblich ab, immer

[116] Vgl. DER SPIEGEL 30/2011, 58–68, hier 58.60.
[117] Katholischerseits z.B. das Haus Recollectio in der Benediktiner-Abtei Münsterschwarzach, evangelischerseits vgl. das Haus Respiratio im Geistlichen Zentrum der Communität Casteller Ring auf dem Schwanberg, beide bei Würzburg.
[118] Vgl. u.a. auch *Berg* im o.a. Artikel in der Pharmazeutischen Zeitung, 6.

drückt neues Wasser nach. Ich kann mich noch so anstrengen, ich komme nicht mehr voran und werde das Wasser aus meinem Boot nicht los. Je schneller ich schaufele, desto schneller läuft das Wasser nach. Ich fühle mich so allein und ohnmächtig und den Wassermassen um mich herum und im Boot so ausgeliefert. Der Traum wird zum Albtraum, aus dem ich völlig erschöpft aufwache.« – »Ich bin alle!«[119]

»Seit Monaten schon gelingt es mir nicht mehr, mich länger als einige Minuten mit einer Sache zu beschäftigen. … Lesen erschöpft mich so, dass ich sofort Hunger bekomme. Das Essen vergesse ich dann allerdings wiederum über die Dinge, die mir zwischendurch oder auf dem Weg in die Küche eingefallen sind. Wenn ich … längeren Ausführungen eines Menschen folge, habe ich ähnliche Konzentrationsschwierigkeiten. … Dann greife ich zum Blackberry. … Und wenn mir gar nichts anderes mehr einfällt, mache ich To-do-Listen. Dabei spüre ich, dass diese Listen eine Ersatzfunktion haben: Sie suggerieren mir, ich sei im Zustand des ›Dingeerledigens‹.«[120]

Burnout wurde zuerst 1974 von dem Psychoanalytiker Herbert Freudenberger so bezeichnet und beschrieben als »Erschöpfung der Energiereserven, die von den Vertretern der helfenden Berufe empfunden wird, wenn sie sich von den Problemen anderer überfordert fühlen.«[121] Als Pionierin der Burnout-*Forschung* gilt die US-amerikanische Psychologin Christina Maslach. Auch sie verstand Burnout als Reaktion auf die chronische emotionale Belastung in helfenden Berufen. Aufgrund ihrer klinischen Beobachtungen fügte sie der Beschreibung des Phänomens insbesondere den Aspekt der Depersonalisation (d.h. Entpersönlichung) hinzu, und sie entwickelte das Maslach Burnout Inventory (MBI), den bis heute bekanntesten Test zur Burnout-Diagnose.[122]

Spätere Forschungsbeiträge haben verdeutlicht,
– dass Burnout als Reaktion auf dauerhaft negative Arbeitsbedingungen bzw. als Resultat ungünstiger Strategien zur Bewältigung die-

119 Bericht einer Krankenschwester, zit. nach *Breit-Keßler, Susanne / Dennerlein, Norbert* (Hg.), Stay wild statt burn out. Leben im Gleichgewicht, Gütersloh 2009, 11.

120 *Meckel, Miriam,* a.a.O., 16–18.

121 Vgl. Freudenberger, Herbert, *The staff burnout syndrome in alternative institutions,* in: Psychotherapy: Theory/Research/Practice/Training 12 (1975):72–83; hier: dt. Übersetzung zit. nach *Kleinschmidt, Carola / Unger, Hans-Peter*, Bevor der Job krank macht, München 2009, 76.

122 Vgl. *Maslach, Christina,* Burnout: the cost of caring, Englewood Cliffs, New York 1982. Vgl. a. *Maslach, Christina, et al.,* ›Job Burnout‹, in: Annual Review of Psychology 52 (2001) und *Kristensen, Tage S., et al.*, The Copenhagen Burnout Inventory: A new tool for the assessment of burnout, in: Work & Stress 19 (2005) No. 3. Das MBI wurde durch das CBI (Copenhagen Burnout Inventory) sowie durch weitere ähnliche wissenschaftlich entwickelte Tests wie das OBI (Oldenburg Burnout Inventar von Demerouti 1999) und das HBI (Hamburger Burnout Inventar von Burisch 2005) leicht modifiziert, aber in wesentlichen Bestandteilen übernommen.

ser Arbeitsbedingungen nicht nur helfende Berufsgruppen betreffen kann, sondern *alle Berufsgruppen*;
- dass Burnout-Symptome über längere Zeiträume *prozesshaft* und schleichend entwickelt werden.[123] Deshalb ist es wichtig, Indikatoren und Risikofaktoren zu kennen, um einer Burnout-Gefährdung rechtzeitig entgegenzuwirken (vgl. u.);
- welche Risikofaktoren die Entstehung von Burnout begünstigen; hier ist insbesondere die effort-reward-imbalance (ERI) nach Johannes Siegrist zu nennen (vgl. u.).

Die **Indikatoren** oder Merkmale des Burnouts lassen sich im Wesentlichen den drei o.a. Kernphänomenen zuordnen:
- ***anhaltende innere Erschöpfung*** *mit ihren Derivaten:* chronische Müdigkeit und Schlafstörungen; Widerstände gegen die Arbeit und dagegen, täglich zur Arbeit zu gehen (»bloß weg hier«); Konzentrationsschwäche; Drehschwindel; depressive Verstimmungen mit Gefühlen von Kraftlosigkeit, Schwere und Dumpfheit, Unzufriedenheit, Antriebslosigkeit, Freudlosigkeit; Ablenkbarkeit; Flucht- und Suizidgedanken; häufige Erkrankungen ohne klar erkennbare Ursache; Verlust des Interesses an Genuss und Sexualität oder vermehrter, aber freudloser Konsum von Essen, Alkohol und Sex als Vakuumaktivitäten; ggf. Vernachlässigung und Verwahrlosung; etc.;
- ***Depersonalisierung (Entpersönlichung)*** *mit ihren Derivaten:* Distanz, Gleichgültigkeit, Stereotypisierung oder Zynismus gegenüber KlientInnen, KundInnen und KollegInnen; Gleichgültigkeit oder Unduldsamkeit und Reizbarkeit im Privatleben; sozialer Rückzug; Gefühlsarmut; Gesprächsarmut bzw. Gesprächsvermeidung; Rückgang des Interesses an privaten Aktivitäten und Verminderung der Eigeninitiative; etc.;
- ***anhaltender Verlust der beruflichen Effektivität bzw. der Leistungsfähigkeit*** *und deren Derivate:* Anforderungen werden als steigend, die eigene Leistungsfähigkeit wird dagegen als abnehmend wahrgenommen; Diskrepanzen zwischen Anforderungen und Leistungen werden als eigene Defizite wahrgenommen; Erfolge werden nicht mehr wahrgenommen. Weitere Symptome sind: Erleben von Misserfolgen und Leistungsabfall, Versagensängste, negative Selbsteinschätzung; Verlust von Kompetenz- und Effizienzbewusstsein, Verlust von Selbstvertrauen und Selbstwertgefühl; Verlust der Fähigkeit, Prioritäten zu setzen; Verlust des Glaubens an den Sinn der eigenen Tätigkeit; Verlust der Regenerationsfähigkeit; Widerwillen gegen sich selbst und andere; Rückzug durch Arbeitsunfähigkeit, innere oder äußere Kündigung; etc.

[123] Vgl. u.a. *Cherniss, Cary*, Jenseits von Burnout und Praxisschock, Weinheim 1995, sowie *Schaufeli, Wilmar / Enzmann, Dirk*, The Burnout Companion to Study and Practice, London, Taylor & Francis 1998. Überblicksweise vgl. a. *Burisch*, a.a.O.

All diese Symptome entwickeln Betroffene oft nach einer vorhergehenden Phase von besonders hoher Motivation und sehr starkem beruflichen Engagement, die frustriert wurden.

Zur **Diagnose** von Burnout-Symptomen wird noch heute vorwiegend Maslachs MBI-Fragebogen eingesetzt (vgl. o.); daneben auch der GHQ (General Health Questionaire), ein von der Weltgesundheitsorganisation WHO empfohlener Fragebogen zur Erhebung medizinisch relevanter stressbedingter Gesundheits-Störungen. Darüber hinaus liegen inzwischen zahlreiche leicht zugängliche und z.T. auch wissenschaftlich fundierte **Selbsttests** zu Burnout und Burnout-Gefährdung vor. Bei Bedarf kann SupervisandInnen eine der online verfügbaren Varianten angeboten werden, z.B. der Test des Hamburger Psychologen und Burnout-Experten Matthias Burisch, der Schnelltest des Freiburger Hirnforschers Joachim Bauer oder der zu zwei Vergleichszeitpunkten ansetzende Vergleichstest des Grazer Arbeitspsychologen Paul Jiménez.[124]

Für die Supervision, deren Aufgabe nicht die Therapie eines bereits manifesten Burnouts ist, sondern die Prophylaxe im Vorfeld, ist es vorrangig, neben den o.a. Indikatoren die **Entstehungsbedingungen** zu kennen und erkunden zu können, welche **Risikofaktoren** vorliegen.

Folgende Faktoren werden als begünstigend für die Entstehung von Burnout angesehen:

– ***Arbeitsbedingungen:***
  Unpassende Arbeitsanforderungen: nicht zur Persönlichkeit und/ oder zu den Fähigkeiten der betr. Person passende Arbeitsbedingungen, Überforderungssituationen durch zu große Aufgabenmengen, -umfänge oder -vielfalt; Zeitdruck, wechselnde und widersprüchliche, unvereinbare oder unklare Zielvorgaben; häufige Störungen im Arbeitsablauf und Umstrukturierungen; aber auch das Gegenteilige: Unterforderungssituationen durch geringe Handlungs-, Entscheidungs- und Entfaltungsspielräume, Routine und Langeweile (hier wird auch von »Boreout« gesprochen);
  strukturelle Ungleichgewichts-Faktoren im Unternehmen wie: zu kurze Einarbeitungsphasen, schlechte Verfügbarkeit von Arbeitsmitteln und anderen Ressourcen, schlechtes Arbeitsklima, fehlende soziale Unterstützung, Personalmangel, hierarchische Führungsstrukturen, zu hohes Arbeitsaufkommen, zu viele Überstunden und Mangel an arbeitsfreien Zeiten, organisationsbedingte Rollen- und Zuständigkeitskonflikte, schlecht zusammen gesetzte Teams;[125]

[124] *Joachim Bauer*s Test kann man downloaden unter www.focus.de/gesundheit/gesundleben/stress/tests/burnout-test_aid_67434.html; Links zu den anderen genannten und weiteren Selbsttests finden sich unter www.allzuviel.at/burnout-test.html.

[125] Vgl. *Ruhwandl, Dagmar*, Top im Job – ohne Burnout durchs Arbeitsleben, Stuttgart 2009, 39–51 sowie *Fengler, Jörg*, Helfen macht müde. Zur Analyse und

- ***Efford-reward-imbalance (ERI nach Siegrist, 1986):***[126]
  ERI ist ein Ungleichgewicht zwischen beruflicher Anstrengung und beruflicher Anerkennung. Dabei fächert sich »Anerkennung« in drei Dimensionen auf: Anerkennung im engeren Sinn, Status (inklusive der subjektiv erlebten Angemessenheit des Gehalts) und Arbeitsplatzsicherheit. ERI entsteht u.a. durch: fehlende Feedback- und Anerkennungskultur in der Organisation, ggf. Entwertungskultur, mangelnde Resonanz, fehlende Gratifikationen, fehlende Konfliktbearbeitung und vor allem durch das Erleben mangelnder Wirksamkeit der eigenen Anstrengungen;

- ***Persönlichkeitsfaktoren:***
  Abgrenzungsproblematik: Mangelnde Fähigkeit, eigene Grenzen zu erkennen und sich gegen Erwartungen anderer abzugrenzen, schwach ausgebildetes Selbstwertgefühl, übersteigertes Bedürfnis nach Zuwendung (all diese Merkmale werden häufig der sog. »Helferpersönlichkeit« zugeschrieben);
  mangelnde Selbstreflexion: Fehlen innerer Rückmeldung; ungenügende Selbstwahrnehmung, falsche Selbsteinschätzung, übertriebener Ehrgeiz etc.;[127]
  Erwartungsenttäuschungen: unrealistische Erwartungen an die eigene Perfektion, an die (Wirksamkeits-)Möglichkeiten der eigenen Arbeit oder der arbeitgebenden Organisation;
  Wertekonflikte: anhaltende Unvereinbarkeit zwischen eigenen Wertvorstellungen und Vorgaben der arbeitgebenden Organisation;
  schlechte Coping-Strategien: Fehlverarbeitung von Stress, Konflikten und Enttäuschungen etc.;
  ungesunde, unausgewogene Lebensweise: unregelmäßige Lebensrhythmen, Schlafmangel, schlechte Ernährung, Überkonsum von Medien und Genussstoffen statt Rekreation, unklare Abgrenzung von Arbeit und Freizeit, mangelnde Erholung, mangelnde Quellen von Lebenssinn und Lebensfreude, work-life-imbalance.

- ***Psychosoziale Belastung bzw. fehlende psychosoziale Entlastung durch andere Personen:***
  emotionale Ansteckung durch Nöte und Belastungen der beruflichen Klientel (daher ist das Burnout-Risiko in helfenden Berufen tenden-

Bewältigung von Burnout und beruflicher Deformation, Stuttgart [7]2008, 35ff und 69ff.

126 Vgl. *Klessmann, Michael / Lammer, Kerstin*, Das Kreuz mit dem Beruf. Supervision in Kirche und Diakonie, Neukirchen-Vluyn 2007, 66ff; zum effort-reward-imbalance-Modell (ERI) vgl. *Siegrist, Johannes, et al.*, Biological and Psychological Factors in Cardiovascular Disease, Berlin 1986, 104–126; Social Science & Medicine 22 (1986), 247.

127 Vgl. *Fengler*, a.a.O., sowie *Belardi, Nando,* Supervision. Grundlagen, Techniken, Perspektiven, München [2]2005, 65.

ziell prädisponiert), durch schlechtes Arbeitsklima, überzogene Konkurrenz, Missgunst oder Unzufriedenheit in der Mitarbeiterschaft;
belastete Arbeitsbeziehungen: Konflikte, Entwertung und Mobbing durch Vorgesetzte oder KollegInnen, etc.;
fehlende oder belastete private Beziehungen: fehlende Partnerschaft, mangelndes soziales Netz, mangelnde soziale Unterstützung, partnerschaftliche und familiäre Probleme und Konflikte, etc.

Je mehr dieser Belastungsfaktoren zusammentreffen und je länger jemand ihnen ausgesetzt ist, desto größer ist die Burnout-Gefährdung. Die Neurobiologie bestätigt insbesondere zwei der o.a. Befunde: Neben hoher Arbeitsbelastung seien es vor allem die Faktoren *fehlende Stabilisierung durch soziale Beziehungen* und *Effort-Reward-Imbalance*, die sich psychovegetativ belastend auswirken. Das ergebe sich »aus der neurobiologischen Tatsache, dass das menschliche Gehirn die Qualität der jeweiligen zwischenmenschlichen Beziehungen, in denen wir uns befinden, evaluiert und mit biologischen Reaktionen beantwortet … Chronisch belastete zwischenmenschliche Beziehungen, insbesondere fehlende Wertschätzung bei gleichzeitig hohem Arbeitsdruck, inaktivieren die hirneigenen Motivationssysteme und mobilisieren die Stress-Systeme …«. *Demnach ist besonders Burnout-gefährdet, wer weder (persönliche und berufliche) Beziehungen noch die erhaltene berufliche Anerkennung als erfüllend erlebt.*[128]

Die Kenntnis der o.a. Faktoren dient SupervisorInnen zur Einschätzung des Burnout-Risikos ihrer SupervisandInnen und weist natürlich auch Wege zu möglichen Schutzmaßnahmen auf (vgl. u. unter 5.). Und umgekehrt: Die jeweiligen *Gegenteile* zu den o.a. Risiko-Faktoren sind protektive Ressourcen, die den SupervisandInnen zur Verfügung stehen. Sie sind ebenso zu identifizieren und zu nutzen.

2. Das Burnout-Phänomen deutend verstehen

a) auf der gesellschaftlichen Ebene der Entwicklung von Arbeitswelten

»Gerade im Gesundheitswesen hat der Faktor Stress extrem zugenommen. Renditen erhöht man in der Regel nur, wenn man mit weniger Personal mehr Patienten versorgt«, sagt Klaus-Dieter Sparr, emeritierter Chefarzt einer Kinderklinik, der sich just freiwillig in den vorzeitigen Ruhestand zurückgezogen hat. Vor zwanzig Jahren versorgten auf seiner Kinderstation mit ca. 60 Betten elf ÄrztInnen mit vol-

128 Vgl. *Bauer, Joachim, et al.*, Belastungserleben und Gesundheit im Pfarrberuf. Eine Untersuchung in der Evangelischen Landeskirche in Baden, in: Deutsches Pfarrerblatt 9/2009, 460–466, hier 460. S.a. *ders., et al.*, Burn-out und Wiedergewinnung seelischer Gesundheit am Arbeitsplatz, in: Psychther. Psych. Med 53, 2003, 213–222 sowie *ders.*, Prinzip Menschlichkeit: Warum wir von Natur aus kooperieren, München 2008.

len Planstellen jährlich ca. 1000 PatientInnen; heute gibt es dort noch 5,5 ärztliche Planstellen und 28 Betten, die aber jährlich mit 1600 PatientInnen ausgelastet werden. »Besser lässt sich Verdichtung von Arbeit nicht illustrieren«, sagt Sparr.[129]

Nachstehend werden die gesellschaftlichen Entwicklungen der Arbeitswelten zunächst arbeitssoziologisch, dann theologisch betrachtet, um sie nach pastoralpsychologischer Manier interdisziplinär in deutende Rahmen einordnen zu können.

Aus *arbeitssoziologischer* Perspektive sind die mit den Stichwörtern »Arbeitsverdichtung«, »Kannibalisierung«, »Entgrenzung des Erwerbslebens« und »Verbetrieblichung der Lebensführung« beschriebenen Sachverhalte kennzeichnend für die gesellschaftliche Entwicklung von Arbeitswelten.[130]
»Arbeitsverdichtung« bedeutet: Immer weniger Menschen leisten immer mehr Arbeit in immer kürzerer Taktung, und dabei muss ihre Arbeitsleistung immer höheren Anforderungen genügen.
Gleichzeitig werden und bleiben immer mehr andere Menschen (ungewollt) arbeitslos oder erkranken arbeitsbedingt, sodass die Teilhabe an Beschäftigungs- und Erwerbschancen immer ungleicher verteilt ist. Die junge, nachrückende Generation von Arbeitskräften (publizistisch schon als ›Generation Praktikum‹ betitelt) gelangt immer später in berufliche Stellungen, die ihnen eine altersgemäße Verantwortung und Gratifikation bietet. Dadurch verschiebt sich heute die Adoleszenz bis weit in die dreißiger Jahre von Biografieverläufen, und Familiengründungen werden durch wirtschaftliche und räumliche Instabilität erschwert. Nicht nur für BerufseinsteigerInnen, sondern generell für abhängig Beschäftigte gilt, dass sie immer seltener stabile, arbeitsrechtlich abgesicherte Planstellen haben, denn Beschäftigungsverhältnisse nehmen immer öfter immer stärker flexibilisierte Formen an: Teilzeitbeschäftigungen, befristete Verträge, Teilselbstständigkeiten, etc. Beschäftigungs-Verhältnisse werden damit oft prekär. Diejenigen, die Arbeitsplätze haben, müssen oft hohem Druck und hohen Anforderungen an ständige, flexible Verfügbarkeit standhalten, um ihre Arbeit zu behalten. Die *»Kannibalisierung«* am Arbeitsplatz nimmt zu, d.h. Konkurrenz, Ausbeutung und Selbstausbeutung.
Was früher als singulär für die drei klassischen Professionen PfarrerInnen, ÄrztInnen und JuristInnen (ggf. noch SoldatInnen) beschrieben wurde, wird inzwischen auch von vielen anderen Erwerbstätigen in

129 Zit. nach: Jetzt mal langsam, in: DER SPIEGEL 30/2011, 58–69.

130 Vgl. zum Folgenden *Lammer,* in: *Klessmann/Lammer* 1997, 68ff sowie: *Gröning, Katharina,* Supervision und Coaching, in: Forum Supervision 29, 2007, 4–16; *Jähnichen, Traugott,* Artikel »Arbeit«, in: *Honecker, Martin, et. al.* (Hg), Evangelisches Soziallexikon. Stuttgart 2001, 56–67; *Le Goff, Jacques / zur Mühlen, Karl-Heinz / Honecker, Martin / Brakelmann, Günther,* Art. Arbeit V – VIII, TRE Bd. III, Berlin / New York 1978, 613–669.

verantwortlichen Positionen verlangt: immer im Dienst, immer abrufbar, immer repräsentativ für die Firma einstehend und immer auf ihre »Totalrolle« behaftbar. Zwar sind die offiziellen, tariflichen Wochenarbeitszeiten gesunken. Aber das Level inoffizieller, oft unvergüteter Mehrarbeit steigt – Überstunden sind laut vielen Arbeitsverträgen »selbstverständlich« und werden nicht gesondert kompensiert. In keinem EU-Land klaffen vertraglich vereinbarte und tatsächliche Arbeitszeiten so sehr auseinander wie in Deutschland. Darüber hinaus haben hierzulande 88 Prozent der Arbeitsnehmer keinen regulären Feierabend, z.T. auch keine verlässlichen freien Tage mehr, weil sie ständig zu flexiblen Zeiten einsetzbar und mobil erreichbar sein müssen (über Handy oder Emails, die inzwischen die größten Zeitfresser im Arbeitsleben und einer der Hauptfaktoren der Beschleunigung von Arbeitsprozessen sind).[131] Lebenslanges Lernen (»LLL«), d.h. ständige Weiterbildung und Weiterqualifizierung gehört zum Standard und muss oft außerhalb der betrieblichen Arbeitszeiten bzw. zusätzlich dazu geleistet werden. Die Arbeit wird zum zentralen Lebensinhalt; Freizeitgestaltung und privates Leben treten zurück – das ist mit den Begriffen *»Entgrenzung des Erwerbslebens« und »Verbetrieblichung der Lebensführung«* gemeint.[132]

Aufgrund der zahlreichen arbeitsbedingten Erkrankungen sowie der betriebs- und volkswirtschaftlichen Schäden, die daraus resultieren, setzen inzwischen vereinzelt auch Prozesse des Umdenkens und Gegentrends ein: Die Deutsche Telekom hat für ihre Führungskräfte z.B. ein »Smartphone-Verbot« am Wochenende eingeführt. Adidas lässt in der Niederlassung in Hongkong, nachdem die Mitarbeitenden auch nach verschiedentlichen Aufforderungen ihre Büros nach Feierabend nicht verließen, abends den Strom abstellen. Der Lübecker Marzipan-Fabrikant Niederegger hält mehrmals täglich die Fließbänder in der Produktion zwecks Pausen-Gymnastik der ArbeiterInnen an. BASF bot Mitarbeitenden ein Gesundheitsprogramm an und stellte in einer vergleichenden Langzeitstudie fest, dass das vorruhestandliche Mortalitätsrisiko bei den Teilnehmenden gegenüber den nicht-Teilnehmenden um 17 sank. Andres Gensel, Betriebspsychologin und Gründerin der Unternehmensberatung CarpeDiem24, bietet Firmen ein Employee Assistance Program (EAP) an, in dessen Rahmen Mitarbeitende sich mit arbeitsbedingten Problemen jederzeit anonym an externe BeraterInnen wenden können. Als Burn-out-Experten beschäftigt sie u.a. den ehemaligen schleswig-holsteinischen Ministerpräsidenten und SPD-Kanzlerkandidaten Björn Engholm, der aufgrund seiner konsequenten kulturbezogenen Freizeitgestaltung in seiner Amtszeit als Angehöriger der »Toskana-Fraktion« diffamiert wurde – heute ist sein Rat zur Begrenzung der Arbeitszeit, zum Einhalten schöpferischer Pausen und zum Aufsuchen externer Impulse, die die Selbstregulierungsfähigkeit und die Kreativität erhöhen, gefragt.

131 So stellte lt. DER SPIEGEL, a.a.O., 60f eine von EU-Kommisar Làszló Andor in Auftrag gegebene Studie aktuell fest.

132 Vgl. *Gröning*, a.a.O., 3–6 im Anschluss an *Wagner, Alexandra,* Arbeiten ohne Ende, in: Institut und Technik (IAT), Jahrbuch 1999/2000, 261ff, sowie *Oechsle, Martin,* Keine Zeit – (k)ein deutsches Problem, in: *Hochschild, Arlie,* Keine Zeit. Wenn die Firma zu Hause wird und zu Hause nur Arbeit wartet, Opladen 2002.

Aus *theologischer* Perspektive ist zunächst festzustellen, dass der hohe Stellenwert, den berufliche Arbeit heute in unserer Gesellschaft hat (einschließlich positiver und negativer Implikationen dieser Hochschätzung), maßgeblich auf geistesgeschichtliche Einflüsse der evangelischen Theologie zurückzuführen ist. So geht schon der Begriff »Beruf« samt dem dahinter stehenden Begriffsverständnis direkt auf Martin Luther zurück und stellt eine geistes- und kulturgeschichtlich kaum zu überschätzende Neuerung dar.
Denn in der griechisch-römischen Antike galt Arbeit als der »Leute« (d.h. der ›*eloiteroi*‹, der freien Bürger) unwürdig und wurde nur von Unfreien und Sklaven verrichtet. Noch im Mittelalter wurde Arbeit bestenfalls als notwendiges Übel angesehen, um Nahrung zu beschaffen, den Leib zu zähmen und Müßiggang zu überwinden; generell stand in der gesellschaftlichen Bewertung die arbeitsame ›*vita activa*‹ so deutlich unter der beschaulichen ›*vita contemplativa*‹ wie die arbeitenden Stände unter dem geistlichen Stand, d.h. dem Klerus, standen.[133] Dagegen betrachtet der Protestantismus nach Martin Luther *alle* getauften Christen als in den geistlichen Stand erhoben (›Priestertum aller Getauften‹). Das hängt ganz wesentlich damit zusammen, dass Luther jeden Menschen als von Gott in seinen jeweils eigenen geschichtlichen Stand und an seinen sozialen Ort *berufen* sieht. Jeder Christ soll in seinem Amt und Stand seine Arbeit als ›*Beruf*‹ im Sinne einer Berufung ausüben – *zur Ehre Gottes und zum Wohl des Nächsten.*[134] Hierin liegen zwei theologische bzw. geistesgeschichtliche Neuerungen: erstens, dass der Arbeit generell eine hohe sittliche Würde zuerkannt wird; und zweitens, dass jetzt jeder Berufstätigkeit der *gleiche* sittliche Wert beigemessen wird. Jede verantwortliche berufliche Arbeit, die dem Einzelnen und der Allgemeinheit dient, ist nach Luther und praktizierte Nächstenliebe und Gottesdienst.

Die hohe Dignität, die die Reformation der beruflichen Arbeit verleiht, hebt auch die Dignität der berufstätigen Menschen. In der Folge steigt das Selbstbewusstsein von Bürgern und Arbeitern gegenüber dem Adel und dem Klerus an. Von seiner Hände Arbeit zu leben, wird ehrenhaft – »Arbeit schändet nicht«. Dies ist ein wichtiger Beitrag der evangelischen Theologie zur kultur- und sozialgeschichtlichen Entwicklung moderner Gesellschaften.

133 Die Ordensregel des Benedict (›ora et labora‹) sticht hier zukunftsweisend hervor.
134 Vgl. WA 52,62,31–34 sowie 470f. Als biblische Begründungen sind atl. etwa Gen 1,28 (Berufung zum dominium terrae) oder Pred 3,22: »So sah ich denn, dass nichts Besseres ist, als dass ein Mensch fröhlich sei in seiner Arbeit; denn das ist sein Teil« (vgl. a. EG 443,7) heranzuziehen oder ntl. das Gleichnis von den anvertrauten Talenten in Mt 25,14ff / Lk 19,12ff sowie das Arbeitsgebot in 2Thess 3,10 (»Wer nicht arbeiten will, soll auch nicht essen«).

Aber durch den Calvinismus bzw. durch den englischen Puritanismus wird das lutherische Berufsverständnis in problematischer Weise ergänzt: Hier wird der Kategorie des *Erfolgs* der Arbeit theologische Bedeutung verliehen. Denn nach Calvin hängt der Erfolg der Arbeit allein vom Segen Gottes ab.[135] Im Umkehrschluss kann im Calvinismus der Erfolg als sichtbares Zeichen des Gnadenstandes resp. der Erwählung aufgefasst werden. Will man aber am beruflichen Erfolg ablesen können, ob jemand gesegnet ist, kann das zu einem übersteigerten protestantischen Arbeitsethos führen (das quasi eine protestantische Variante der katholischen Werkgerechtigkeit darstellt).

Parallelen zu einem überzogenen protestantischen Arbeitsethos calvinistischer Prägung finden sich in einem über-ökonomisierten Arbeitsverständnis, wie es im Anschluss an John Locke bei Adam Smith im 18. Jh. entwickelt und von der Arbeiterbewegung im 19. und 20. Jh. übernommen und überboten wurde: Nicht mehr die Privilegien von Adel, Geistlichkeit und Kapital machen die Bestimmung des Menschen aus, sondern die Arbeit (jetzt mit Erwerbsarbeit gleichgesetzt). Erwerbsarbeit soll die wachsenden Bedürfnisse in der Bevölkerung stillen und den allgemeinen Wohlstand steigern. Eine bürgerliche Leistungsgesellschaft entsteht, in der das Einkommen eines Menschen und seine Stellung in der Gesellschaft vom ökonomischen Wert (bzw. von der Vergütung) seiner Arbeitsleistung abhängen – und in der Folge auch seine soziale Sicherheit, seine Altersversorgung, seine Aufstiegschancen und seine Partizipationsmöglichkeiten in der Gesellschaft.

Dieses Leistungsprinzip steht in einer inhaltlichen Spannung zur evangelischen Rechtfertigungslehre, d.h. zur zentralen Leitidee Luthers, dass der Mensch nicht durch seine Werke, sondern aus Gottes Gnade gerechtfertigt wird – er ist mehr und anderes als das, was er leisten und sich erarbeiten kann (vgl. dazu in diesem Band auch den Beitrag zum christlichen Menschenbild). Weiterhin steht das Leistungsprinzip, wenn es verabsolutiert wird, in Spannung zur christlichen Schöpfungslehre: Die welterschaffende Arbeit des Schöpfers gilt zwar als Vorbild für die Arbeit des Menschen: Der biblische Auftrag Gottes, der Mensch möge die Erde bebauen und beherrschen, ist als Auftrag zur Mitarbeit an der Schöpfung zu verstehen. Zugleich aber setzt die Bibel einen Kontrapunkt: Am siebten Tag ruht Gott von seiner Arbeit. Daher soll auch der Mensch am siebten Tag von der Arbeit ruhen. (Ähnliches verordnet der Islam mit seiner Forderung, die Arbeit fünfmal am Tag für ein Gebet und mindestens einmal im Leben für eine Wallfahrt in Richtung Mekka zu unterbrechen.) Nicht der Mensch mit seinem Auftrag zum dominium terrae (zum Bearbeiten und Beherrschen der Erde),

135 Vgl. CR 30, 671.

sondern die Ruhe Gottes ist die Krone der Schöpfung. Das Gebot zur Heiligung des Feiertags steht theologisch in einem engen Zusammenhang mit dem Gebot zur Heiligung Gottes: Die Unterbrechung des (Arbeits-)Alltags, das Inne*halten* dient dem Inne*werden* dessen, was die Wirklichkeit Gottes, d.h. des Lebens selbst ist – nämlich mehr und anderes als das, was der Mensch Kraft seiner selbst herstellen und »machen« kann. Sie dient mithin dazu, dass Menschen nicht nur funktional verzweckt leben und sich darin schnell erschöpfen, sondern auch relational: bezogen auf Mitmenschen, Umwelt und den Sinngrund (»ultimate concern«) ihres Seins.

Der Konvergenzpunkt der verschiedenen o.a. theologischen Aspekte ist der folgende:
Aus Sicht der christlichen Theologie wird der Arbeitsauftrag an den Menschen durch das Sabbatgebot begrenzt. Zuallererst damit und darüber hinaus durch weitere, nachstehend genannte Prinzipien christlicher Sozialethik bieten Religion und Theologie heilsame Korrektive zu Leistungsprinzip und überzogenem Arbeitsethos. Es ist nicht zuletzt den Kirchen zu verdanken, dass die sozialen Härten des Leistungsprinzips durch sozialethische Prinzipien wie Lohn- und Tarifgerechtigkeit und Sozialpartnerschaft sowie durch soziale Sicherungssysteme abgefedert werden. Seit etwa 1950 wird darüber hinaus der sozialethische Grundsatz vertreten, dass man nicht nur *von* der Arbeit, sondern auch *in* der Arbeit leben können müsse. In einer Gegenbewegung zu Taylorismus und Fordismus, in denen die Arbeit zwecks Erhöhung der Produktivität radikal rationalisiert und technisiert und Produktionsabläufe in kleinste, genormte und getaktete Arbeitsschritte zerlegt wurden und der Mensch zum Rädchen im Getriebe wurde, schreiten jetzt die Entwicklung des Arbeitsrechts, der Humanisierung von Betriebsabläufen und der betrieblichen Mitbestimmung fort.

Die Entwicklung der Gesellschaft zur Arbeits- und Leistungsgesellschaft war dadurch aber nicht aufzuhalten. Das gilt mit Einschränkungen (z.B. hinsichtlich der Gratifikationen von Arbeit und der gesellschaftlichen Aufstiegschancen durch Arbeit) sogar für den sozialistischen Ostteil Deutschlands: Sogar Karl Marx sieht (obwohl er die »Entfremdung« der Arbeit kritisiert, die durch Kapitalismus und extreme Arbeitsteilung entsteht) in der Arbeit »nicht nur Mittel zum Leben, sondern selbst das erste Lebensbedürfnis«.[136]
Seit ca. 1970 sind die Ökonomisierung der Gesellschaft und die einseitige Hochschätzung der Erwerbsarbeit aus feministischer, zivilgesellschaftlicher, ökologischer und theologischer Perspektive immer wieder kritisiert worden. Wie berechtigt diese Kritik ist, zeigen neuere Ent-

[136] Zit. nach *Jähnichen* 2001, 58.

wicklungen: Inzwischen sind die Systemlogiken der Arbeitsgesellschaft durch neue Informations- und Kommunikations- Technologien, durch Globalisierungsprozesse, durch ökologische Katastrophen, durch transnationale Finanzkrisen, durch Massen- und Langzeitarbeitslosigkeit auf der einen, Arbeitsverdichtung und Zunahme stressbedingter Erkrankungen auf der anderen Seite in die Krise geraten. Die Burnout-Epidemie ist eines der Symptome dieser Krise.

Als *pastoralpsychologisches Fazit* ergibt sich aus den o.a. arbeitssoziologischen und theologischen Aspekten:
Die starke Zunahme von Burnout und Burnout-Gefährdung zeigt fehlgeleitete Entwicklungen an: Als Folge der Über-Ökonomisierung der Gesellschaft haben die Überbewertung und die Entgrenzung der Arbeit inzwischen offenbar ein Maß erreicht, dem viele Menschen nicht mehr standhalten können. Systemisch betrachtet, sind nicht die erkrankenden Menschen das Problem, sondern die Kontextbedingungen, die sie krank machen.
Dabei sind berufliche Arbeit[137] und deren Hochschätzung an sich positiv zu beurteilen. Denn Arbeit hat nicht nur die Funktion, die ökonomische Grundsicherung von Gesellschaften und Individuen zu sichern oder deren Wohlstand zu mehren. Als *Beruf* bietet sie auch Möglichkeiten der Selbstentfaltung in dem Sinne, dass die eigenen Talente und Potenziale entwickelt und für das Gemeinwesen fruchtbar gemacht werden, dass Gaben für sinnvolle Aufgaben eingesetzt werden können etc. Aber wo dies nicht mehr der Fall ist, wo Arbeit zu sehr entgrenzt und der arbeitende Mensch nur noch funktionalisiert wird, ist Kritik gefordert. Jede Form eines totalen Arbeitslebens, auch jede Form einer beruflichen Totalrolle ist entschieden abzulehnen, ob sie von Berufschristen[138], Berufsmanagern oder anderen Berufstätigen gefordert wird. Sie ist ebenso unmenschlich wie unwirtschaftlich (vgl. o.). Sie macht krank, sie macht fehleranfällig, sie erstickt Sozialität, Energie und Kreativität. Das Ruhen von der Produktivität dient der Sozialität. Das Ruhen von der Kreativität dient der Rekreation.
Die zivilrechtlich verankerte Sonn- und Feiertagsruhe ist eine der größten kultur- und sozialgeschichtlichen Errungenschaften der christlichen Theologie. Sie fordert, legitimiert und stützt, was sich durch die

[137] Das Verhältnis von Erwerbstätigkeit auf der einen und ehrenamtlicher Arbeit bzw. Freiwilligendiensten oder bürgerschaftlichem Engagement, Familienarbeit, Eigenarbeit etc. auf der anderen Seite wird hier nicht explizit differenziert. Natürlich kann es auch in anderen Arbeitszusammenhängen als nur im Zusammenhang der Erwerbstätigkeit zu Überforderung, Überengagement und vor allem zu mangelnder Anerkennung kommen. Bislang ist aber vorwiegend die Erwerbsarbeit Gegenstand von Supervisionsprozessen.
[138] Zur Begrenzung der Totalrolle und der beruflichen Aufgaben im Pfarrberuf, insbesondere im Teilzeitdienst vgl. *Wagner-Rau*, 2000

Krise der Arbeitsgesellschaft erneut als unverzichtbar erwiesen hat: die regelmäßige Unterbrechung und Begrenzung der beruflichen Arbeit. Hierbei handelt es sich um eine der wichtigsten Maßnahmen zur Gesundheitsförderung und zur Qualitätssicherung.

3. Das Burnout-Phänomen deutend verstehen

b) auf der Ebene der betroffenen Personen (und Organisationen)

Entsprechend den o.a. Entwicklungen in der Arbeitswelt ist ein neuer Typus von ArbeitnehmerInnen gefordert: flexibel, reaktionsschnell, ebenso anpassungsfähig wie initiativ, lernbereit und mobil. Dies geht zulasten von Kontinuität sozialer Beziehungen, von Identität sowie von Loyalität und der Bereitschaft, bindende Verpflichtungen in der Lebenswelt einzugehen.[139] Der Arbeitnehmer wird zum »Arbeitskraftunternehmer«, der sich selbst vermarktet und sein Angebot (die Ware Arbeitskraft) ständig wechselnden Anforderungen anpassen muss.[140] Dabei wird von ihm ständige Selbst-Maximierung verlangt. »Selbst-Organisation, Selbst-Steuerung, Selbst-Optimierung, Selbst-Führung, Selbst-Verantwortung umgesetzt durch Selbst-Beobachtung, Selbst-Beschreibung, Selbst-Reflexion, Selbst-Management, Selbst-Modellierungsprozeduren, Selbst-Fortbildung, Selbst-Vermarktung, Selbstbemächtigung und mit der Selbst-Überbietung zur Selbst-Verobjektivierung mit perfektem Selbst-Entwurf und perfekter Selbst-Darstellung«[141] – diese heute üblichen Appelle an den Arbeitkraftunternehmer bedingen eine konstitutive Selbst-Überforderung. Denn weder kann man auf Dauer das perfekte Selbst sein, noch kann man dem Anspruch, es zu sein, entrinnen. Das generiert Ruhelosigkeit und perpetuierte Gefühle von Unzulänglichkeit.
Supervision dient hier generell zur Unterbrechung des ruhelosen Getrieben-Seins, zur Bewusstmachung der o.a. Paradoxie, zur Distanzierung von nicht erfüllbaren Ansprüchen, zur Stärkung von Selbst-Aufmerksamkeit und Selbst-Bewusstsein und zum Austarieren von Bewältigungsstrategien zwischen Anpassung und Eigensinn.

Zur näheren Deutung der Erkrankungsursachen unter den oben skizzierten Bedingungen liegen epidemiologische, soziologische und psy-

139 Vgl. *Sennet, Richard,* Der flexible Mensch. Die Kultur des neuen Kapitalismus, Berlin 1998.
140 Vgl. *Hausinger, Brigitte*, Supervision: Organisation – Arbeit – Ökonomisierung. Zur Gleichzeitigkeit des Ungleichzeitigen in der Arbeitswelt, München/Mering 2008, 151ff.
141 Vgl. a.a.O., 160.

chologische Beiträge vor, aus denen sich auch Ansätze zur Burnoutprophylaxe ableiten lassen:[142]

- Die kognitive Stress-Theorie nach Lazarus et al.: Stress entsteht dann, wenn die durch eine Situation gestellten Anforderungen die Bewältigungsressourcen eines Individuums oder eines sozialen Systems ausschöpfen oder übersteigen. Hierbei handelt es sich aber nicht um eine objektive, sondern um eine subjektive Verhältnisbestimmung: Die *wahrgenommenen* Situationsanforderungen erschöpfen oder übersteigen die *wahrgenommenen* Bewältigungsressourcen (das macht den »kognitiven« Faktor der kognitiven Stress-Theorie aus). Daher kann Stress auch dadurch reduziert werden, dass man die eigene (Wahrnehmungs-)einstellung bei der Bewertung von Anforderungen und Ressourcen ändert (vgl. u. unter 5.).
- Das Job Demand Control Modell nach Karasek und Theorell: Hier wird eine Wechselwirkung zwischen hohen Arbeitsanforderungen und geringen Handlungs- und Entscheidungsspielräumen als Erkrankungsursache beschrieben. Nicht der Arbeitsdruck an sich, sondern die fehlende Autonomie ist also der Stressor. Daher kann arbeitsbedingter Stress durch Autonomieentwicklung reduziert werden.
- Das Gratifikationsdefizitmodell nach Siegrist wurde oben schon benannt. Hier liegt der Lösungsansatz im Erschließen von Wertschätzung und Anerkennung.
- Das Allostatic Load Modell nach McEwen beschreibt die biochemische Regulation von Stresshormonen. Hier ist zu beobachten, dass unter Belastung gestörte oder zu kurze Erholungsphasen das Erkrankungsrisiko erhöhen. Konsequenterweise führt das zum Lösungsansatz einer Pausen- und Erholungskultur.
- Das Salutogenesemodell nach Antonovsky wurde in diesem Band bereits im Beitrag »Kalter Schweiß auf dem Rücken« erläutert. Hier geht es darum, einen Zusammenhangssinn (»Kohärenzgefühl«) zu entwickeln, um Stressoren gewachsen zu sein. Dieser wird konstituiert durch das Gefühl, dass die Wirklichkeit (hier: der Arbeitskontext) ausreichend verstehbar, bewältigbar und sinnhaft ist.

Auf alle hier genannten Bewältigungshilfen komme ich unten in Teil 5. zurück.

Theologisch ist zu betonen, dass der Mensch aus christlicher Sicht zwar (auch) in der Arbeit seine Talente einsetzen, aber keineswegs perfekt sein soll oder kann. *In pastoralpsychologischer Supervision ist danach zu fragen, inwieweit der Supervisand seine jeweilige Arbeit als sinnvollen Dienst an Gott und den Mitmenschen begreifen kann (mit dieser*

142 Vgl. zur folgenden Übersicht *Engelhardt-Schagen, Marianne*, Betriebliches Gesundheitsmanagement und Supervision, in: DGSv aktuell 1/2010, 17–20.

Frage ist ein herrschafts- bzw. kapitalismuskritisches Element verbunden) und (nachdem wir heute nicht mehr ständisch, sondern individuell-existentiell denken) inwieweit er in seiner beruflichen Arbeit auch seine persönliche Berufung, die eigenen Charismen und die Verwirklichung (nicht die Perfektionierung) des eigenen Selbst umsetzen kann.

4. Zur Feldkenntnis spezieller Risiken und Chancen in kirchlichen Arbeitsfeldern und Berufen

Die Burnout-Gefährdung in kirchlichen Arbeitsfeldern und Berufen ist meines Wissens empirisch nur im Blick auf die evangelische PfarrerInnenschaft erfasst (vgl. u.). Für alle kirchlichen Berufsgruppen können jedoch allgemeine Erkenntnisse über Belastungsfaktoren in kirchlichen Arbeitsfeldern benannt werden.

Dazu zählen zunächst Faktoren, die aus der *krisenhaften Stellung der Kirchen in der Gesellschaft* resultieren – allen voran die abnehmende Kirchenbindung und der Bedeutungsverlust von Kirche, Theologie und kirchlicher Arbeit. Zwar ist in der »postsäkularen« Gesellschaft[143] ein wieder erwachtes Interesse an Religion und Religiosität festzustellen – jedoch in vielfältigen eklektischen, synkretistischen, esoterischen und privaten Ausprägungen und vielfach ohne Kirchenbezug. Trug früher das kirchliche Amt die Person, die es innehatte, so muss heute die Person, die einen kirchlichen Beruf hat, das Amt tragen. Sie muss die Relevanz und Plausibilität von Theologie und Kirche stets durch ihre persönliche Glaubwürdigkeit unter Beweis stellen. (Dass ihr dies gelang, machte die große Beliebtheit der ehemaligen Landesbischöfin und EKD-Ratsvorsitzenden Margot Käßmann aus.) Die gesellschaftliche Anerkennung für kirchliche Berufe und diejenigen, die sie ausüben, ist generell gesunken. Ebenso gesunken sind in vielen evangelischen Landeskirchen die Gehälter, während zugleich die Arbeitsbelastung durch Stellenstreichungen (und wachsende Problemlagen in der Bevölkerung) gestiegen ist. All diese Faktoren bewirken die von Siegrist als Risikofaktor identifizierte effort-reward-imbalance im kirchlichen Beruf. Zugleich erleben viele im kirchlichen Bereich arbeitende Menschen die von Burnout-Experten gefürchtete »Wirkungslosigkeit« ihrer

143 Den Begriff der »postsäkularen Gesellschaft« prägte der deutsche Philosoph *Jürgen Habermas* in seiner im Jahr 2001 kurz nach den Attentaten des 11. September gehaltenen Rede anlässlich der Verleihung des Friedenspreises des Deutschen Buchhandels. Der 11. September hat gezeigt, dass auch nach allen Säkularisierungsprozessen in einer globalisierten Welt Religion transnational eine machtvolle, motivationssteuernde Rolle spielt und nach wie vor bis hin zu internationalen Konflikten führt. Die Auffassung, Religion sei Privatsache, ist widerlegt worden. Die Frage, wie viel Religion die Gesellschaft brauche, sind abzulösen durch Fragen wie: Welche Inhalte von Religion, welche Verständigung zwischen den Religionen sind lebensförderlich?

Arbeitsanstrengungen, wenn sie aufgrund der Finanz- und Strukturkrise der Kirche in immer neuen Runden mit der Erstellung immer neuer Synergie- und Sparkonzepte beauftragt werden, die aber, kaum dass sie mühsam erstellt sind, schon wieder obsolet werden.

Erschwerend kommen Belastungsfaktoren dazu, die speziell in *Unternehmenskultur und Felddynamik* von Kirche und Diakonie begründet liegen. Elisabeth Fernkorn, Supervisions-Ausbilderin am Evangelischen Zentralinstitut für Ehe-, Familien- und Lebensberatung in Berlin, nennt hier zwei Tendenzen:

- ein übersteigertes protestantisches Arbeitsethos in Gestalt einer »gehorsamen Dienstbarkeit und einer Tendenz zur Selbst- und Fremdausbeutung« (dazu und zu theologischen Korrektiven vgl. o.), sowie
- ein Familiaritäts- bzw. Gemeinschaftsprinzip, das eine Hemmung von Aggression, Stärke und Wettbewerb bewirke und in der »Unerbittlichkeit verdeckter Aggression«, in Fatalismus und Resignation resultiere.[144]

Martin Weimer, Leiter der Evangelischen Beratungsstelle in Kiel, konstatiert

- eine mehrheitliche Erwartung der Kirchenmitglieder, Kirche möge ihnen die Erfahrung stabilisierender Re-Integration bieten und dadurch zur Stabilisierung und Bewahrung ihrer Identität beitragen. Kirche werde von den Mitgliedern als »haltende Umwelt« i.S. Donald W. Winnicotts gebraucht. Jede (strukturelle) Veränderung werde von den Mitgliedern tendenziell als Bedrohung der haltenden Funktion erlebt und deshalb abgewehrt. Reformdruck von oben und Reformabwehr von unten bringe insbesondere reformwillige PfarrerInnen in Zwickmühlen, auf die sie psychisch mit Kränkung und Aggression reagierten, ohne dass diese Gefühle in der Organisation kommuniziert werden könnten.[145]

144 Vgl. *Fernkorn. Elisabeth,* Supervision in kirchlichen Arbeitsfeldern – Was sollten SupervisorInnen können – was können sie im EZI lernen?, in: Fokus Beratung. Informationen der evangelischen Konferenz für Familien- und Lebensberatung e.V., Fachverband für Psychologische Beratung und Supervision 5/2003, 131ff, hier 132f.

145 Dahinter steht bei Weimer das psychoanalytische Konzept der »haltenden Funktion« nach Donald W. Winnicott. Soweit ich Weimers These hier skizziert habe, stimme ich ihr zu. Skeptisch stehe ich Weimers weitergehenden These gegenüber, die Kerngemeinden der Kirchen rekrutierten sich überwiegend aus traumatisierten Menschen, die Veränderungen abwehren müssen, weil sie sie mit Re-Traumatisierung bedrohen. Vgl. *Weimer, Martin,* Supervisoren und Supervisanden in der spezifischen Felddynamik kirchlicher Organisationen. Skizze einer Figuration. Von der narzisstischen Symptomatik kirchlicher Supervision zur Anerkennung supervisorischer Dependenz, in: Supervision, Heft 3/2010 Supervision in und aus der Kirche, hg. von *Ehmer, Susanne / Lammer, Kerstin*, 15–24, hier 18.

Auf eine *strukturelle Schwäche auf der Organisationsebene* der Evangelischen Kirche weist in der Supervisionsliteratur neuerdings wieder Katharina Witte, DGSv-Supervisorin und Organisationsberaterin aus Bremen, hin:

- Die strategische (synodale) Ebene der Organisation sei durch Laien besetzt, die operative durch Professionelle; dadurch ergebe sich ein »Kampf zwischen Fachlichkeit und Macht«.[146]
- Die komplizierte und ineffektive Organisationsstruktur zeige sich am deutlichsten in der pfarramtlichen Rolle: »Der Pastor ist Leitfigur der Gemeinde, aber nicht deren Leitung«, dennoch solle er (informell) leiten.[147] Es ergebe sich ein Missverhältnis von extremen Rollenerwartungen und Dienstverpflichtungen einerseits (durchschnittliche Wochenarbeitszeit von ca. 63 Stunden[148], Residenzpflicht im Pfarrhaus, Kontrolle der Lebensführung durch Leitungsgremien und vorgesetzte Behörden, Allzuständigkeit für alle Personen und Anliegen in der Gemeinde etc.[149]) und mangelnden Entscheidungskompetenzen andererseits. Ähnlich konstatiert die Praktische Theologin Isolde Karle in einer professionssoziologischen Untersuchung, der »package-deal«, also das Verhältnis zwischen Privilegien und (Verhaltens-)Zumutungen, »stimme nicht mehr«.[150]

Speziell für den **Pfarrberuf** liegen verschiedene **empirische Studien** zu Arbeitsbelastung und Burnoutgefährdung vor. Ein Überblick über ältere Studien bietet Andreas von Heyl in seiner Dissertationsschrift »Zwischen Burnout und spiritueller Erneuerung. Studien zum Beruf des Evangelischen Pfarrers und der evangelischen Pfarrerin« (Frankfurt 2003). Die meines Wissens neuste Studie in diesem Bereich ist die des Freiburger Hirnforschers Joachim Bauer aus dem Jahr 2009; sie ist besonders interessant, weil sie in Korrespondenz zu Bauers eigener Vergleichsstudie an schulischen LehrerInnen steht.[151]

146 Vgl. *Witte, Katharina*, Stolpersteine kirchlicher Strukturen. Oder: Wo steht eigentlich der Pastor im Organigramm?, in: Supervision 3/2010 (… in und aus der Kirche), hg. von *Ehmer, Susanne / Lammer, Kerstin*, 25–36, hier 28ff.

147 Vgl. aaO., 31.

148 Vgl. *Becker, Dieter,* Arbeitszeiten im heutigen Pfarrberuf. Empirische Ergebnisse und berufssoziologische Erkenntnisse, in: Deutsches Pfarrerblatt 2/2010, 80–85. S.a. *ders.*, Pfarrberufe zwischen Praxis und Theorie. Pastorale Berufstheorien im Widerstreit mit der empirischen Berufswirklichkeit, in: Deutsches Pfarrerblatt 10/2008, 524–530.

149 Vgl. dazu die kurze Zusammenfassung von *Winkelmann, Judith,* Wie viel ist 75 % von unendlich? Strukturelle Faktoren für Burnout als Herausforderung für die Supervision, in: Pastoraltheologie 100, 4/2011, 198–214.

150 Vgl. *Karle, Isolde*, Der Pfarrberuf als Profession. Eine Berufstheorie im Kontext der modernen Gesellschaft, Gütersloh 2001.

151 Vgl. *Bauer, Joachim, et al.,* Belastungserleben und Gesundheit im Pfarrberuf. Eine Untersuchung in der Evangelischen Landeskirche in Baden, in: Deutsches

Bauer et al. befragten im Jahr 2008 alle 893 damals aktiven PfarrerInnen der Evangelischen Landeskirche in Baden durch einen Fragebogen mit 92 Items, der relevante stressbedingte Symptome nach den drei o.a. Diagnoseinstrumenten MBI, ERI und GHQ enthielt und mit dem Statistikprogramm SPSS ausgewertet wurde. Der Rücklauf betrug mit 217 ausgefüllten Fragebögen ein knappes Drittel.[152] Die Auswertung der Befragung ergab:
18,2 % der Pfarrerinnen und 20,3 % der Pfarrer wiesen medizinisch relevante Gesundheitsstörungen nach GHQ auf – im Vergleich zu 30 % der von Bauer befragten Lehrkräfte. 10,1 % der PfarrerInnen und 20,8 % der LehrerInnen befanden sich im kritischen Bereich der Effort-Reward-Imbalance (ERI). Damit sind PfarrerInnen deutlich niedriger belastet als LehrerInnen, aber deutlich höher als der Bevölkerungsdurchschnitt. Als bessere protektive Faktoren (im Vergleich zu LehrerInnen) sind bei PfarrerInnen m.E. eine vergleichsweise hohe Autonomie im beruflichen Handeln, ein oft stabiles familiäres und soziales Netz (teilweise auch durch die beruflichen Beziehungen gestützt) und die mit der beruflichen Fachlichkeit gegebene hohe Reflexionsstufe im Bereich von Lebenserfüllung, Lebenssinn und Sinn der beruflichen Tätigkeit sowie der Ambiguitätstolerenz zu vermuten. Als (gegenüber dem Bevölkerungsdurchschnitt) erhöhte Risiken sind für den Pfarrberuf wohl die o.a. Belastungsfaktoren anzusehen, die z.T. auch auf andere kirchliche Berufsgruppen zutreffen.

In Bauers Studie traten darunter empirisch besonders folgende Faktoren als ***besonders negativ*** hervor:[153]
Das Erleben von *»Erfüllung«* im Pfarrberuf (nach MBI) wird deutlich herabgesetzt, wenn folgende Faktoren vorliegen: eine Teildeputatsstelle und/oder ein großer Deputatsanteil an Religionsunterricht. Zudem sinkt das Erleben von Erfüllung im Pfarrberuf mit zunehmendem Lebens- und Dienstalter.
Der stärkste Einflussfaktor auf gleich mehrere Parameter, nämlich: »fehlende berufliche Erfüllung« *und* »Erschöpfung« (nach MBI) *und* verschlechterte Gesundheitswerte (nach GHQ) ist eine
– erlebte Diskrepanz zwischen dem, was ausschlaggebend für die Berufswahl war, und dem, was als Realität des Berufsalltags bzw.

Pfarrerblatt 9/2009, 460–466, sowie *ders., et al.*, Working Conditions, Adverse Events and Mental Health Problems in a Sample of 949 German Teachers, in: Int. Arch. Occup. Health 80, 442–449.

152 Diese Rücklaufquote von 24 % kann nur knapp als repräsentativ gelten, wirft aber auch die Frage auf, ob evtl. durch Selbstselektion ein positiv verfälschtes Ergebnis zustande kam. Denn es ist nicht unwahrscheinlich, dass vorwiegend die subjektiv weniger belasteten PfarrerInnen geantwortet und die subjektiv stärker belasteten sich der zusätzlichen Mühe des ausführlichen Tests nicht unterzogen haben.

153 Vgl. a.a.O.

»zwischen dem, was man beruflich gerne tun würde und was man tatsächlich tut«.

Als »besonders belastend« wurden genannt:

- die Überlappung von Dienst und Privatleben und
- die Arbeit mit Kindern und Jugendlichen, insbesondere im Religions- und Konfirmationsunterricht.
- Besonders erhöhte Werte im Bereich der Depersonalisation wiesen diejenigen PfarrerInnen auf, die
- die Zusammenarbeit mit dem Leitungsgremium ihrer Gemeinde
- als schwierig erlebten (vgl. o. zur unklaren Organisationsstruktur).

Insgesamt zeigt sich, dass in kirchlichen Berufen erhöhte Belastungen bestehen, die – trotz einiger protektiver Faktoren, die noch höhere Erkrankungsraten verhindern – zu einer gegenüber dem Bevölkerungs-Durchschnitt erhöhten Burnout-Gefährdung führen. Neben Krise und Ansehensverlust der Kirche, Problemen der Organisationsstruktur und der Organisationskultur im »Unternehmen« Kirche sind insbesondere vom Berufsbild abweichende Tätigkeiten und die fehlende Abgrenzung von Berufs- und Privatleben belastend.

5. Gesundheitsfördernde, heilsame Interventionen in der Supervision

Supervision hat nicht die Aufgabe, manifeste Burnout-Syndrome zu diagnostizieren oder zu heilen – das ist ärztliche Aufgabe. Supervision kann aber Burnout-Prophylaxe betreiben.

Der erste methodische Schritt dazu ist, die unter 1. genannten ***Burnout-Symptome*** bei SupervisandInnen zu erkennen bzw. ***erkennen*** zu ***helfen***, d.h. die Hypothese zu bilden, dass sie vorliegen, den SupervisandInnen diese Hypothese anzubieten und sie gemeinsam mit ihm zu überprüfen. Ggf. kann hierzu einer der o.a. Selbsttests angeboten werden.

Der zweite methodische Schritt ist, zu ***identifizieren, welche*** der unter 1. aufgeführten ***Risikofaktoren und*** *ihrer jeweiligen Gegenteile, der* ***protektiven Ressourcen, beim Supervisanden vorliegen***. Es ist nicht notwendig und nicht sinnvoll, dass SupervisorInnen dabei einer inneren Checkliste die Bilanz der gefährdenden und protektiven Faktoren quasi ohne die SupervisandInnen ziehen und eine Art ExpertInnenen-Diagnose stellen. Viel nützlicher ist es, die Faktoren offen und gemeinsam mit den SupervisandInnen abzugleichen. Das entspricht einer kooperativen Supervisionshaltung (beisteuern statt steuern, Supervision als Teamwork bzw. als Co-Konstruktion von SupervisorIn und SupervisandInnen) und dient der so genannten Psychoedukation der SupervisandInnen: Sie werden informiert und in die Lage versetzt, (jetzt und in Zukunft) sich selbst und ihre Ressourcen bzw. Risiken einzuschätzen.

Der dritte methodische Schritt ist, zu ***klären, was die Supervision zur Problemlösung beitragen kann, und was nicht***.
Je klarer SupervisorInnen die Möglichkeiten und Grenzen der Supervision kommunizieren können, umso besser ist SupervisandInnen dabei geholfen, die eigenen Möglichkeiten und Grenzen der Gestaltung ihrer Arbeit zu definieren und damit einem Burnout vorzubeugen. Supervision kann in der Regel ebensowenig strukturelle Probleme der arbeitgebenden Organisation und der sie umgebenden Arbeitswelt lösen, wie die SupervisandInnen es können.[154] SupervisandInnen können und müssen die Organisationen, in denen sie arbeiten, nicht »retten«.[155] SupervisorInnen können und müssen weder ihre SupervisandInnen »retten« noch die Organisationen, in denen diese arbeiten.
Supervision ist vielmehr ein Raum, in dem
- SupervisandInnen konsequent als Subjekt wahrgenommen werden, eine Beobachter-Position zu ihrer Arbeit einnehmen und sie reflektieren sowie eine gesundheitsförderliche Selbstaufmerksamkeit entwickeln können;
- die in der Organisation tabuisierten und verdrängten Gefühle wie Aggression, Unsicherheit, Verlegenheit, Scham, Stolz, Ich-Dominanz, Wertschätzung und Bewunderung Raum haben und mentalisiert werden können, um verarbeitbar zu werden;[156]
- die beruflichen Anstrengungen der SupervisandInnen gesehen und gewürdigt werden können;
- Ent-Täuschungen über den Arbeitskontext und über die eigenen Möglichkeiten in ihm bewusst werden und realistische Neubewertungen stattfinden können (inklusive der Auseinandersetzung mit eigenen und äußeren Grenzen und Spielräumen);
- berufliche Rollenklärungen stattfinden und neue Haltungen gegenüber den eigenen beruflichen Rollen gefunden werden können (Rollendistanz, Rollenflexibilität etc.);
- berufliche Identität und berufliche Motivation neu geschärft werden können;
- Ich-Stärkung und Autonomie-Gewinn im beruflichen Kontext gefördert werden können;

[154] Dies ist allenfalls *dann* bedingt möglich, wenn Top-Führungskräfte supervidiert werden, die die Unternehmensstrukturen ändern können.
[155] Vgl. *Weimer*, a.a.O., 21f.
[156] Vgl. a.a.O., 19.21. Zum Konzept der Mentalisierung vgl. *Fonagy, Peter / Gergelgy, György, et al.*, Affektregulierung, Mentalisierung und die Entwicklung des Selbst, Stuttgart 2006.

– mögliche Veränderungen in Haltung und Verhalten der SupervisandInnen gesucht, durchdacht und ausprobiert werden können.

Der vierte methodische Schritt ist, zu ***unterscheiden, auf welche Belastungs-Faktoren die SupervisandInnen Einfluss haben und auf welche nicht.***

Auf Belastungen, die im Bereich der Arbeitsbedingungen und der effort-reward-balance liegen, haben ArbeitnehmerInnen oft nur geringen Einfluss (sofern es sich nicht um Führungskräfte handelt, vgl. dazu unten). Die o.a. arbeitssoziologischen Diagnosen machen deutlich: Mehrbelastungen in der Erwerbsarbeit, Stresszuwachs und Burnoutgefährdung sind keine individuellen oder subjektiven Erfahrungen; sie sind auch nicht auf einen persönlichen Mangel an Belastbarkeit oder an Kompetenzen zurückzuführen. Sondern sie sind Folgen kollektiver gesellschaftlicher Trends, die Einzelne nicht zu verantworten haben, von denen sie aber unweigerlich rückbetroffen sind.[157] In vielen Fällen resultiert die Burnoutgefährdung nicht aus persönlichen Defiziten, sondern aus tatsächlich übermäßig angewachsenen Belastungen im Arbeitskontext. Daher ist es kontraindiziert, die Burnoutproblematik zu personalisieren, d.h. Ursachen wie Lösungen allein bei den Betroffenen selbst zu suchen. Vielmehr ist es sinnvoll, den Betroffenen die o.a. Befunde zur Verfügung zu stellen, um sie von Versagensgefühlen zu entlasten und um sie zu stärken. Es ist nicht alles »machbar«, und man kann fragen, ob diejenigen, die das in einer überfordernden Arbeitsumwelt spüren und eingestehen, möglicherweise weniger krank sind als diejenigen, die im »kranken« System immer weiter funktionieren. Möglicherweise sind Überlastungs-Symptome wichtige Indikatoren für zu ziehende Grenzen.

Zugleich mag aber gelegentlich auch mehr Veränderungspotenzial bei einzelnen Personen und bei einzelnen Teams liegen, als sie denken: Wenn z.B. unvereinbare oder unklare Zielvorgaben zu den Arbeitsbedingungen gehören, unter denen SupervisandInnen leiden, könnten ggf. Optionen der Eigeninitiative ausgelotet werden. (Inwiefern könnte es z.B. sinnvoll sein, dass die SupervisandInnen bei ihren Vorgesetzten um Zielvereinbarungen und Evaluationen nachsuchen und/oder dass sie sich selbst Ziele setzen und deren Erreichung überprüfen etc.?) Ist es unter den Bestandteilen der effort-reward-imbalance besonders die fehlende Anerkennung, die an den SupervisandInnen nagt, können sie sich evtl. durch die direkte Nachfrage bei Vorgesetzten, aber auch bei KollegInnen und KundInnen oder KlientInnen mehr Feedback verschaffen – oder die Supervision als Raum nutzen, in dem ausgebreitet und gewürdigt werden kann, was sie beruflich tun. Liegen z.B.

157 »Generation Burnout« titelt symptomatisch das Wochenmagazin FOCUS in der 37. Kalenderwoche 2011.

schlechtes Arbeitsklima und fehlende soziale Unterstützung in der arbeitgebenden Organisation vor, kann probiert werden, welche Wirkung es hätte, wenn die SupervisandInnen selbst anfingen, ihren direkten KollegInnen unterstützend und freundlich gegenüberzutreten oder wenn sie sich öfter mit denjenigen KollegInnen verständigten, die sie als unterstützend erleben. Solche Möglichkeiten, selbst kleine, aber möglicherweise signifikante Unterschiede in den Arbeitsalltag einzuführen, können in der Supervision eruiert werden. Lösungsorientierte Fragetechniken sind besonders geeignet, zur Entdeckung solcher Möglichkeiten beizutragen.

Handelt es sich bei den SupervisandInnen um Führungskräfte, können sie dahingehend beraten werden, im Rahmen ihres Einflussbereichs auf präventive und gesundheitsfördernde Maßnahmen hinzuwirken. Auch hier kann es hilfreich sein, die unter 1. gesammelten Befunde, insbesondere über die Zunahme stressbedingter Erkrankungen, zur Verfügung zu stellen – diesmal ggf. als Motivations- und Argumentationshilfe: Hohe Krankenstände reduzieren die Leistungsfähigkeit der Abteilungen und Unternehmen. Krankheitsbedingte Kündigungen und Entlassungen langjähriger Mitarbeitender dezimieren das Expertenwissen in der Organisation, das insbesondere angesichts des zunehmenden Fachkräftemangels in Deutschland nur schwer zu ersetzen ist. Inzwischen ist wissenschaftlich belegt, dass »Wertschöpfung nicht nur durch Investitionen in Sachkapital oder in die traditionellen Humanressourcen bewirkt wird, sondern ebenso durch ›Investitionen‹ in soziale Vernetzung der Mitarbeiter/innen, in vertrauensvolle Zusammenarbeit sowie in die Entwicklung und Pflege gemeinsamer Überzeugungen, Werte und Regeln«.[158] Es muss demnach im Interesse von Unternehmen und ihren Führungskräften liegen, Arbeitsbedingungen zu schaffen, die die Gesundheit und die Leistungsbereitschaft der Mitarbeitenden nachhaltig fördern – selbst wenn die Produktivität dadurch kurzfristig sinken sollte.

Der vierte methodische Schritt ist, ***an denjenigen Belastungsfaktoren und Ressourcen zu arbeiten, auf die die SupervisandInnen den größten Einfluss haben.***
Immerhin auf zwei von vier Bereichen, in denen die Burnout-Risiken liegen, nämlich auf *Persönlichkeitsfaktoren* und auf *Faktoren psychosozialer Be- oder Entlastung*, haben SupervisandInnen unmittelbaren und großen Einfluss. Es ist sinnvoll, hier den Schwerpunkt der supervisorischen Bemühungen zu setzen. In welche Richtung das gehen kann, wurde schon unter Schritt 3 skizziert (u.a. zu den Aspekten Abgrenzungsproblematik, Selbstreflexion und Erwartungsenttäuschung) und kann hier nicht in allen Punkten detailliert ausgeführt werden. Aber auf drei Punkte möchte ich gesondert eingehen:

158 Vgl. *Hano, Elisabeth / Lempert-Horstkotte, Jürgen*, Beratungskompetenz für gesunde Arbeit, in: DGSv aktuell 1/2010, 20–23, hier: 21, im Anschluss an *Badura, Bernhard / Hehlmann, Thomas*, Betriebliche Gesundheitspolitik, Berlin/Heidelberg 2003, 9.

- *Wertekonflikte:* Im Bereich Sinn und Wert der Arbeit hat Bauers Pfarramtsstudie gezeigt: Burnoutrisiken resultieren insbesondere aus Konflikten zwischen dem, was das Berufsbild bei der Berufswahl bestimmt hat bzw. was der Berufstätige in seinem Beruf tun *möchte,* und dem, was abweichend von seinem inneren Berufsbild im Arbeitsalltag von ihm verlangt wird. Zwar ist es (insbesondere in verantwortlichen beruflichen Positionen) völlig normal, dass fachfremde Tätigkeiten verlangt werden. Aber es kann sinnvoll sein, in der Supervision die Aufmerksamkeit darauf zu lenken, was die Kernmotivationen der SupervisandInnen ausmacht und welche Tätigkeiten als besonders sinnvoll, wertvoll und erfüllend erlebt werden. Z.B. eignet sich dazu die Frage nach den »Sternstunden« der eigenen Arbeit in den letzten sechs Monaten. Schon das Erzählen von solchen Erlebnissen, bei denen SupervisandInnen die eigene Arbeit als relevant, geliebt und befriedigend und sich selbst als kompetent und wirksam erlebt haben, wirkt stärkend und motivierend und schält die Konturen des beruflichen Selbstverständnisses der Erzählenden sowie ihrer Ressourcen heraus. Insbesondere dann, wenn die hier beschriebenen Tätigkeiten realistischerweise zum beruflichen Rollenprofil des Supervisanden gehören, kann man ihn darin bestärken, sich mehr auf diese Kerntätigkeiten zu konzentrieren und weniger von den ungeliebten Peripherietätigkeiten auszuüben.
- *Schlechte Coping-Strategien, Fehlverarbeitung von Stress etc.:* Neurobiologische Untersuchungen haben gezeigt, dass Stress an sich nicht schädlich ist, sondern die Belastbarkeit der gestressten Person sogar im positiven Sinne trainiert. Schädlich ist *pausenloser* Stress. Wie ein Muskel den Wechsel von Anspannung und Entspannung braucht, um wachsen zu können (statt sauer zu werden), braucht der Organismus den Wechsel von Arbeit und Ruhe.[159] Daher ist unbedingt dazu zu ermutigen, die Arbeit regelmäßig zu unterbrechen, für einen Tages-, Wochen- und Jahresrhythmus zu sorgen, in dem Pausen »heilig« sind – ausreichend oft und lange, damit Entspannung einsetzen kann, und ausreichend gestaltet, um Freude zu machen und Energie zu tanken. Neuerdings werden dazu alte religiöse Rhythmen (Tagzeitengebete, Samstagsläuten, Sonntagsruhe, Fest- und Feiertag im Jahreskreis) und religiöse Übungen wie Rituale und insbesondere die *Meditation* wiederentdeckt – auch und gerade durch die Neurobiologie.

Die Stressforscher Sepp Porta und Michael Hlatky haben verschiedene neurobiologische und andere Studien zusammengetragen, die folgende Wirkungen von Meditation belegen: Meditation harmonisiert den Stoffwechsel, führt zu Entspannung und verbessert die Schlafqualität. Sie senkt Cholesterin-, Blut-

159 Vgl. *Porta, Sepp / Hlatky, Michael*, Die Kraft der Pause. Wege aus dem Burnout, Wien 2010, 157ff.

hochdruck- und Gewichtswerte und verlangsamt Alterungsprozesse. Sie stärkt das Immunsystem (die Zahl der Antikörper steigt bereits nach 10 Minuten Meditation). Meditation erhöht die Endorphinausschüttung im Organismus und hilft gegen Depressivität. Sie senkt das Schmerzempfinden bzw. erhöht die Schmerztoleranz um knapp 20 Prozent. Meditation senkt den Cortisolspiegel und den Blutdruck, so dass Stress reduziert und Entspannung gesteigert wird. Sie verbessert die Gedächtnisleistung.[160]

– *Fehlende psychosoziale Entlastung:* Am stärksten Burnout-gefährdet, so haben die unter 1. zusammengetragenen Befunde gezeigt, sind diejenigen Menschen, denen nicht nur im Beruf, sondern auch in ihrem persönlichen Leben Erfüllung und stärkende Beziehungen fehlen. Unterbrechungen der Arbeit sind auch dazu notwendig, das persönliche Leben gesundheitsfördernd zu gestalten (einschließlich Schlaf, Hygiene, Ernährung, Rekreation) und persönliche Beziehungen pflegen zu können. Es kommt immer wieder vor, dass SupervisandInnen befürchten, ihre Karrierechancen oder sogar ihren Arbeitsplatz zu gefährden, wenn sie ihre Arbeit im Sinne einer work-life-balance begrenzen. Ab wann sie aber im umgekehrten Fall ihre Gesundheit gefährden (die die Grundlage von Arbeits- und Karrierefähigkeit ist), wird oft mit wenig Aufmerksamkeit verfolgt. Ist die Selbstaufmerksamkeit dafür hergestellt, wird die Supervision ggf. auch zum Ort von Risiko- und Güterabwägungen.

Der fünfte und letzte methodische Schritt ist, ***die Perspektive*** über die Fragen beruflicher Belastbarkeit hinaus zu ***erweitern***.
Möglicherweise kann der Supervisand sowohl an den strukturellen Bedingungen seiner Arbeit als auch an den an ihn gestellten Arbeitsanforderungen wenig ändern. Er kann aber seine Haltung dazu und seine Bewertungen variieren und damit den subjektiven Faktor der Stressentstehung reduzieren.

Was *außer* der äußeren beruflichen Belastung spielt eine Rolle für das Befinden der Supervisandin? Was »glaubt« die Supervisandin z.B. über ihre Arbeit und über sich selbst? »Arbeit ist nur dann rechte Arbeit, wenn sie anstrengend ist.« »Ich werde nur für das geliebt, was ich kann und leiste.« »Wenn man nicht alles selber macht – ich kann mich auf niemanden verlassen. Letztlich muss ich allein für alles sorgen.« Solche »Glaubenssätze« höre ich in Supervisionen. Sie sind hoch wirksam, und es lohnt sich, sie sorgfältig auf ihren Sitz im Leben und im Erleben der SupervisandInnen hin zu befragen und zu bearbeiten. Methodisch geeignet sind dazu vor allem systemische Fragen nach den Entstehungsorten und Geltungsbereichen des Satzes sowie nach *Ausnahmen* von der postulierten Regel (»Wann und wo haben Sie das

160 Vgl. *Porta, Sepp / Hlatky, Michael*, Stress verstehen, Burnout besiegen, Wien 2009.

schon *anders* erlebt, und was wurde Ihnen dadurch anderes ermöglicht?«), zirkuläre Fragen nach den Perspektiven andere relevanter Personen auf diesen Satz (»Wie würde Ihr/e beste/r Freund/in, Ihre Mutter, Ihr Chef, Ihr Kollege, Ihr Klient, Ihr ... das sehen oder sagen?«), aber auch eine assoziative Anreicherung und Variation der Schlüsselworte und Schlüsselbilder der Satzes.

Letzteres funktioniert besonders gut in Supervisionsgruppen. Zum Satz »Arbeit ist nur rechte Arbeit, wenn sie anstrengend ist«, echot die Gruppe z.B.:
- »Stimmt!« – alle lachen; dadurch lockert sich die Supervisandin.
- »Das ist ja gut biblisch: Im Schweiße deines Angesichts sollst du dein Brot essen, und mit Schmerzen sollst du Kinder gebären.«
- »*Rechte* Arbeit? Ich dachte, da wäre man in Deutschland inzwischen vorsichtig geworden.«
- »Rechte Arbeit, das ist für mich Arbeit, bei der ich mit der rechten Hirnhälfte arbeite: woran ich Freude habe, wobei ich kreativ bin, wo Flow ist, wo andere fasziniert und angesteckt werden.«
- »Der Satz ist ein toller Antreiber; durch ihn hast du bestimmt viel erreicht.«
- »Hast Du mal dran gedacht, dass du noch 20 Jahre durchhalten musst?«
- »Gut ist, wer andere gut sein lassen kann.«
- »Anspannung und Entspannung gehören zusammen. Wenn du den Bogen überspannst, bricht er.«

Nicht, dass Glaubenssätze der SupervisandInnen durch solche Übungen gelöscht oder überschrieben werden sollten – aber sie können modifiziert und ergänzt werden. Die Aufnahme zusätzlicher Er- und Bekenntnisse in den Kanon der inneren Überzeugungen erweitert die Wahrnehmungseinstellungen und die Handlungsoptionen der SupervisandInnen und schafft neue innere Freiheit.

Aus der christlichen Glaubenstradition können als Identifikationsgeschichten und bearbeitbares Symbolmaterial ggf. die Berufungs- und Belastungsgeschichten der Bibel angeboten werden. Zu denken ist etwa an Mose vor dem brennenden Dornbusch (»Zieh dir die Schuhe aus, denn du stehst auf heiligem Boden«), der sich von der Leitungsaufgabe, die ihm gegeben wird, überfordert fühlt und einen Helfer an die Seite gestellt bekommt (2Mose 3 und 4). Oder an Elia (»Ich bin nicht besser als meine Väter«), den sein Prophetenamt so erschöpft hat, dass er am liebsten sterben möchte, und der erst Ruhe und in der Ruhe (nicht im Getöse) Gott finden und dann von einem Engel dreimal gestärkt werden muss, ehe er weiter kann (1Kön 19).

Was *außer* der äußeren beruflichen Belastung spielt noch eine Rolle für das Befinden der Supervisandin? Welchen Gewinn zieht sie noch immer aus der Arbeit? Worauf möchte sie nicht verzichten? Wozu hat sie sich einmal entschieden und berufen gefühlt, als sie den Beruf wählte? Wofür lohnt es sich heute noch, darin tätig zu sein? Was macht ihr an der Arbeit noch Freude? Was findet sie noch richtig und wichtig? Was soll bleiben, wie es ist, und weiter gehen? Worauf zielt sie mit ihrer Arbeit? Und aus christlicher Sicht: Wozu soll die Arbeit der Supervisandin *dienen?*

Berühmt geworden sind in diesem Zusammenhang zwei Anekdoten:
Von zwei Arbeitern im Steinbruch ist der eine immer missmutig, der andere immer fröhlich. Nach ihrem Befinden gefragt, antwortet der Missmutige: Ich muss hier tagein, tagaus stumpfe Steine klopfen. Der Fröhliche antwortet: Ich helfe hier beim Bau einer Kathedrale.
Wenn du ein Schiff bauen willst, so trommle nicht Männer zusammen, um Holz zu beschaffen, Werkzeuge vorzubereiten und die Arbeit einzuteilen, sondern wecke in ihnen die Sehnsucht nach dem großen, weiten Meer.

Was *außer* der äußeren beruflichen Belastung spielt noch eine Rolle für das Befinden des Supervisanden? Wer und was *ist* er, *außer* einem gestressten Erwerbstätigen? Was hält, trägt und fasziniert ihn? Woran hängt sein Herz? Was genießt er, woran hat er Freude, wofür legt er sich krumm, wohin möchte er sich entwickeln? Wozu möchte er mit seiner Arbeit und mit seinem Leben beitragen? Was leitet diese Überzeugungen, woran glaubt er dabei?

Inzwischen ist wissenschaftlich belegt, dass religiöse Vorstellungen und transpersonales Vertrauen angstreduzierend wirken und die Arbeitszufriedenheit sowie die Zufriedenheit mit erhaltenen Gratifikationen erhöhen – das gilt zumindest für Pflegekräfte.[161]

Die Gestaltphilosophie kennt fünf Säulen der Identität: Leib, soziales Netz, Arbeit/Leistung, materielle Sicherheit und Werte. Alle fünf Säulen können dem Supervisanden Halt geben, auch in einer schwierigen Arbeitssituation.

Zur Säule »Werte« wurde oben schon Einiges gesagt. Wichtig ist vor allem, mit SupervisandInnen *deren* Werthaltungen durchzudeklinieren: Wert der Arbeit, Wert des Menschen, Wert der Gesundheit, Selbstwert – wie konkretisieren SupervisandInnen das je für sich?[162]
Aus Sicht einer pastoralpsychologischen Supervisorin ist zur Wertesäule vor allem folgendes zu sagen: Die Dignität, die Sinnhaftigkeit und Erfülltheit eines *Lebens* hängen nicht von der beruflichen Arbeit ab, geschweige denn von deren Erfolg.

6. Fazit

Aus pastoralpsychologischer Sicht ist eine kritische Distanz zu allen Verabsolutierungstendenzen der Arbeit, ihrer Anforderungen und ihres Wertes einzunehmen – und dies auch selbstkritisch im Blick auf kirchliche und diakonische Arbeit.

161 Vgl. *Schröder, Harry, et al.*, Palliativstationen und Hospize in Deutschland. Belastungserleben, Bewältigungspotenzial und Religiosität der Pflegenden, Wuppertal 2003, 63.
162 Vgl. dazu auch: *Ostermann, Doris*, Gesundheit am Arbeitsplatz durch Sinn am Arbeitsplatz, in: DGSv aktuell 2/2010, 10–13.

Neben den Fragen nach Dignität, Sinn und persönlicher Erfüllung in der Arbeit ist immer auch die Frage nach der Unterbrechung und nach der Begrenzung der Arbeit stellen. Anstatt regressive Tendenzen zu fördern, die durch wachsenden Arbeitsdruck und Totalisierung von Arbeitsrollen entstehen (sei es in aggressiver, depressiver oder illusionären Spielart), wird pastoralpsychologische Supervision die reflexiven und emanzipatorischen Kernanliegen der Supervision bewahren und darauf abzielen, ihre supervisorische Klientel bei deren Individuation unterstützen, d.h. einerseits bei der Erweiterung von Gestaltungsspielräumen in Arbeit und persönlichem Leben und andererseits bei der Akzeptanz ihrer Grenzen.

Literatur in Auswahl

Badura, Bernhard / Hehlmann, Thomas, Betriebliche Gesundheitspolitik, Berlin/ Heidelberg 2003

Bauer, Joachim, et al., Belastungserleben und Gesundheit im Pfarrberuf. Eine Untersuchung in der Evangelischen Landeskirche in Baden, in: Deutsches Pfarrerblatt 9/2009, 460–466

– *et al.,* working Conditions, Adverse Events and Mental Health Problems in a Sample of 949 German Teachers, in: Int. Arch. Occup. Health 80, 442–449

Berg, Christine, Erschöpfungssyndrom: Wege aus der Burnoutfalle, in: Pharmazeutische Zeitung online 17/2011 vom 10.2.2011, 1–8

Burisch, Matthias, Das Burnout-Syndrom. Theorie der inneren Erschöpfung, Heidelberg 2006

Fernkorn. Elisabeth, Supervision in kirchlichen Arbeitsfeldern – Was sollten SupervisorInnen können – was können sie im EZI lernen?, in: Fokus Beratung. Informationen der evangelischen Konferenz für Familien- und Lebensberatung e.V., Fachverband für Psychologische Beratung und Supervision 5/2003, 131ff

Freudenberger, *Herbert,* The staff burnout syndrome in alternative institutions, in: Psychotherapy: Theory/Research/Practice/Training 12 (1975):72–83

Freudenberger, Herbert / North, Gail, Burnout bei Frauen, Frankfurt a.M. [11]2005

Gröning, Katharina, Supervision und Coaching, in: Forum Supervision, 29. 3/2007, 4–16

Jaggi, Ferdinand, Burnout – praxisnah, Georg Thieme Verlag, Stuttgart / New York 2008

Jähnichen, Traugott, Artikel »Arbeit«, in: *Honecker, Martin, et. al.* (Hg.), Evangelisches Soziallexikon. Stuttgart 2001, 56–67.

Kristensen, Tage S., et al., The Copenhagen Burnout Inventory: A new tool for the assessment of burnout, in: Work & Stress, July–September 2005; 19(3): 192–207

Klessmann, Michael / Lammer, Kerstin (Hg.), Das Kreuz mit dem Beruf. Supervision in Kirche und Diakonie, Neukirchen-Vluyn 2007

Lauck, Gero, Burnout oder Innere Kündigung? Theoretische Konzeptualisierung und empirische Prüfung am Beispiel des Lehrerberufs, Mehring 2003

Le Goff, Jacques / zur Mühlen, Karl-Heinz / Honecker, Martin / Brakelmann, Günther, Art. Arbeit V–VIII, TRE Bd. III, Berlin / New York 1978, 613–669

Maslach, Christina, Burned-Out, in: Human Behavior 5 (1976): 16–22

– *Schaufeli, W.B. / Leiter, M.P.*, »Job Burnout«, in: Annual Review of Psychology, 2001, 52:397–422, hier 398
Nelting, Manfred, Burnout – Wenn die Maske zerbricht: Wie man Überbelastung erkennt und neue Wege geht, München 2010
Ostermann, Doris, Gesundheit am Arbeitsplatz durch Sinn am Arbeitsplatz, in: DGSv aktuell 2/2010, 10–13
Siegrist, Johannes, Adverse health effects of high-effort/low-reward conditions, in: Journal of Occupational Health Psychology, Vol. 1 (1996), 27–43 PMID 9547031 doi:10.1037/1076–8998.1.1.27
– *et al.,* Biological and Psychological Factors in Cardiovascular Disease, Berlin, 1986, 104–126
– The measurement of effort-reward imbalance at work: European comparisons, in: Social Science and Medicine, Vol. 58 (2004), 1483–1499
Weimer, Martin, Supervisoren und Supervisanden in der spezifischen Felddynamik kirchlicher Organisationen. Skizze einer Figuration. Von der narzisstischen Symptomatik kirchlicher Supervision zur Anerkennung supervisorischer Dependenz, in: Supervision, Heft 3/2010, Supervision in und aus der Kirche, hg. von *Ehmer, Susanne / Lammer, Kerstin*, 15–24
Witte, Katharina, Stolpersteine kirchlicher Strukturen. Oder: Wo steht eigentlich der Pastor im Organigramm?, in: Supervision 3/2010 (… in und aus der Kirche), hg. von *Ehmer, Susanne / Lammer, Kerstin*, 25–36